疯狂阅读 珍藏版

杜志建 / 主编

情感卷
QINGGANJUAN

我猜也许我们心上都有缺口，
呼呼往灵魂里灌着寒风，
我们急切需要一个
正好形状的心来填上它。

汕頭大學出版社

图书在版编目(CIP)数据

疯狂阅读：珍藏版．情感卷／杜志建主编．－－汕头：汕头大学出版社，2023.5
ISBN 978-7-5658-5017-2

Ⅰ.①疯… Ⅱ.①杜… Ⅲ.①阅读课—中学—教学参考资料 Ⅳ.① G634.333

中国国家版本馆 CIP 数据核字（2023）第 090552 号

疯狂阅读：珍藏版．情感卷　FENGKUANG YUEDU ZHENCANGBAN QINGGANJUAN

主　　编	杜志建
责任编辑	闵国妹
责任技编	黄东生
责任校对	刘葭露
封面设计	马俊洁
封面绘图	starry 阿星
出版发行	汕头大学出版社
	广东省汕头市大学路 243 号汕头大学校园内　邮政编码：515063
电　　话	0754-82904613
印　　刷	河南新华印刷集团有限公司
开　　本	787mm×1092mm　1/16
印　　张	10
字　　数	280 千字
版　　次	2023 年 5 月第 1 版
印　　次	2023 年 5 月第 1 次印刷
定　　价	22.80 元

ISBN 978-7-5658-5017-2

版权所有，翻版必究
如发现印装质量问题，请与承印厂联系退换

声明

基于对知识和创作的尊重，本书向所选文章、图片的作者给予补贴。因条件所限未能及时联系的作者，我们在此深表歉意，当您看到本书时，请与我们联系，以便我们向您支付补贴和赠送样书。因篇幅有限，部分文章有删节，敬请谅解。

联系方式：0371-68698032

目录 CONTENTS

我们都是宇宙的微尘

002	绿洲	/顾幸
007	我会在每个有意义的时辰	/那夏
011	迟到半个世纪的情书	/栾永福
015	雨山公墓	/李星锐
023	远行的人就让他成为一首诗	/苏小城
026	仙人掌走失的夜晚	/兔草

家是来处，亦是归途

034	带姐姐回家	/草　白
042	大宝其人其事	/卑屈的猫格
044	爸爸的花儿落了，我也不再是小孩子	/林海音
047	冰糖炖雪梨	/刘欣森
048	父亲坐在黑暗中	/杰罗姆·魏德曼
051	奔跑的母亲	/郭松棻
059	柳暗花明又一村	/伊朝南

我想去拥抱这世界的另一个我

064	在变得足够强大之前	/橘满奏
068	未末	/顾一灯
076	骤雨	/苏思蓓
080	我曾与17岁为敌	/李干戈
083	说给自己听	/三　毛
086	双向暗恋	/陈若鱼

我用爱意给孤独回信

- 092 写给庄奴 /邓丽君
- 093 写给弟弟王天乐 /路 遥
- 094 一次告别 /唐 冲
- 098 过敏 /九久小圆
- 100 我们还是谈谈天气 /苏更生
- 102 请你原谅我对邦媛的感情 /张大飞

被仰望的或被遗忘的

- 104 雨伞 /川端康成
- 105 有人从雨中来 /马尔克斯
- 107 她那么看过我 /老 舍
- 108 匿名信 /莫拉维亚
- 110 捉弄 /契诃夫
- 113 我想在临死前烧掉所有未完成的手稿 /大江健三郎
- 118 爱,时而脆弱 /罗伯特·M.罗斯

春天，和夜晚的一二事

122　吵醒一只蜜蜂　　　　　　　　　　　　　　　/ 许冬林
123　春天，和夜晚的一二事　　　　　　　　　　　/ 林稚子
124　寒冷的日子总是意味着寒冷的"正在过去"　　　/ 李　娟
130　我相信，这世上一定有另一个自己　　　　　　/ 小小酥
132　关于生活的小确幸
　　　——《海街日记》观后感　　　　　　　　　/ 赵梓沫

一人，一屋，一猫，足矣

134　我与15只猫共同生活的日子　　　　　　　　　/ 简　浅
136　阿咪　　　　　　　　　　　　　　　　　　　/ 黎　戈
143　猫与母亲　　　　　　　　　　　　　　　　　/ 角田光代
145　那只猫　　　　　　　　　　　　　　　　　　/ Jelly
148　鸟　　　　　　　　　　　　　　　　　　　　/ 布鲁诺·舒尔茨
150　一只狗的天才演员之路　　　　　　　　　　　/ 韩千言

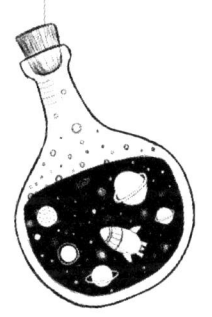

我们都是
宇宙的微尘

绿洲

✻ 顾 幸

那时候我二十岁,实在是好时光,那些冬天、湖水、夕阳。

1

如果没有绿洲呢?我问黎星。

我不知道这是我们在沙漠里的第几天。这里的白天黑夜与外面不同。现在,天色渐渐亮起,我们的前后左右都是一望无际的黄沙,沙丘平缓地起伏,沙质细腻,有风吹过时沙粒贴着地面飘动,像半透明的绸带。这里是一片金色的原野,一片坐落在南方的沙漠。

明天再看看,总会遇到的。黎星说。

2

事情要从社团聚会说起。周五孙露给我发微信:周日有个校杂志社的聚会,有不少我们级的,在广州,你要来吗?

我和她大学时同在校杂志社。毕业后她在广州工作,我在深圳读研。这几年我们联系得不多,顺着聊天记录往上一翻,上次对话已经是三年前了,是我们毕业的时候。

我无意识地继续往上翻着,回过神来才发现自己在发呆,聊天记录已经翻到了最顶端,是我大三上学期加入校杂志社的时候。孙露是校杂志社外联部的,我在社团第一个认识的人就是她。

不,如果算上进社前认识的话,黎星应该是第一个。

"目前决定去的有王雨亭、冯天、宋晓晓、黎星、我。"孙露又发来了消息。

黎星的名字突然出现在眼前时,我把手机丢到一边。过了一会儿又捡回来。我实在是太久没有见到这个名字。

我看着对话框好一会儿,回复:我不去了,周末要参加一个会议。

我常常与自己玩一个"如果没有⋯⋯"的游戏。这个游戏不由我控制,总是自动地出现在我的脑海。如果没有作业,我周末就可以出去玩;如果没有论文,我就可以去看那本标记了很久的书;如果没有手头的项目,我现在就可以和同学去看那部电影⋯⋯

如果没有会议,我就可以见到黎星。

3

周六晚上,做完第二天要用的幻灯片已经是十一点了,回到宿舍洗漱睡觉,躺在床上闭眼,一张干净、漂亮的脸就从黑暗里浮现,刘海是卷的,鼻尖有一颗褐色的痣,眼睛像澄澈的湖水。

我调整呼吸,希望尽快入睡,但我又想起大学,碎片的场景与事,幻灯片一样,一张一张。好像我做了一晚上的幻灯片不是关于明天的汇报,而是关于过去。

凌晨三点我从床上坐起来,手机在黑暗里发着荧荧的光。我给导师发消息:忽然心脏疼,挂了医院急诊,今天的会议去不了了。

然后我在床上躺到天明,六点半起来,离开了学校。七点半到了火车站,冬天的早晨路上人很少,这个冬天很冷。八点半我坐上轻轨,不再看得见斜斜的晨光,城市已经彻底醒来。

学校的会议应该也已经开始。

我朝窗户哈了一口气,透过白雾,窗外的农田飞掠而过,即使是冬天,外面也是一片绿色。一年四季,绿色从未凋落。

九点,我回到那座潮湿的城市。算起来,这是我第一次把"如果没有"变成现实。

火锅店在郊区，我以前没有来过这里。我到的时候已经有一大半人到了，孙露数了数人数："就差冯天啦，我们点菜吧！"

"黎星呢？"我问。

"哦，黎星说他不来了。"

先是一片平静，然后才一点一点泛上细小的失落、遗憾、悲伤、惘然，一片片积累，逐渐漫过口鼻。

火锅热气腾腾，就着热气，周围的声音也嘈杂热闹。

"林夏？林夏？"

旁边的人拍我肩膀我才回过神。"你现在在做什么？"旁边的人说。

"哦，明年毕业，正找工作呢……"我慢吞吞地说。

"准备找什么？"

"还没想好。"

话题很快转移了。黎星现在在做什么呢？听说是自由职业，可忘记在哪儿听说的了。毕业后黎星在朋友圈发了一个新的微信号，我当时没有加，后来再去看时已经不可见了。我有他的手机号，但没有打过。说起来也很奇怪，明明毕业前经常在一起，毕业后就断了联系。可能确实是走了完全不同的路，我按部就班地保研、读研，即将找工作，依然不知道何去何从。黎星现在从事自由职业，不知所终。

大学时我们都想做很多事，想过很多。

火锅的热气被风一吹飘到我面前，令人眼睛发酸。我起身去洗手间。这家店的洗手间在后院里，我穿过餐厅后门，走过一条窄巷，又拐了个弯才找到。

从洗手间出来，我碰到了黎星。

我停住了，疑心我原来一直在宿舍的床上，只是做了个漫长的梦，错过了会议。但过了许多秒，黎星依然站在那里。他穿着卫衣和牛仔裤，白色运动鞋，手插在兜里，和大学时的模样很像，可以说是一点没变。他朝我笑了笑。

"你不是不来了吗？"

"和你一样，又决定来了。"黎星笑着说。

我和他往餐厅走。我初时完全没发觉这句话有什么不对，过了一会儿才觉得疑惑。我想问他怎么知道我又决定来了，但出口却是："你现在在做什么？"

"向导。"

"什么？"

"你去当导游了吗？"我想起来，黎星大学在旅游学院。

"嗯。算是吧。"

"这样啊。"

我们拐过了弯，走进窄巷。墙角生着些植物，把本就狭窄的路弄得更逼仄。岭南就是这样，漫天遍地的植物，哪里都是一片浓厚的绿色，哪怕是冬天。我吸入一口青苔的气息。

"真潮湿啊！广州，冬天也是这样。"我说。

"附近有一片沙漠，你知道吗？不过是一片有绿洲的沙漠，所以即使在里面，也没有很干燥，甚至还能闻到水的气味。"

黎星的一番话把我说蒙了。

"是吗……在哪儿？"

"你想去看看吗？"

我们就这样从火锅店的后院门出去了。外面是一条宽阔的马路，人行道两边被白色围墙围起来，后面是茂密的树林。走出一百米我才想起我本来是去参加社团聚会。现在好了，学术会议被抛在后面，社团聚会也被抛在后面。我一边走，一边恍惚地想，也许，也许我现在依然在宿舍的床上，没有醒来。

这条路上有我闻了四年的气味。潮湿、沉重、绿色的水的气味。即使是冬天，周围也绿得发黑，榕树垂下暗红色的须。我与他并肩而行，好像大学时一样。在大学的校园里去教学楼和图书馆都要走一条种满榕树的路，树的枝叶遮天蔽日，碎金落在我们的头顶、书包上。在潮湿绿色的水汽里，我们好像一直走入过去。

渐渐地，两边树木消失，开始只有白墙。墙的顶端已经破损了，露出灰色的参差的水泥，好像巨兽的牙齿。就在这里，我看到前面有一片沙漠。在白墙消失的地方，两边都是无垠的沙漠。

迎面而来的风不再潮湿，有粒粒分明的质感。黎星双手插兜站在我旁边，我回头看，后面还是一条光秃秃的路，前面则是漫漫黄沙。

我先踏了进去，脚下干涩的沙子咯吱作响。我一边走一边问："黎星，我们这是在往哪儿走？"

4

我和黎星在大学的一场文学比赛中认识。是几所学校的社团联合举办的比赛,前前后后长达半年时间,每个月交一篇文章,有单独写的,有两人合作的,有团体合作的。赛制搞得很复杂,我和黎星合作写过一个故事。

在那之前我们一直是微信聊天,先读过彼此的故事,聊过彼此的构思,还聊过许多的书、电影、去过的城市、想做的事,才见第一面。

当时比赛进行到第五轮,是我们大三上学期,一月底,快放寒假的时候。我和他在那个月合作写一个故事,微信上已经聊出了故事的大纲,我说可以各写一部分,他说可以一起写。

我们于是约在学校的茶餐厅。我到的时候黎星已经到了,穿着白色卫衣站在餐厅门口,背黑色的双肩包,刘海是卷的,鼻尖有一颗褐色的痣,他站在餐厅门口夕阳的光里,整个人像他写过的故事,好看又澄净。

我们点了西多士、猪柳蛋堡、鲜虾云吞面、热港奶,一边吃又一边继续讨论。本来故事的背景会在海边,和广州一样潮湿的城市,故事里还有一头鲸鱼。不知道为什么,我看着窗外的树,吞下一只云吞的时候忽然噎住,咽下去之后就说:"放在沙漠吧。这个故事。"想来难道是物极必反的道理,广州的树太多太茂密。

这样那头鲸鱼就被移到了沙漠里。这头沙漠鲸在黄沙之中穿梭,就像其他鲸鱼在海水里游弋。用它的脂肪熬成的油来点灯,对着烟许愿,愿望就能实现。这些沙漠里的鲸鱼每隔一段时间需要去绿洲补充水分,存下水分供它们在黄沙中生活。这个消息传开之后,人们纷纷来捕猎沙漠鲸,沙漠鲸的脂肪制成的油膏在黑市里流通。

有一个少年,他要实现什么愿望我已经忘记了,总之他花光了所有的积蓄买了沙漠鲸制成的油膏,在一个夜晚点上灯,对着烟许愿。灯油烧完了,烟也消散尽,但他的愿望没有实现。他就自己去沙漠里捕鲸。那个时候捕猎的人太多,沙漠鲸快要灭绝了,以前人们在绿洲边上,等上一个星期或许就能见到一头,可后来等上十天半月,乃至半年一年也见不到。沙漠鲸越来越少,绿洲也越来越小。看上去绿洲与沙漠鲸就仿佛是共生的关系。死在沙漠里的捕猎者已有很多。

我们写到这里的时候餐厅打烊,学校的餐厅关门很早,九点半就关了。我和黎星于是转移阵地,背着电脑,带着没喝完的奶茶,到湖边的石桌椅旁继续写。当时是个暖冬,晚上也不太冷,电脑背后是湖水的粼粼波光,不远处是篮球场,球撞击地面的声音,就好像猎叉刺入鲸鱼皮肉的声音。我和黎星在湖边狩猎我们的沙漠鲸。

我们写到了十二点之后,过了宿舍门禁的时间。干脆出了校门,沿江边散步,看夜里的船。

那时候我二十岁,实在是好时光,那些冬天、湖水、夕阳。那个时候我就明白我喜欢黎星会像喜欢我写的故事。

5

"黎星,我们这是在往哪里走?"

"往绿洲走。"

我们走进沙漠之后,没有多久,回头就看不到原来的路了。四面八方都是沙漠,我从来不知道南方还有这样一片地方。我问黎星,你说的向导就是这个吗?——沙漠的向导。黎星说,一部分是的。

我感到口渴。我们有时候休息,休息一会儿继续走,不知道在沙漠里走了多久。天色黑了又明,但没有完全黑过,总是有一种半明半暗的胶质般的光。我什么也没带,黎星带的一瓶水快被我们喝完了。

"到了绿洲,我们就可以补充水。"黎星说。

我开始累了。

"你来过这里吗?"我问。

"可能来过。"黎星弯腰抓起一把沙子,又让它在指间流走。

我们又走过了五个天色黑了又亮的时间,但手机没电了,我不知道这样一个来回是否就是一天。天亮的时候,沙子是金色的,我们好像走在黄金的山丘上,天黑的时候是灰色,沙丘的边缘有模糊不清的影子,但影子并没有方向,于是我们也分辨不出方位。现在金色暗淡下去,沙丘再一次染上灰翳。

"我们休息吧。"我说。

我们于是坐在沙丘底部休息,背对背靠着彼此。

现在吸入肺里的只有干燥的风,岭南的水汽一丝也没有了,那些潮湿、沉重、绿色的气息也被尽数蒸干。干燥是轻盈的。我想起来我们有次一起坐校车,用车载电视放《荒野猎人》看。当时我们傍晚从另一个校区回广州的学校,窗外是灰绿的树林,与《荒野猎人》里灰蓝的雪原相似,与此时沙漠灰金的色调也相似。电影里面一个裹着厚皮袄的人说,你看着树枝,树枝摇摇欲坠,你看着树干,树干坚若磐石。

我口干舌燥,昏昏欲睡,目之所及皆是暗淡。

"黎星,如果没有绿洲呢?"

黎星好像笑了,说:"你又问这个问题。"

我心惊,想到自己又开始作"如果没有……"的假设,这个游戏总是自己出现,不是我能控制的。如果没有,如果没有。我转过身去和黎星并排而坐,他确实在微笑,我却觉得可怕。我所想的总是如果没有。如果没有会议,如果没有报告,如果没有丢了U盘,如果没有忘带钥匙,如果没有错买不喜欢的口味的饮料,如果没有走得太早而错过节日礼物,如果没有丢失时间,如果没有做错选择……我到底想着的是什么呢?一个从未到达、过去未曾存在、未来也不会到达的世界。那个世界因不存在而存在。

我忽然流下眼泪。我撑住额头,发觉所有的一切,现在乃至过去,连带所有如果没有的世界,它们总是同时流走。

"我好像不知道什么是现实,也不知道怎么接受现实。"

黎星望向我,眼睛好像冬日的湖水。

"这就是现实。"他说。

我感到口干舌燥、头脑清醒、寒冷。

"如果没有绿洲呢?"我转过头去,看着他。我的目光落在他的目光里,在他眼里我总是落入回忆。我想起二十岁、二十一岁、二十二岁,许许多多个冬天。在一个冬天,圣诞节,大四的时候,那时我保研在这个专业半年,和导师一起做项目,我完全不感兴趣,又想退学又犹豫不决。我平安夜晚上从北京开会回来,第二天圣诞节睡到中午,下午起床去和校杂志社的同学们唱歌、玩剧本杀。我抽到了凶手的剧本,黎星是侦探,他找出了我。我们玩到半夜,成群结队地一路逛回学校,路上遇见商场门口巨大的圣诞树,上面挂满了礼物和彩灯。我们用手机放着歌,放声高歌。回想起来那其实是非常肆意的日子,没有太多的压力,没有繁忙的工作,只有不可见的未来,但我总看着未来。哪怕在那些可以飞的时间,我也因为虚构的铁而折断翅膀。

我不能想象已经过去三年。

我明白了,在沙漠里,我们确实一直在走向过去。或者从我坐上那趟轻轨就是。

黎星也望着我。我说:"如果没有绿洲,这里就是一片沙漠。"

6

我不知道自己什么时候睡着的。黎星摇醒了我,我刚要说话,他竖起手指比了一个噤声的手势,拉我站起来,指向前面。

我看到了那头鲸鱼。它与我梦里、与我故事里的鲸鱼一模一样,有着灰蓝色的脊背、白色的腹部、微笑的吻。天色已非常明亮,它在黄沙之中穿梭,沙粒流过它的脊背,像金色的丝绸一样。它有时露出沙漠表面,有时潜下去,缓慢地游向远方。

"快到了,它在往绿洲去。"黎星说。

"走啊黎星,走啊,我们跟上它。"我拉着黎星往前跑,松软的沙地很难跑步,一步就陷下一个坑,好像要吞噬跑步的人。但我渐渐熟悉了沙地的质感,跑得越来越快。沙子在鞋里硌着脚底,像密密的针刺。沙漠鲸和我们的距离没有缩短,但它依然在我们视线之内。前面仍没有绿洲的痕迹,但沙漠鲸是确凿无疑的,不会有这样跃动的、穿梭的海市蜃楼。

"林夏!"黎星在后面喊我。原来我跑得太快,以至于脱开了他的手。沙漠鲸一直往前游去,我来回转头,看看黎星,又去捕捉沙漠鲸的痕迹。最终我停下等黎星,他跟了上来,但前面已经只剩一道银蓝的尾迹。

"不见了。"我说。

"就在前面。"黎星与我继续向前,"它停下了。你看见了吗?"

我们绕过前方的沙丘,沙丘底端原来有一个洞穴,边缘处的流沙缓缓注入其中,像沙漏里的沙经过狭窄的玻璃缝隙。在洞穴的边缘,有鲸鱼尾鳍的痕迹,正在逐渐被流沙掩去。

我和黎星对视，谁都没有问要下去吗，就已经做出选择。我莫名其妙地笃定我们可以在沙子中生活、呼吸，就像沙漠鲸一样。

黎星走了下去，我跟他身后。进入沙洞之后，周围立刻暗了下去，看不清路，但不要紧，因为前面只有一条路。

或许，或许绿洲就在下面。像是爱丽丝的兔子洞，上面盖着黄沙，下面则是一片绿洲。

7

有一个少年，叫他少年a，a要实现一个愿望，就是学会飞翔。a花了一年时间，攒够了钱，在黑市买了沙漠鲸的脂肪制成的油膏。回到家点起灯，对着烟许愿。但灯油烧完了，烟也消散尽，他的愿望并没有实现。他从山峰跳下去，摔断了腿。他在床上躺着的每一天，都想着遥远的天空。他休养了三个月，就启程进入了沙漠。

他在绿洲边缘等待沙漠鲸经过。第一周他什么也没有遇见，沙漠白天是灼热的金色，夜晚是寒冷的黑色。第二周他的食物吃完了，他遇到一个女孩也来寻找沙漠鲸，女孩把食物分给他，他们一起等待。第三周他们遇见强盗，钱财物资被洗劫一空。第四周女孩死了，她在第三周受了伤，伤口溃烂却没有药。a把她埋在沙漠里。

第五周他终于等到了沙漠鲸，沙漠鲸的速度那么快，明明上一秒还是远远的阳光下的一抹银蓝，下一秒就到了绿洲边缘。但沙漠鲸在绿洲边缘会放慢速度，因为它要来补充水分。就在沙漠鲸饮水的时候，a抓住它的尾鳍。沙漠鲸立刻扭动身体向前游去，鲸鱼的身体太滑了，他险些脱手。他原本带了捕鲸的猎枪与猎叉，但被强盗抢走了。他于是只能拼命抓住鲸鱼的尾鳍。

沙漠鲸往地下潜去。a以为他会在沙中窒息，可没想到地下是空洞的。原来地下是另一座城市。沙漠鲸游走在城市的天上，凶狠的风割过a的脸庞。虽然a没有捕猎成功，但他实现了飞翔的愿望。

8

周围光线逐渐亮起来，我发现我的确被浓浓的炫目的绿色包围。原来那是玻璃外正午阳光下的浓绿树影。这是大学院楼的走廊，左手边一整排都是巨大的玻璃窗，树枝几乎与玻璃窗紧贴着。

我走入我二十岁的夏天，手里拿着保研申请表，正要去教务老师的办公室交表。走廊上的光线太明亮，仿佛一条未来光明的路。正是那时我选择了一条更安全的路，看着沙漠鲸在面前游走。黎星在前面的窗户边上站着，背着光，影子向我投来。在走廊尽头楼梯的转角，银蓝色的沙漠鲸的身影一闪而过，身上还挂着金色的沙粒，沙漠鲸游走，沙粒落在楼梯上，看着便能感到疼痛。

我不能想象我那时候才二十岁。那之后的日子都变成了灰烬，迷眼，使人流泪。

你明白吗？依然闪闪发光的、依然美丽的灰烬。

我不能想象我那时候才二十岁。

我推开窗户，把那张表扔了出去，它在夏天的烈日中飞舞，被风吹着飘落，被树枝裁成碎片。黎星朝我扬起手，向这边走来。我不知道沙漠鲸的绿洲是否已经到达。

黎星走近之后，我看清他的眼睛，澄澈、干净，像冬日和夏日的湖水，像我们写过的故事。

我说："如果没有绿洲——"

"这里也不过是一片沙漠。"黎星说。

后记

能一直按照自己的心意率性选择是幸福的，而不那么幸福的人，或许幻想过错过的、不可得的东西，我们与它擦肩而过或掉头而去，没有走向它。如果能回到某一时刻，做出另一种选择呢？这样的幻想驱使我走入回忆和未来的荒漠。其实我明白回到那一时刻，也不一定有别的选择。只是语言是另一重现实，写下沙漠鲸的事，是为了让那些也许已经游远的沙漠鲸回到我身边。鲸鱼在沙漠里是错误的，但也那么珍贵。我们追逐的东西逃往虚幻的绿洲。只有在抓住鲸鱼的片影的时刻，虚幻的绿洲才真实地存在了那么一刻。绿洲不是一个已经存在的空间，而是某些时刻，被创造了出来的。梦无法成为现实，但只要上路追逐，一定会有一种结果。虽然没有捕猎成功，但他实现了飞翔的愿望。

我会在每个有意义的时辰

※ 那夏

1

临近年关时，姥爷去世了。

得知消息后，我立刻赶回家，也因此见到了一个多月没见的妈妈和在外地工作，差不多有两三个月没见到的爸爸。

亲戚们纷纷询问我的近况，短暂寒暄后，我走过去握住了爸爸的手。

我们谁都没说话。

握了一会儿，他缓缓松开："我还要去招待来吊唁的人，你进去坐一会儿吧。"

"嗯。"

灵堂内喧闹得不行，哪怕夜已深，谈话声和嗑瓜子的声音仍然不绝于耳。

我坐不住，出去抽了一支烟，发现十八岁的表弟正站在几步之遥的黑暗处，背对着我，肩膀一抽一抽的。

我走过去，按住他的肩："姥爷生前最喜欢你啦……"

短短的，并无深意的感叹，被如鬼魅般的风声盖住。

这是我第一次见长大后的表弟哭，还记得他上一次在我面前哭，是在小学。

当时我拿着他糟糕的成绩单恐吓他："再这样下去，你的人生就完蛋了！"

在根本不懂何谓人生的年纪，他单纯被我的气势唬住，哪怕不明所以，也还是"哇"的一声大哭了起来。

我至今清楚地记得这个画面，可能是因为惭愧。

爸爸后来在闲谈时跟我提起过这件往事，无奈地说："你不应该用这样严厉的方式对待弟弟的，他还是个孩子。"

我含糊地应承着，嘴上不置可否，却不得不在内心深处承认，我真的完全不擅长处理这种事。不仅是对待表弟，我也不擅长应付其他亲戚，一旦展开交谈，过不了多久我就会不自觉地开始走神。总觉得内心被一道无形的屏障完美地隔离开了。

这样的个性，一度让我成为妈妈口中那种"冷酷"的人。

所以一直以来，我对爸爸始终怀揣着一种微微有别于子女对父亲的敬意。

在我的记忆中，爸爸总能轻松地与每个人相处。哪怕是刚刚去世的，向来以坏脾气著称的姥爷，在世时也对他偏爱有加，甚至超过自己的亲生子女。

爸爸啊，是和我截然不同的存在呢。

在更年轻的时候，我甚至模模糊糊地想过，如果爸爸早一些来到我的生活中，今天的我，又是否会成为与现在完全不同的人呢？

亲切的，耐心的，容易被触及内心的，也并不抵触这样的接触的人。

显然，这成了一个没有答案的问题。

我最终成了我。

在爸爸没有来到我身边的漫长时间里，我成了一个不擅长与亲人过分亲密，且偶尔会被冠以"冷漠"之名的少女。然后，我是一个成年人。

午夜，来吊唁的人差不多都离开了。

我替留下守夜的所有人叫了外卖，爸爸也终于不用再忙于应酬，找了把椅子坐下，拧开了舅妈提前准备的白酒，和妈妈多年的朋友畅饮起来。

脚下的火盆"噌噌"地冒着热气，正是一年中最寒冷的时候。

坐在我身边的妈妈仍然揉着哭肿后干涸的眼睛，喃喃着这一天里说过无数遍的话："爸爸真是太可怜了……"

没能熬过这个寒冬的姥爷，猝不及防地结束了他的一生。

我起身走到遗照前，细细端详姥爷的遗容，最后转过头问爸爸："这是姥爷什么时候拍的照片？我怎么没见过。"

"今年初，他自己去照的……"

"是吗？"

原来早在大半年之前，他已为这一天做好了准备。

意识到这件事，比看见堂前挤满的花圈、挽联，甚至是燃烧的香烛，更令我强烈地伤感了起来。姥爷是走到了认为自己随时都可能离去的年纪啊。

我失神地站了一会儿，渐渐嗅到了空气中辛烈的白酒味。

"要喝一点吗？"爸爸拿起一个纸杯问我。

我摇头："胃病犯了。"

"你要照顾好自己啊。"

"我知道的，只是最近太忙了。"

他微微笑了，没再追问我别的，重新坐回椅子上，与那位已经喝得有些醉了的朋友继续碰杯。

我半靠在椅子上闭目养神，感到一种久违的舒适与平静。

不需要特意为我做什么的，无论是爸爸，还是妈妈。对最终成为的这个我来说，来自亲人过分的关怀反而会令我紧张、焦虑，表现出不合乎常理的抵触。还好，爸爸懂得。

那一瞬间，我忽然理解了姥爷生前对他的偏爱。不是以"我认为对"的方式去与对方相处，而是以对方想要的方式去表达自己的感情。说来简单的道理，能一如既往做到的人却寥寥无几。

我想，至少对我来说，想成为这样的人，还需要很长时间。可一旦想到爸爸，我还是会为十六岁时自己的选择沾沾自喜。生物学上的爸爸谁也无法选择，但人生第二次选择爸爸的机会，我好好把握住了。在某种意义上，也算是第一次抓住了自己的命运。

没错，在妈妈之前，是我先选择了爸爸。在和爸爸见面这件事上，妈妈起初是持抵触态度的。

"他没有一米七！"妈妈的少女心总能体现在许多令人出乎意料的地方。

"你是要生二胎吗？"对此我不耐烦地翻了个白眼。

十六岁的我，早熟的心智已初见端倪，在几近严苛地打碎了妈妈的少女梦后，她欲言又止地看着我："你难道想我……赶紧给你找个新爸爸？"

"不，那种东西有没有都没关系，我是希望能有个人陪伴你。"

我不能陪你一辈子的。但这句话，当时的我并没能说出口。

不知从何时起，我十分确信一件事，那就是当子女脱离母亲的身体后，我们终将走上两条全然不同的道路。

能一直陪伴自己的，只有当时的伴侣。

我亲眼见证过离婚带给妈妈的毁灭性打击。

在我念小学时，妈妈跟我的生父离婚了，常年聚少离多的生活，让我对这件事并没有太深刻的感受。但渐渐地，我开始感受到妈妈离婚带来的一系列连锁反应，远比离婚这件事本身要可怕数倍。

妈妈因此丧失了工作晋升的机会，每天必须承受周遭人的有色眼光，甚至为了尽快办理手续，草率地将所谓共同购置，实则她自己付款买的房子给卖掉了……我们因此在没客厅的逼仄的一居室里生活了很长一段时间。

最艰难的时候，妈妈交不出我的学费，需要借钱度日。这些经历，在别人看起来是如此不可思议，但我曾真真切切经历过那个时期，感受过来自世人无端的恶意，因而更加确信，选择一个对的伴侣是一件多么重要的事。

很显然，年轻时的妈妈缺乏选对人的眼光，我希望已经十六岁，接近成年的自己能帮上一点儿忙。妈妈后来拗不过我的坚持，还是去见了爸爸。

也许她当时的确是怀抱着为我找一个爸爸的心态吧，我们并没有就此讨论过，许多往事自然也因此变得不可考。但渐渐地，我相信她和我一样，都发现了爸爸身上的闪光之处。不然他们不会走进婚姻。

事到如今，我依然记不得他们的结婚纪念日。只记得高中快毕业时，有一天下了晚自习回家，妈妈突然跟我说："我和你叔叔领证了。"

我怔了怔，长长地"哦"了一声，说："恭喜你，脑子终于清楚了。"

妈妈乐呵呵地敲了我的脑袋一下："看看你，怎么说话的？"

我拽着书包带，面无表情却心情轻快："我说的是事实啊。"

灵魂的高度是多少？

身高一米六八的爸爸告诉我，起码超过三厘米。

那之后的日子，托他们再婚的福，我逐渐过上了相对正常的家庭生活。但因为爸爸工作的地方离家有一小时车程，总的来说，我们一家人仍然聚少离多。

唯一不同的是，那之后的每个新年，我都可以享受到一大家人团聚吃年夜饭的新鲜体验。

虽然有点儿麻烦，还有点儿闹腾……但感觉还不坏。

十八岁那年，我离开故乡去外地读书。是姑姑陪我去报到的。

爸爸郑重地把我托付给了自己的妹妹，又转过身交代我："虽然你很懂事，不需要我们操心，但如果有人欺负你，一定要告诉我，我不会让你受委屈的。"

"呵，我能遇到什么呀？"

说着这样的话的我，并没有把这句如今想来算是爸爸最肉麻的话放在心上。

但没想到我还真遇上了。

大概也不算欺负吧，寝室里的小摩擦，如今我根本想不起来具体是因为什么事，也许只是自我和集体的碰撞吧。自始至终，我都无法按照他人的意愿去生活。但在当时，这些小小的事情却因地域差异，变成了本地人与外地人的对峙，一切都变得意味不明起来。面对辅导员的有意偏颇，我终于在委屈中爆发了。

得知这件事，爸爸的举动竟然不是代我道歉求和，而是坚定地表示："我了解我的女儿，如果她做错了事，就一定会认。但如果仅仅因为她一个人来自异地，你就丧失公正，那么无论多远，是否需要辞职，我都会立刻赶去。"

那件事最后不了了之了。

当然，后来我和我的室友始终没能成为姐妹淘，一直淡淡地相处着，就连毕业后也疏于联系。

但如果你问我遗憾吗，我的答案是，不遗憾。

我在意的是重要的时刻，我重要的人是否站在我身边。刚好他在，我又为什么要遗憾？

二十三岁的时候，刚失恋的我黯然地回到故乡。

爸爸、妈妈还有姑姑专程来机场接我。

这对于念书时几乎每年都习惯自己回家的我来说，是一种完全陌生的体验。

必须承认，在我独立的生命中，只有极少数时刻才会渴望亲人的陪伴。

那天就是。

还记得那条通往家的路既笔直又黑暗，我坐在后座上一言不发，妈妈如往常般数落着我的不是。妈妈自小对我的教育方针是：任何时候都要从自身找原因。哪怕仅仅是一场恋爱。但我却始终坚持，这一次，自己什么都没有做错。我终于无法继续忍受她的唠叨，失态地爆发，大叫起来："闭嘴！你闭嘴！"

始终沉默着的爸爸也因此开口喝止。但他喝止的人却不是我，而是妈妈。

"你不要说了！"他用一种我从未见过的威严的语气说。然后，他又慢慢地重复了一遍："你不要说了！她只是累了……"

我终于号啕大哭。那一瞬间，我第一次发自内心地觉得，能回家真好。

后来，我没太挣扎就放弃了再次离开故乡的念头。尽管我依然认为我不是一个有乡愁的人，而这样的我，无论在哪里，都可以好好地生活下去。但不可否认，有一些生命中的至暗时刻，是爸爸教会我，此心安处是吾乡。

二十五岁的最后一个月，我结婚了。

领证的日子是妈妈选的，她再三叮嘱我，那天是个好日子，不要错过了那一天。第二天下午，她也不忘紧张兮兮地给我打电话："你没有睡过头吧？"

"睡过了。"

"你搞什么呢？"

"但是没错过领证，已经办好手续了。民政局还给我发了一百块奖金呢！"

"噢噢，那就好……"电话那头的她长舒了一口气，然后问，"晚上回来吃饭吗？"

"不吃，我要回去继续睡觉了。"

"好吧。"

然后我们挂断了电话。

好像直到那天结束，爸爸也没有给我打电话。

关于我结婚这件事，爸爸从头到尾没发表过任何意见，颇有一种放任自流的意味。但不知道为什么，我总有一种"不可理喻"的自信，坚信如果哪一天，我在婚姻生活中遇到不愉快，他一定是第一个站出来捍卫我立场的那个。

一定是。

因为讨厌冗长的讲话和过度的煽情，我在没有征求任何人意见的前提下，大刀阔斧地砍掉了婚礼上父母致辞的环节。就连敬茶环节，最后也因为天气原因省略了。

婚礼那天，爸爸唯一做的事，是挽着我的手，走到了红毯的那一头。被挽扶着的我没哭，他也没有哭，我们开开心心地走完了那条路。

这是青春期的我完全没有想象过的一幕，甚至我都没有想象过，有朝一日，我会结婚。但我的人生却像一条顺流直下的河流，顺理成章地走到了这一步。

就像我最初说的那样，我最终成了这样的我。是爸爸，令我成了这样的我。

时至今日，我们见面的频率仍不高。

姥爷的葬礼结束后，我们再见面，已是春节的家宴时。

"你的胃好了吗？"

"还没。"

"那就别喝酒了吧？"

"不喝了。"

简单地交谈后，他又去应酬亲朋好友了。

而我坐在角落的餐桌旁，遥遥看着那个并不高大的背影，会心地微笑。

也许我们从未占据过彼此生命中大部分的时间，但那些大风大雨，抑或是阳光灿烂的特别日子里，他却从未缺席。

我仍然不希望我成为他生命中最重要的存在。他生命中最重要的存在，永远应该是我的妈妈。但在每一个有意义的时辰，我知道，我们都会穿越人海，与彼此共存。

迟到
半个世纪的
情书
✽栾永福

70岁那年，姥姥收到远处寄来的一摞书信。没上过学的她为了读信，决心从头学习识字。

一

姥姥没上过学，18岁的时候还不会写自己的名字。1954年，乡里响应国家号召，大力扫盲，在很多村设立了识字班。姥姥年龄合适，被叫去学习。她脑筋活泛，愿意接触新东西，挺想去，但是太姥爷不让。太姥爷养了几头老母猪，平时都要靠姥姥照料，离了她不行。

村妇女主任拿着本子走进家门的时候，一头老母猪正下猪崽儿，太姥爷和姥姥两个人忙得不可开交。妇女主任动员太姥爷给姥姥报名，太姥爷双手血呼啦嚓，蹲在地上给老母猪揉肚子，头也没抬直接拒绝。

妇女主任费了半天口舌，才说服太姥爷，让姥姥进了识字班。

后来，"识字班"这个称呼流行起来，但已经不再指为了扫盲而成立的学习班了，而用来称呼那些年纪轻轻还没结婚的姑娘。我小时候听老人们喊年轻姑娘叫"识字班"，一直不理解，听了姥姥的故事才恍然大悟。

识字班一天两节课，只在晚上开，地点是村里的小学教室。班里什么人都有，大家吃了晚饭就去上课。姥姥第一次去的那天晚上刚喂完猪，身上还臭烘烘的，一股猪粪味。

老师开玩笑，说她是"庄户地西施"，引起哄堂大笑。姥姥羞得满脸通红，一整晚都没敢抬头。

姥姥个子不高，但长相俊俏，皮肤白皙，在人堆里很显眼。那时候她有个外号，叫"气死日头"，意指她怎么晒也晒不黑，把太阳气死了。

姥姥脑子聪明，学的东西很快就能记住，这让老师很高兴。

识字班一开始主要教一些现成的词汇，比如"社会主义"等等。班里大多数人都混混沌沌，学了几天之后能模模糊糊记住，但是要单拿出某一个字来问，基本上都只能挠头，说看着眼熟，就是不知道怎么读。别人还在恍惚，姥姥已经记得八九不离十了。

姥姥成了识字班的尖子生。两个月后，乡里搞扫盲成果验收会，姥姥作为优秀典型参加。

等她从乡里回来，村里就开始慢慢传起一些谣言，说她和识字班的于老师好上了。

姥姥一开始还蒙在鼓里，直到有一天晚上回家，被太姥爷拦在门口。太姥爷蹲在门槛上抽烟袋，一脸铁青。那天隔壁村放电影，识字班停课一天，大家都去看电影，回来的时候已经有点晚了。姥姥要去猪圈看看，太姥爷把她叫住，劈头盖脸训斥了一顿。

太姥爷这么生气是有原因的——于老师成分不好。

于老师的父亲以前是个不大不小的地主，太姥爷祖辈都是贫农，之前还在于老师家干过长工，心里肯定疙疙瘩瘩。再加上当时人们对家庭出身看得很重，太姥爷自然极力反对。

姥姥很蒙，那天晚上哭了个稀里哗啦，她跟太姥爷说自己就是去学习识字，和于老师一点别的关系都没有。太姥爷抽了很久的烟，最后说了一句话："识字班别去了，在家喂猪。"

姥姥哭着点头。打那以后，她再也没去过识字班。

姥姥在识字班待了不到三个月，她数了数，总共学了104个字。她把所有的字都写出来，算了算，笔画最多的是"绣"字。姥姥的名字叫"秀花"，她嫌不好听，还在识字班的时候让于老师给她改名字。于老师说把"秀"改成"绣"好，姥姥就记住了这个字。

很多年后我和姥姥一起看电视，电视里出现了"锦绣"这个词，她指着电视屏幕说那个字她认识。我问姥姥怎么认识的，她说以前学的。那时候我不知道，姥姥说的"以前"，竟然是几十年前。

姥姥又恢复了以往的生活，天天围着家里的猪转。她虽然整天窝在家里，心却还在识字班。

姥姥说谎了，她其实是喜欢于老师的。她和于老师早就认识了，说起来也算是青梅竹马。

太姥爷以前在于老师家做长工，那时候姥姥刚十岁出头，天天跟着下地干活。姥姥和于老师就是在那时候认识的。两个小孩也不懂什么，只是偶尔在一起玩耍。

于老师有很多玩具，经常拿来让姥姥玩。姥姥印象最深的是一个精致的竹蜻蜓，翅膀有一拃长，肚子末端伸出一根线，把线使劲往外拽，松手，竹蜻蜓就能扇着翅膀飞起来。姥姥说她太稀罕那个竹蜻蜓了，做梦都能梦见，醒了就特别伤心。她家太穷了，吃饱饭都是问题，别的更不敢奢望。

后来于老师的父亲瘫痪在床，半年后去世，家里就没落了。村里建小学，找不到识字的人，于老师成了小学教师。

识字班成立之后，于老师又教识字班，成了姥姥的老师。从那时候开始，一段师生恋悄悄萌芽。

于老师把"绣"字教给姥姥，姥姥就一笔一画地模仿着写。此时距那段一起玩竹蜻蜓的时光，已经过去了七八年。

姥姥回忆从前时，跟我说过一件趣事。

于老师家养了一头母驴，他父亲打算再添头牲口，就借了头公驴来交配。公驴被拴在于老师家门口，悠然自得，修身养性。姥姥背着一筐猪草路过，公驴凑过脑袋来咬住竹筐，把姥姥带了个趔趄，摔倒在地上。竹筐被压散架，竹篾刺中了姥姥的胳膊，流出血来。

于老师恰好端着一碗水出门，看见后吓得把碗一扔就跑上去打驴救人。他以为情况严重，大呼小叫，结果吓惊了驴，驴一尥后腿，正好踢中他脑门。于老师仰天倒地，躺在那里直哼哼。

姥姥跑过去拉于老师，怕他的脑袋被踢坏，一直摇着他的肩膀。于老师坐起来，失了魂一样呆愣愣地眨眼，过了半天才回过神来。醒来的第一句话是："你胳膊咋了？给驴踢了？"

"你看看，自己被踢了还问我。"姥姥笑。

"后来呢？"我问。

"他额头上肿了个很大的包，十好几天才下去，好在人好好的，没被踢傻，哈哈。"姥姥笑起来一脸皱纹。

"驴咧？"

"驴？被他爹抽了几鞭子，该干啥干啥呗，又不是自己家的驴，也不能怎么着。"姥姥眼睛眯起来，带着淡淡的笑容陷入沉默。我知道她又在回忆往事了。

姥姥说她上识字班的时候还和于老师聊起过这件事。于老师撩起额前的头发给姥姥看了一眼，那里有一个若隐若现的伤疤。

伤疤很浅，弯弯的一撇，不仔细看也看不出来。于老师头发浓密，再加上他刘海很长，整个额头都被遮得严严实实。姥姥对那个伤疤牵肠挂肚，总想亲手把于老师的头发撩开看，可是直到她从识字班退学，也没能再看一次。

从识字班退学后，姥姥不甘心，偷偷找机会和于老师见面。

村子西头有条河，夏天的时候，村里的女人们晚上会在这里洗澡。姥姥洗去身上的猪粪味，换好衣服后就绕道去小学。

等她走到小学的时候，恰好识字班上完第一节课，于老师会以喝水为由出门和姥姥约会。学校门口有两棵大槐树，枝繁叶茂仿如小山，在地上投下巨大的阴影，二人就站在阴影里你看我我看你。

姥姥的脸盆里不仅有洗好的衣服，还有粮食，或者几个甜瓜，或者几个煮鸡蛋。于老师家境困难，常常食不果腹，姥姥就这样接济他。他们不敢大声说话，只是小声地交谈。姥姥问今天教了什么字，怎么写，于老师就"一横一撇"地口头描述。繁体的"绣"字有十三画，姥姥拿这个做对比，笔画数超过十三的就算难字。

那个年代男女大防，两个人就这样相处，从未有过身体接触。唯有一次，姥姥抬手摸了摸于老师的额头。

"看上去不显眼，摸着倒能试出来。疼不？"姥姥说。

"早就不疼了。"

姥姥放下手，两个人各回各处。

这种偷偷摸摸的甜蜜持续了一个半月。一个半月后，两人约会的事被告发——姥姥头发长，洗完头之后一时半会擦不干，但是时间紧急，她就经常顶着湿漉漉的头发和于老师见面。于老师很体贴，见面的时候会拿自己的毛巾帮姥姥擦头发。出门的时候毛巾是干的，回来就变湿了，这个变化引起了好事者的注意。好事者偷偷跟踪于老师，发现了他和姥姥的秘密。

第二天，这件事就传遍了整个村子。

于老师被革掉教师职务，两人的感情也戛然而止。

太姥爷这次倒没有发火，自顾自沉着脸闷头干活，没说一句难听的话，只是不让姥姥出门。姥姥也不敢说什么，就这样在家憋了好几天。等姥姥能出门，一打听，才知道于老师已经不再是老师了。他受到了严厉的处分，不仅被革了公职，还受到了一顿毒打。

于老师被连续扇了很多耳光，左耳朵被打聋，失去听力。后来村里人给他起了个外号，叫"半天蛤蟆"。意思是他只有一个耳朵好使，能听见一半的声音，又是个癞蛤蟆，妄想吃天鹅肉。这个侮辱性的外号在村里叫了很多年，逐渐演变成一个特有称谓，专门用来称呼那些不自量力又色胆包天的人。

姥姥很难受，可是她除了哭之外没有任何办法。太姥爷盯得紧，村里人又风言风语，她不能去看于老师，就这么精神恍惚地过日子。

后来姥姥问过别人，是谁下手这么狠，竟然能把一个人打聋，得到的答案是很多人。村民对地主的孩子不客气，很多人动手泄愤。但是太姥爷没有，他说从于家分了四亩地，当长工时也受过照顾，得念人家的情。

姥姥盘算了一下，发现那些动手的人里也有很多分到了于家的地，但是他们都没有手下留情。姥姥说，有的人就是坏，坏透了。

于老师去了隔壁村的砖窑干活，又苦又累，却连温饱都解决不了。姥姥听说他在那里还摔断过一次胳膊，差点连命都丢掉。姥姥心疼得很，她在家抬头就能看见砖窑那根巨大的烟囱，可是也只能远远地看看而已。

再后来于老师失踪了，他扔下年迈的母亲，独自逃离了村子。

于老师逃走后，他的邻居跳出来，说自己家的玉米被偷了半袋，肯定是于老师做的案。邻居很气愤，但拿不出证据,就在于老师家门外破口大骂。他声音洪亮,用词恶毒,姥姥在家都能隐约听到。于老师母亲闭门不出,邻居越发起劲,足足骂了一个晌午才算完。

几天后,于老师母亲饿死家中,风波平息。

于老师没回来奔丧,他彻底消失了,姥姥自此终生都没见过他。

太姥爷做主,给姥姥寻了门亲事。男方家是杀猪的屠户,和太姥爷门当户对。

屠户也姓于,家有三子,老二人憨厚,会过日子,他就是我姥爷。

我姥爷也不识字。

姥姥说她这一辈子有两件事特别遗憾。第一件,是姥爷去世得早。

姥姥生了四个女儿两个儿子,一大家子人吃穿住用是笔不小的开销。姥爷起早贪黑,吃了不少苦,总算没委屈了姥姥和孩子们。姥爷对姥姥很好,从来不让她干重活。他们结婚后时代风雨飘摇,赶上年景不好,饥一顿饱一顿,姥爷有几年甚至跑去要饭,好歹挣得了家人活下来的口粮。

我小姨刚结完婚,姥爷便因操劳过度去世了。姥姥说他就是命不好,吃了一辈子苦,日子刚有起色就离开了这个世界。

第二件事,是于老师走的时候没去送送他。

姥姥心里有愧疚,总觉得自己亏欠于老师。她说如果当初不是自己去找他,他大概也不会出事,现在也该子孙满堂享清福了。

我劝姥姥:"说不准他在外地也活得很好呢,也不见得每个地主家的孩子都那么惨。"

姥姥叹气:"难啊。"

姥姥上了年纪之后逢事就感叹,手指不灵活拿不了筷子,说难;眼睛花了穿不了针鼻儿,说难;双腿不听使唤走不了路,说难。总之就是难。

我上高二那年姥姥突然来了精神,让我教她认字。我搞不懂快七十岁的姥姥怎么会突然对这个感兴趣。后来才知道,她收到了一摞书信——那是于老师的遗物。

于老师从家里逃走后去了吉林通化,并在那里娶妻生子。他在那里过得怎么样姥姥没说,只是说他临终前把后人叫到身前,嘱咐他们把一些信交给老家山东的一个熟人。几经辗转,姥姥收到了信。

那年暑假,我开了识字班,学生只有一个,我姥姥。

姥姥戴着老花镜,学得很认真,她不学拼音,让我直接教她认字。她毕竟年纪大了,学起来力不从心,一个字要反复学好几天才能记住。姥姥拿笔反复地写,每个字都要写十几遍,饶是这样也老是出错。有些字体相近的字她总是搞混,又经常忘掉笔画,麻烦得很。

很多时候姥姥下功夫把某个字抄了半张纸,写完才发现少了一横或一竖。姥姥感叹自己老了不中用了,当年上识字班的时候,那些字是看几眼就能记个差不离的。

我问姥姥现在学写字是什么感觉,她透过老花镜瞅我,说:"难。"

我哈哈大笑。

姥姥握笔很用力,我跟她说轻点就行,她说不使劲捏不住笔杆。可是这样写,短时间手就会累。她写一会儿甩一甩手腕,好几次把笔甩了出去。有一回甩出去的笔正好扎到趴地上睡觉的猫,猫"嗷"一声惨叫蹿出去,姥姥乐不可支。

"当年学校门口也有一只猫,那天晚上猫赖在树上不走,我拿石头打它,它也是这个样子跑的。"姥姥眯着眼笑。

我也跟着撇嘴。

暑假结束之后我回校,姥姥继续自学。有时候打电话回家,问她学得怎么样了,她语气很得意,说:"放心吧,我这个老识字班厉害着呢。"

姥姥确实很厉害,她终于独自看完了那些信。大姨说姥姥看完信后很平静,只是有半天不说话。信的内容谁也不知道,姥姥守口如瓶,我问也不说。问急了,就敷衍几句。后来我干脆不问了。

2004年,姥姥去世。

姥姥去世之前把那些信都烧了,连带她学写字时积攒的练习作业,都付之一炬,没留下一点痕迹。

这件事至此终于落下帷幕,前后正好五十年。

今年夏天,我被辞退以后,就回了老家,打算休息一阵,过几天清闲的日子。我找来以前的旧手机,把通讯录从A翻到Z,挨个打过去。除了几个令我犹豫的名字和一半左右的空号,其他人悉数寒暄。"你好,打扰了,我是×××,还记得吗?""是我是我,你在家吗?有空出来玩啊。"熟的不熟的,都约出来吃饭。有时我请客,更多的是对方请。

提到霍明的时候,我正坐在两个老同学的对面,往碗里的鱼头上弹烟灰。我们本大可不必提到他的名字,可是这顿饭吃吃停停,已经一个多小时。我们把各自的工作与生活已经聊了个遍。本来还有个做销售员的同学坐我旁边,总想向我们进一步介绍他的工作,未果,想挑起关于国际形势的话题,也被我们掐灭,终于在两分钟前接起一个电话,向我们道歉后,没结账就起身离开了。

"没意思啊,"坐在里侧做工程的同学说,"上学的时候我就不喜欢他。"外侧的律师助理对着手机屏幕傻笑,没回应他。

做工程的推了推眼镜,望向我。他戴着远视眼镜,从我的角度看过去,他的眼球像是挤在玻璃瓶子里的香槟,即将从镜框里喷射出来。

他说:"我记得你以前和霍明的关系也挺好吧。"

我说:"嗯,以前。"

他咧嘴笑了两声,牙齿白得不像是抽烟喝酒的人:"他在我这背过几万块钱的债,我还是上门找了他爸,才把这笔钱给要回来的。"

律师助理抬头看了他一眼,嘀咕了一句:"你这不厚道啊。"

做工程的说:"你懂什么,你跟他又不熟。对吧。"

他又转向我说:"你应该见识过吧,他花起钱来跟公子哥似的,我也是没辙才找的他爸。不过这都是以前的事了,他现在好像做了警察。要不要叫出来?"

我们都没有反对的理由。

霍明坐进律师助理的车时,底座嘎吱一响,往下沉了一截,像一艘摇摇欲坠的小艇。上初中时,他是我的同桌,白白嫩嫩,是个还没长开的小胖子,每天躲在课本垒成的城堡后面呼呼大睡。做不出题的时候,我会隔着衣服,把手指塞进他肚子的褶皱里,

雨山公墓

※ 李星锐

天地包裹住我,连眼前他姥姥的墓碑也只剩下一道轮廓。

×××

上下三层,起伏如平稳的海浪,手指在里面,和他沉入同一场梦里。如今,褶皱被更多的肉填满,连成一个光滑完整的球。十多年过去,他已经彻底长开,身形壮硕,吹过的风沙也印入皮肤里。只有手丝毫没变。

中学时代,班上的同学,不论男女,都捏过霍明的手。他的指节修长,手掌柔软,有一股怪异的阴柔感,让人联想起太宰治小说里的人物。以前我总对他说:你是个天生的音乐家,你应该去学钢琴。但他并不懂音乐。

他一见到我,就用胳膊夹住我的脖子,给了我一拳:"多少年没回来了,啊?连个音讯也没有。"我把手撑在肮脏的布面座椅上,不知道说些什么好。

他意识到我的尴尬,迅速抽回手。

那一晚接下来的时间，我们四处兜风，开无聊的玩笑。我和霍明被掩埋在嬉闹之中，绕开了许多本该去谈论的话题。

第二天上午，我在家门口的早餐店排队买热干面的时候，霍明打来电话，问我今天有没有空再见一面。他的声音里有一层低沉的水雾，不像昨晚四个人一起谈天时那么兴致勃勃。

我太熟悉他声音里的那层水雾。许多年前，当他刚从浴缸里爬出来，披着浴袍，光着脚，在他空旷的家里寻找一个打火机的时候，他就会用那种带着雾气的嗓音跟我说话："你莫光站着，快来帮我找。"

他嘴里与皮肤上的水汽会慢慢浸进空气里。

那时候我们还在读高中，同在一所半封闭式管理的寄宿学校，但并不同班。所谓半封闭式，就是能办下走读证的学生，可以随意出入学校大门，其他人则只要靠近校门二十米内，就会被门卫警告或驱散。但在我高中三年认识的人里，没有一个人拿到过那张神秘的走读证。

后来回想起这件事情，我觉得另一种解读方式，更能体现出半封闭式的含义：学校的围墙上有两处近似缺口的地方，一处在南端，宿舍楼附近，墙顶的玻璃碴被人用石头细细磨平了，被我们称作南门；一处在北端，大门附近，铁栏杆顶上有一根尖刺被人砸弯，被我们称作北门。南端的那个靠近网吧，晚上出去通宵的人从那儿走；北端的那个靠近餐馆，逃课或加餐的人从那儿出。

我和霍明都是会翻墙的人。不光会翻墙，而且是身手矫健的佼佼者，所以我们连南门北门都不屑于走，专门找教学楼附近，透过教室窗户就能看见的墙。助跑几步，沉住下盘，心里想着一个讨厌的人，对着墙壁飞蹬一脚，手臂轻飘飘地搭上墙头。再往侧边伸出条腿，身子就能甩到墙外的世界去。霍明比我高，也比我重，在伸腿的环节，需要我在后面推他一把。也不知是不是因为这个，他几乎每次逃课都会叫上我。

黄金时间是在下午第一节课后。再早出去，时间太长，比较危险；再晚出去，时间太短，这风险就冒得毫无意义。出了学校，直奔他家，一两公里的距离。我想晃悠着去，霍明是个公子哥脾气，骂我抠门，非要打车。付账的时候又总在裤兜里摸来摸去，假装没看见后视镜里司机的眼神。最后我给了钱，埋怨他两句，他再骂一次我抠门，"裤兜太深，多摸几下不就有了？上去请你喝冰水。"

我在他家度过了许多个下午。他的姥姥庇护我们，答应替我们保守逃学的秘密。他家是个双层结构，我们在旋转楼梯上的房间里打游戏，每隔一会儿，姥姥就会把他叫到楼下，交给他点儿什么。两杯水，或是刚刚洗好的水果。她腿脚不便，无法弯曲得太多，走不了家里那个狭窄陡峭的楼梯。

楼上的房间对姥姥来说是从未踏足过的地方，她只能永远地待在楼下，在大厅、厨房和她那个永远拉上窗帘的暗沉房间里来回走动，脚步碎得像在发抖。或是在餐桌前的椅子上坐一会儿，起身把放在桌头的果盘挪到桌尾，把被罩一角的褶皱抖平，唤几声霍明，通常十次会有三次得到回应。

相反的，我会尽量减少在他家的一楼逗留。进门和姥姥打招呼后，我就溜到二楼不再下去，除非霍明扯着我下楼吃饭。

我讨厌一楼的那片空间。

摆在电视墙旁的柜式钟摆，像一柄沉闷的大锤，每秒敲击一次，声音大得吓人，把整个屋子笼罩其中。只要待在那里，就无法不意识到，时间是一个多么坚硬而危险的东西，它叩击在四周的墙壁上，仿佛死神的指关节。即使窝在二楼的房间里，把游戏声开到很大，依然能听到余音穿门而来。我问过霍明，为什么不把那个钟给扔了？这不利于健康。他告诉我说：习惯了。

但我从来没告诉过他，我还有另一个不喜欢下楼的理由。我有点害怕他姥姥。

其实我也无法说清，那是否真的是害怕的感觉。与对蛇、对山谷、对噩梦的那种恐惧当然有所不同——那是一种一旦进入视线，随即就会钻入脑中，需要用力才能甩开的不适感。

面对他姥姥时的恐惧，就像正对着一面歪扭粗糙的镜子，让我局促不安，无所适从。面对它时，我无法看清自己的面貌，也不知应该摆出哪种姿态才好。因此，每次进霍明的家门之前，我都要在门口的防滑垫上多蹭几下鞋底，进门以后赶紧弯腰脱鞋，开始对鞋尖有没有对齐、摆放是否工整产生莫大的兴趣。

"来啦，哎呀，真懂礼貌。"他姥姥这么说道。

我哈着腰叫一声姥姥好，转而捋起袜子上的褶皱来。

"我们要可乐，冰的。"霍明说。

等他姥姥用颤抖的手把霍明的两条胳膊从上到下捏一遍后，她会转身朝厨房走去。这时，我们上楼，打开电脑，把书包放到飘窗上，霍明会在他姥姥的吆喝声里下去拿水。

其实，我常会偷偷地观察他姥姥。她太矮小了，而且每次似乎都比上一次更矮小一点，仿佛正在一点点缩回孩童的状态。

她患着一种奇怪的病，会一刻不停地打哆嗦。说起话来，语调会被头部摆得乱飞起来，有时一个音尚未吐完，又被舌头甩回了口腔里，听起来含混不清。手和腿脚也时刻颤动着，仿佛总有一股冷风缠在她的腰上，使她不受控地打起寒战。我第一次来时，就想问霍明怎么回事，但他并无向我解释点什么的意思，我也就没问出口了。

他姥姥使我想起我的姥姥。但我其实没有姥姥。这对我来说是天经地义的事情。妈妈说，在她17岁那年，她和男生在课间的楼道阴影里拥抱，被准备回办公室拿书的老师撞个正着，然后被开除了。每当谈论起这件事，她就仿佛又回到了拎着书包离开校园的那个时刻。她说那天姥爷穿着沾满深色油渍的工作服来领她回家，只对她说了一句话："明天来厂里报到吧。"

姥姥则表现得更加痛苦，整晚不停地和妈妈争吵，用最刺耳的话咒骂她。后来的许多天里，整个屋子都成了她们的战场。不到一年的时间，姥姥被查出乳腺癌，不久就死去了，那时，工厂即将倒闭，妈妈刚刚成年。

尽管我们都说和她没有关系，但妈妈总觉得，癌细胞就是在她被开除的那天晚上凭空出现的，并在那些让人绝望的争吵中得到了滋养。

我没有见过我的姥姥，连照片都没有见过。听过妈妈的讲述后，很长一段时间里我都在想象姥姥的模样。我猜想，她应该很瘦，但整个身子往里扣着，显得很沉重。她应该是充满愤怒的，但最终还是被生活搅拌成了绝望。

后来，我不再想象了。见到霍明的姥姥后，我又开始想了。但霍明的姥姥显然和我姥姥，或者说我想象中的姥姥，不太一样。她更矮小，更透明，更像一道飘浮在房屋中的阴影。

有一次我问霍明，姥姥叫什么名字？他那会儿正夹着一支烟，头从打开的窗户缝里伸出去吸着。他愣了一下，说："你这什么问题，我不晓得啊。"

我说："你不晓得你姥姥叫什么名字？"

他说："我哪晓得，我爸叫她妈妈，我叫她姥姥，买菜的叫她吴婆婆。我没事叫她名字干什么。"

他转头，按下开机键，问我："你今天要玩哪个英雄？"

我们在二楼房间里的大部分时间，都在打游戏。但那里只有一台电脑，我们只能换着玩儿，一人来一局。大部分时候，他都会赖皮。

晚饭之前，霍明会在二楼的浴室洗个澡。他一天要洗两次澡。听到水声响起来，他姥姥便进了厨房，开始做晚饭。一般只做我们三个人的饭菜，若是看到餐桌上的菜品更丰盛一些，我就知道，今晚霍明他爸要回来。

那个周末不放月假，但我们还是在他家多待了一天。他爸在我们起床之前就离开了，没准连家里多了我这个人都不知道。

霍明早上照例去洗了个澡，等他的时候，我突然感觉有点心慌。他家的钟摆声还要响起许多次，才能把这一天耗尽，我不想他走进房间后，出于无聊跟我聊起点什么，什么都不可以。于是，在他趿着拖鞋进来找吹风机的时候，我说："反正今天不去学校，陪姥姥买菜去吧。"

他关上柜门，扯着吹风机的线说："随便。"

十分钟之后，我们扶着他姥姥出门，我一直在姥姥右边，想把她手里的菜篮子扯过来，他姥姥说："不用，不用。"我们跟在姥姥身边，顺着她的步子行走，从家门口到马路上的那段小斜坡，就花了四五分钟。霍明步子大，总想走得快一点，他不知道菜场的位置，走了几步又折返回来。

我扶着他姥姥，她的小臂细得像一根手指，随着步子轻轻扯动着，仿佛想要挣脱开来。我看她有点喘，几乎快要被我拖着走了，我说："您走慢点，我们不急的。"

"孝顺哦，孝顺哦。"她笑了起来，露出几颗结石般的牙，"老了就是容易累，步子都迈不开咯。"

霍明说："要不中午我们做饭吧，你休息下，别累着了。"

"你要是心疼姥姥，就少逃点课，免得我担心。"姥姥说，"你们年轻人事情多，做饭还是我来吧。"

"那我们给你打下手。"

但我们没有打下手。回去之后，我们回霍明的房间打了两把游戏，饭就做好了。

晚饭之后，霍明说，还是回学校吧，一天不在，怕老师要告状了。我说好。霍明主动去洗碗，我收拾我们的书包，刚走下旋梯，他姥姥凑过来，用很小的声音跟我说："你是个好孩子，带着点明明，别让他学坏了。他爸管得少，他又不爱听人说。"她看了一眼厨房的方向，霍明正在把洗干净的碗放回橱柜里。

她说："跟你玩的时候，明明也比平时开心一些。以后多来，想吃什么跟姥姥说，我做给你吃。"

回学校的车上，霍明本来打算睡一会儿，我拍了拍他，说："你多关心下你姥姥。"

他说："还用你讲？"

从那之后，我去他家去得更频繁了。

我逐渐开始适应他家的钟声，和他姥姥之间的话也多了起来。

霍明找借口霸占游戏的时候，我就会溜到楼下，坐在餐桌边慢慢剥一个橘子吃，等着他姥姥过来扯着我讲她小时候发生的故事。故事断断续续的，从她出生的那个荒凉的大院子开始，讲到如今已经消失的男人们尚且年轻时淌着酒气的骂声，讲到女人的脚，冒着浓烟的火焰，钢铁，已经忘记面孔的母亲。有时候，她会突然岔开，讲一讲听说是在同一时段发生的别人的事情。讲到兴起，我会再剥一个橘子。直到楼上传来霍明的喊声，我们把这一页记忆折个角，等着下次再翻起。

然而，一个多月后，他姥姥便去世了。

那天晚上，距离高二的期末考试已经不到一周。具体是星期几，我记不清了。从听他姥姥讲故事开始，我大概去了他家四五次，气温爬升得很快，潮湿的热气像柳絮一样，从远处飘飞而来，我和霍明在学校附近的批发市场买了一大袋雪糕，塞进他家的冰箱里，准备用以消磨即将到来的酷夏。

"就一把，打完就写作业。"晚饭以后，霍明光着脚朝楼上跑去。

"你不去玩吗？"他姥姥说。

她围着餐桌慢走着，忍不住地打嗝，双手交叉揉着肚子，像是要把胃里稀少的食物揉碎。

我把盘子里的剩菜用保鲜膜封好，放进厨房，方便晚上霍明他爸回来加热着吃。

我说："快考试了，等他休息一会儿，还得写作业呢。您上次讲到您父亲走了以后，您就没去上学了。然后呢？"

"快考试了，等你们考完了我再讲吧，暑假多来玩啊。"他姥姥说，"夏天我做绿豆汤给你们喝。明明说我做的比你们学校里的好喝，每年夏天都要我弄，还要冻成坨子吃。"姥姥挤着嘴笑起来，从她有些歪斜的脸上，我完全没法看出来任何青春来过的痕迹。

我说，好。

他姥姥说："你去吧，我回房里把昨天的电视看完。"

那是她说过的最后一句话。之后很多次，霍明都旁敲侧击地问我，姥姥说的最后一句话到底是什么。我说：就是这句。一次又一次，我重复着这句话。我总觉得他隐隐地恨着我，每次我说出这个平常无奇的句子后，他的恨意都会更沉重一分。

我是趴在桌上被霍明摇醒的。打完了那局游戏，他果然又开了一局，我们一直玩到转点，霍明他爸早已睡熟过去。

"还有几天考试了，怎么办？"我说。

"明早起个大早，一起写完再去学校。"他眯着眼睛，钻到了被子里。

"我很慌，睡不着。再这样下去，我们考不上大学了。"

"不是还有一年吗？我有个考上浙大的哥哥告诉我，考前冲刺比什么都重要。"他把手机扯进被子里，"快睡，明天早起学习。"说完，屏幕的光亮熄灭了。

我伫立在黑暗里，突然感觉到未来的压力提前朝我压了过来。

我嘀咕了一句："我又不像你，我没有退路。"

我下楼给自己倒了杯水，摆在烟灰缸的旁边。拉开椅子，把键盘扫到一边，铺开作业，打开台灯。

"神经病。"鼓起来的那团被子说，然后静默了下来。

我被霍明摇醒后，感觉半边脸都麻木了，脖子像被人折断后刚刚接起来似的。手边的作业湿了一片，印出重叠的字影。

我看了一眼钟，两点半。"干吗啊？"

"我做了个梦，梦见我姥姥在叫我。"他看上去慌了神，"不对不对，我也不知道是做梦还是真的听到了。"

"你睡得那么死，怎么可能听得到？姥姥声音那么小。再说大半夜叫你干吗？"我侧过耳朵倾听了

一会儿。在寂静的夜晚，钟摆声和鼾声格外靠近这个房间，简直就像魔鬼在门口诡异地笑着。我打了个寒战。

"不行不行，有点怪，我下去看看。"他穿上拖鞋朝楼下跑。

"做梦做傻了吧。你轻一点，别吵着老人了。我先睡了。"我关掉台灯，爬进被子，想趁着迷蒙的状态早点睡着。霍明睡过的地方暖烘烘的，我钻进这股暖意里。

还没有完全睡着，我又被楼下的声音拽醒。

"姥姥走了。"霍明喊。

"啊？"我说。

"你莫乱说。"霍明他爸低沉地吼叫了一声，开始给人打电话。

我从床上爬起来，没有开灯，准备下楼。我看见楼下的灯全都亮了起来。

"你等下，帮我把外套拿过来。"霍明喊。

我又转身跑进房间，按下顶灯的开关，还没等它完全亮起来，透过窗外的灯光，我瞥见霍明的外套堆在床头柜上。我拿起它往楼下跑，身旁响起陶瓷破碎的声音。我碰倒了桌上的水杯。

"稍等一下。"我喊了一声，拍打着他的外套，一时不知道怎么办才好。

没有人回应。

大门猛地关上了。

我跑下楼，没有人；又跑到楼上，打开窗户。他们背着姥姥上了霍明他爸的车，像背着一块干燥的木材。

我跑下楼，敞开大门，想跟着一块儿去。

没有赶上。

车灯在马路上越来越小，与不远处闪烁的黄灯融为一体。我在花坛边站立了一会儿，忽然感觉有点冷。六月初的夜晚，几乎无风，白天的暖流沉了下去，渗入地里。我披上霍明的外套，把拉链拉到顶，才感觉好一些。他的衣服对我来说太大了，我伸直胳膊，也抓不到袖口。

我顺着斜坡往他家走，那是一段漆黑的路，不远，但黑得彻底。我狠狠地跺了几脚，感应灯也没有亮，却惊扰了不知谁家的狗，它声嘶力竭地吠了起来。拐进他家楼道的瞬间，我瞥见远处的一团亮光。附近新建起的高楼里，谁家的窗户还亮着灯。刚才我以为那是月亮。眯着眼看过去，有一道人影在灯光里浮动，应该是在洗澡。不知为何，我觉得那团影子正在唱歌。

收拾完霍明的房间，我无事可做，又晃悠到了楼下。灯光太过耀眼，我关了两盏，走进他姥姥的房间。那是我第一次走进这个房间。暗红色的窗帘紧紧闭着，一台黑色的等离子电视挂在墙上，像一个丢失了画的画框。我摸了摸，冷冰冰的。床铺窄小，床单上绣着大朵的云，肥头大耳的神仙大笑着在云上飞。被子掀在角落里，堆成一条，看上去像是他姥姥还睡在里面。相比之下，床榻的中间几乎看不出有人睡过的凹痕。

我退出来，坐在餐桌边剥橘子吃。这时，我突然想到，他姥姥的故事才刚刚讲完童年。

钟摆的声音越来越响，像浪头一样打来，我觉得自己的骨头都在随之咔咔作响。片刻后，我站起身，把椅子归回原位，把橘子皮扔进垃圾篓，走到柜钟前，拔掉一节电池，装进口袋里。海面归复平静。但那声音还是惯性似的在我脑子里跳动。

我上楼收拾书包，叠好被子，离开了他家，沿着路边的花坛往学校的方向走去。

霍明自然没有参加考试。

整个暑假，我们也没有互相联系过。开学之后，偶尔在学校碰见，会一起去厕所抽支烟，聊点有的没的。谁都没有再提去他家玩的事情。

高中毕业，我去了外地读书，毕业后留在了那里。直到这次被辞退回家，我们已经七年没见了。

所以，在他打来电话，问我今天有没有空见一面的那个早晨，我是犹豫的。身为少年的霍明已经告一段落了，这个与他同名的青年到底想找我做什么？我实在容易猜到。无非是填补中间的空白，聊一聊过去的事情。况且，我们大概不可避免会谈到他姥姥。

我正在编撰借口，他有所察觉似的，在电话那头清了清嗓子："昨天他们说你辞职回来休息，应该都有时间吧。"

我说："是被辞退。"

他像是被绊了一下，顿了顿说："那我下午两点去你家门口接你。吹头发去了。"

霍明开着一辆暗棕色的大众轿车，样式老旧，车身有擦痕，我忽然想起来，是那天晚上他爸爸开的那辆。他坐在驾驶座上，从远处看过去，愈发像一个劳累的中年人。

我打开副驾驶的门，他说等等，然后解开安全带，把堆在副座上的商品袋、半包薯片和矿泉水瓶甩到后座去。

"都没时间收拾。"他说，"坐。"

在驾驶座与副座之间，放着半瓶可乐、半盒抽纸、半包香烟。烟灰缸塞得满满的，一些烟灰散落出来，附在变速杆上，像堆积在树梢上的雪。

我打了个喷嚏，把车窗开到最大："鼻炎。"

他发动车子，从后视镜里迅速扫了我一眼，说："找个咖啡馆坐坐？"

我说："就车里吧。"

他说："行，去个安静的地方。"

车停在江堤边，我们去附近的便利店买了两瓶水、一条西瓜味的口香糖，坐回车里。

"你怎么样啊，小伙子？"他说。

"找我出来就为了说这？"我说。

还没等他回话，我又说："算了。听说你当警察了？"

"什么警察啊？"他说，"就是协警，跑腿的。"

"没想考个正式编？"我说。

"去年考了一次，没考上，今年估计也悬。"

不远处的空地上有人在跳广场舞。

他指了指反方向说："朝那边走走吧。"

为了躲避太阳，我们下到江堤的那一头，顺着树的影子慢慢地走。车轮碾过柏油路的声音与林中树叶的低语逐渐交汇起来，融合成一种近似于情绪的背景。夏天的江水朝岸边行走了几十米，变得宽阔，停止于树的另一边。有辆车停在那里，一个中年男人带着两个女孩儿在江边戏水，旁边竖着牌子，上面写着：请勿靠近，预防血吸虫病。

我们沿着这样的景色往前走。霍明不停地擦额头上的汗，倾倒似的对我说了好多他最近遇到的事情。

他好几年前一度沉溺于往游戏里充钱，为此欠了好多债，直到最近才全部还清。他与那几个喜欢上网的高中同学还保持着联系，每周末都有一天的时间一起去当年的网吧。还有一些琐碎的事情，我没太认真听。

"讲讲你当协警的经历吧。"我说。

他说："其实很无聊。带我的师傅经常有别的事情，我就和另一个协警一起开车出去晃悠，需要巡逻到晚上。"

"不过，有一次我倒是印象深刻。"他说。

"有一次正好是中午，师傅出去了，所里就我一个人，正在玩电脑呢，一对夫妻带着个十岁左右的小男孩进来，探头探脑的，问有警察同志在吗？我说有什么事吗？正准备给师傅打电话，那个男的说：'没事，就是想让警察同志教育一下我儿子。'"

霍明继续说："我还以为犯了啥事，那个男的把我扯到一边，说他儿子在学校里欺负了别的孩子，把同班的男生锁到了厕所隔间里。给他说也不听，蛮横得很，就想着带过来让警察管管他，再不济吓唬一下也行。"

想到那个场景，我觉得好笑，问他："那你怎么教育他的？没想到你还有教育别人的一天。"

"是啊，我周末去上网的时候，把这事儿跟他们说了，他们都笑翻了。明明我才是那个从小被教育的人。"他说，"我把他带到会议室呗。本来想吓唬他一下，但是小孩紧张得不行，快哭了似的。我就问他为啥这么做。他说自己其实不认识那个男生。是朋友要他这么干的，如果不做，就不跟他玩了。我就随便说了几句，告诉他，不要交坏朋友，那些人对你好，只是为了利用你。分辨善恶比友谊更重要。然后跟他说了些要好好学习之类的话。"

我本想调侃他两句，但转过头去，发现霍明神情低落，我问他："怎么了？"

他说："哦，没啥，就是说完以后，想起来那句话是我姥姥之前跟我说的。"

我们回到车里，他打开空调。

"去接我女朋友。"他说。

阳光开始柔和起来，由白转黄，冷气开得太足，我抓住头上的扶手，有点犯恶心。

不久后，他在左边的一个农村信用社门口停下。

他说："到了，女朋友在这上班。"

我们透过后视镜，看着他女朋友上车。很腼腆，和我打了个招呼，就埋头玩起手机了。霍明解释说："累着了，在柜台里说了一天的话。"

他把女朋友送回家，竟然跟我家是同一个小区。我见她下车，跟霍明说："不早了，我也回了吧。"

他说："你等下。"

他女朋友瞥了他一眼，说："又去网吧。别玩太晚，早点回去。"然后关上了车门。

"不想去网吧。"我说，又补了一句，"也不去你家。"

"没想叫你去。"他去旁边的小卖部买了包烟，关上车门说，"你觉得怎样？可能明年就准备结婚了。"

我说："挺好的。"又说："这么一会儿能看出个啥来。你自己觉得好就行。"

"过日子呗。挺好的。"他启动车子。

"那干啥去啊？"

"去了就知道了。"

街边的店铺开始准备迎接夜色。打印店、小卖部、五金店关掉了灯，拉下锈迹斑斑的卷帘门，另一些店铺开始醒来。烧烤店把鼓风机对准街道，开到最大，让孜然味的油烟飘到更远的地方；夜宵店亮起了小龙虾形状的霓虹灯，架起桌子，蒙上白色的油布与塑料纸，撑开巨大的伞，以应对随时可能到来的夏日阵雨。

在这些香气扑鼻的场所之外，家乡还是不可避免地困倦了起来。车与人藏进不那么容易找到的空间里。由于没有高楼，夜色不是笼罩，而是淹没了城市，漫过行人的肩头。霍明的车越开向郊区的深处，暮色越是稀薄。再过一会儿，仍暴露于空气中的人，都将溺于黑暗之中。

"你到底要去哪儿？"我说。

"带你去看看我姥姥。"他说。

车开了二十多分钟。中途他走错了一次岔路，又退回来，用手机搜索"雨山"，然后乖乖按着导航走才找到。奇怪的是，落日还在视线的尽头苦苦支撑着，没有完全消失。

"有一阵我经常一个人过来，最近来得少，路都不记得了。"霍明停在一条凹凸不平的土路上，从旁边的树上掰了两根结实的树枝，扯掉叶子，递给我一根，"走，上山。"

他走在前面，用树枝挑开树枝，查看下面小径的痕迹。我们拐了三道弯，在这座繁茂的土丘上寻找正确的方向。光线越来越冷，属于青蛙的时间到了，也许还有蛇和黄鼠狼，躲藏在灌木的阴影中。我们靠着手机手电筒的光亮，找到了那个稍微开阔一点的平台。几个低矮的墓碑立在藤蔓之中，仿佛失落的神龛。

"姥姥，回来了。"他在其中一个墓碑前盘腿坐下。

"姥姥好。"我擦了擦地上的土，把树枝插进泥里，也坐下来。

墓碑有点脏了，霍明掏出一包餐巾纸，顺着碑上的字用力向下擦，然后把纸捏在手里，拔掉旁边的杂枝。借着月光，我看到碑上的名字：吴秀梅。

做完这一切，他再次坐下，面对他姥姥说："我又带我同学来玩了。你应该还记得他吧。他后来去北京了，好多年没回来。"

他看向我。

我极力回忆着他姥姥的样子，但是记不清了，我说："过阵子我可能又要去那边找工作了。"我调整了一个更舒服的坐姿，开始向他姥姥讲述我是如何被抛到一个巨大的城市里，如何在那里寻得一个位置、一个姑娘，又如何失去他们。

讲到一半的时候，远处响起钟塔报时的声音。

我赫然惊醒，看了一眼手机，八点整。

"对了，你们家那个钟还在吗？"我说。

"早扔了，后妈嫌吵。"他说。

我沉默了一会儿，说："八点了，我们还没吃晚饭呢。"

"你等我一下。"他站起来，拍了拍裤子上的土，消失在树丛里，没了动静。

天地包裹住我，连眼前他姥姥的墓碑也只剩下一道轮廓。

我的胳膊上迅速泛起一层鸡皮疙瘩。"霍明。"

我打开手机里的手电筒，身边陡然生长出许多阴影，我又把它关掉。"霍明。"

"来了。"他从树丛里冒出来，手里攥着一些桑葚。"这树竟然还在，我好多年前就摘过。"

我接过一半，一个个放进嘴里嚼。我给霍明讲了他姥姥以前的故事，那些他都没有听过，但我只能讲到童年结束。

他说："姥姥果然比较喜欢你。"

我说："她可是你姥姥。"

他说："你是我的兄弟。"

我们吃完桑葚，在旁边的树叶上擦了擦手。凉意越来越重，困意也随之袭来。可惜我们无法在这里过夜。

我环视了一圈，附近的碑有七个。七个曾经活过的人躺在这片土丘之下。光照不到的地方还有多少，就不知道了。

"据说这地方风水好，很多人都把墓迁到这边来，比正规的公墓安静多了。"他说，"不过，附近在建设经济开发区，可能过两年又得迁了。"

霍明抽出插在土里的树枝递给我，说："太晚了，下次再来。"

我们互相拍净裤子上的土，他说："走，下山。"

于是，我们顺着来路摸黑下山，把所有关于死亡的事情都留在了这个夜晚。

后悔的事

我做梦也没想到有一天我会跟选择题较上劲,我也不知道我是哪根筋不对答应了我妈去报驾校,总之我最近衰,考了两次科目一,都挂了,正在为第三次考试做准备。

跟我同样倒霉的还有一个叫张飞宇的男生,他前几次都因各种突发状况而没考成。所以这一次,他约我一大早就出发,不信还会出什么纰漏。

考场隔得不远有一所大学,因为去得实在太早,两个人无所事事,他便提议去学校走走。"听说食堂挺不错的。"他笑着说。

我们各自点了一份煲仔饭,泡萝卜很可口,米饭也很香。吃到一半,他突然问我:"你会做饭吗?"

"不会。"我如实作答。

"我的厨艺还不错,以后有机会做给你吃。"他得意地笑笑。

这年头会做饭的男生其实不少,但真正喜欢做饭的却没几个。大家都打着做饭的幌子,试图使其成为一种社交方式,到最后还不是成了各种外卖软件的会员。

酒足饭饱,时间尚早,我们又去图书馆吹了一会儿空调,然后我竟然睡着了。等我醒来,发现对面的张飞宇更是睡得四仰八叉,甚至还在打呼。我看看手机,整个人像被雷击一般弹起来。很不幸,我们又错过了考试时间。

我发誓,那一刻,我觉得我三十年来最后悔的一件事就是报考驾校,我不学了还不行吗?

喝点小酒

不再焦虑考试这件事之后,我整个人都变轻松了,吃得香睡得好,让考试见鬼去吧,好好赚钱才是人生真谛。

我是一名文身师,在大家眼中,文身师身上一定会有很多文身,但我真的一个都没有。不因为别的,只是因为我还没想好文什么在身上,毕竟这是一辈子的事儿嘛。在做文身师之前,我卖过衣服,还卖

远行的人就让他成为一首诗

✳ 苏小城

过房子，工资也不低，后来工作清闲之后，我就开始自学文身。因为有美术功底，我学起来还算顺利。学到一定程度以后，我开始给身边的朋友文简单的图案，朋友又带朋友来。到最后，我干脆辞了职，开了这家小店。

张飞宇来店里找我的时候，我正在给一位客人作图，一个东北大汉，在店里疼得哇哇大叫。张飞宇目睹了整个过程，事后问我："真那么疼啊？"

"他太夸张了。"

"我估计比他更夸张！"

他今天特地来店里是告诉我他科目一终于考过了，他很好奇我怎么没去考试。

"我不学了啊。"想起来我还是觉得有点心塞。

"不学也罢，又不是非要开车，对吧？"

他说得没错，本身我就对开车这件事毫无兴趣，当时报驾校还是我妈逼我去的，她说以后总要买辆车吧。我是学不了了，所以只能你去学。我妈说的话也没错，于是我硬着头皮去报了名。但我天生不是那块料，能怎么办？大不了以后请个司机得了。

那天傍晚，张飞宇去附近的菜场买了菜，说是要好好庆祝一下。但店里条件简陋，我们只能挤在一张小桌子前煮火锅。丸子、虾饺、冬瓜、土豆通通下锅，我们都喝了一点啤酒。窗外一轮不大不小的月亮，有风吹进来，夏天还很遥远。

跟我做伴

张飞宇后来成了我的客户，他第一次文身是将他养的一只叫宝宝的巴哥犬刺在了胳膊上。后来他又陆续刺了他喜欢的足球运动员的球衣号码、一头象，还有一个名字的缩写。

他一开始告诉我说，是他喜欢的一个女生的名字。我当时还极力反对，因为我觉得刺喜欢的人的名字属于特别愚蠢和幼稚的行为。但他毅然决然，说就当是一个纪念。

我后来八卦地问过他好几次，他都支支吾吾，我也就不好意思继续刨根问底了。谁的心里还没有住着一两个忘不掉的人啊，他们时常像孤魂野鬼般在寂静无人的深夜飘出来，就是要搞得你辗转难眠，夜夜思念。

他有时候也带着宝宝来我店里，那只长得像猪一样的巴哥犬很快就成了店里的吉祥物。它比张飞宇要受欢迎，常常惹得那些小女生爱意泛滥。他就比较受冷落，只好在旁边找事做，收拾收拾书柜啊，打扫打扫卫生啊，偶尔在我忙着作图的时候也帮我接待一下客人。

收工之后，我们去吃夜宵。我一边啃着小龙虾一边打趣他："我是不是该给你发工资啊？"

"工资就不必了，以后给我打折就行。"他也毫不客气。

"那你以后就是我的重要客户了，绝对给你打到骨折，哈哈哈。"

吃完夜宵，我们去江边散步，夜晚的风带着一丝凉意。他走在前面，突然回头对我说："过段时间我要去加纳工作了。"

"加拿大呀，那可以去滑雪了！"

"是加纳，非洲的一个国家。"

"哈哈哈——那也挺好的啊，正好去感受一下异国风情。"

"可是我舍不得宝宝和你啊。"

"我又不会跑，至于宝宝嘛，我可以帮你养，正好还可以跟我做个伴。"

还是单身

周末跟我妈一起吃饭，她笑眯眯地问我："你是不是谈恋爱了？"女人到了六十岁仍旧有一颗八卦之心。

"放心，我还是单身，并且短时间内不准备脱单。"

"你马上都三十了……"她的这些话从我二十六岁一直念到了三十岁，我都能倒背如流了。

在三十岁之前，我谈过三个男朋友。初恋是十六岁在一起的，他是我隔壁班的，成绩特别好，但为了我放弃了去北京上学的机会。那个时候，我觉得此生非他不嫁。高考落榜之后，为了减轻家里的负担,我去了一家运动品牌专卖店做销售。一个月后,我被提升为店长。当我把这个消息告诉他的时候,他却跟我提了分手。他说:"我们是没有未来的。"可没有一个人告诉我未来是什么样子。

我哭了好几天,之后更加拼命工作。一年之后,我认识了我的第二个男朋友。他每个月都会来店里买衣服,一来二去就熟了,后来请我去喝咖啡,看了一场电影之后我们就牵手了。他说喜欢我的自来卷和不太标准的普通话。我们谈了三个月后,我发现他同时还有另外一个女朋友,果断分了手。

最后一个男朋友是我跳槽到地产公司之后认识的,他是我的一个客户,年轻有为,谈吐优雅。怎么说呢,就是那种大部分女生都会喜欢的暖男类型。所以,跟他在一起,我总是没有安全感,总担心他会在某一天离我而去。后来事实证明,他真的离我而去了,并且跟人间蒸发似的,就连他公司的人都对他的去向一无所知。

在那之后我就一直单身,并且将赚钱视为头等大事。也许从那时候开始,我就坚信世上没有什么是不会改变的,永恒不变的可能只有我跟我妈的关系。所以我想赚很多很多的钱,让她过得更好。

夏天结束

张飞宇踏上了去埃及的飞机,然后转机去加纳,他把宝宝寄养在了我店里。我每天带着它去附近的公园遛弯。其实我不太喜欢去公园,因为我爸妈在我十岁的时候就离婚了,在我的记忆里,十岁之前我爸从来没有带我去过公园。唯一一次带我去江边的小广场放风筝,还因为风筝断线而草草了事。所以小时候写作文,别的同学都写爸爸带他们去公园玩得有多开心,我却无法体会那种开心。我觉得逛公园是一件很奢侈的事情,或许是因为父亲这个角色在我成长过程中的缺失,我对有些东西望而却步。

越是想抓住的东西,往往越是容易失去。

我拍了很多宝宝的照片发给张飞宇,他说:"看样子你们相处得很像一家人嘛!"

"那是必须的,毕竟在一起久了也会有感情。"

他那边手机信号总是不太好,我们偶尔视频一次,他把镜头对着窗外的月亮,说:"有点想家了,也有点想你了。"

我笑他矫情,但挂了视频,忽然鼻子一酸,原来想念的滋味真的不好受。

后来我妈问我:"你是不是喜欢人家?看你和他聊天的时候笑得那么开心。"不得不承认,认识他之后,我变得比从前要快乐。那种快乐很简单也很纯粹,有时候是他说起的一个冷笑话,有时候是一起吃到好吃的食物。

他其实一开始并没有告诉我他去非洲要待多长时间,我以为他只是去出差,过两三个月最多半年应该就会回来吧。可等他到了基地,看到他在凌晨发的朋友圈,我才知道,他过去是准备久留的。

他说:"今日一别,不知何年何月才能相见,也许三五年,也许十年。原谅我这次的不辞而别,但我这一年间已经在和朋友们告别了,每一次见面,说再见时我都格外认真。"

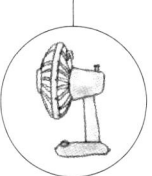

我努力回想他跟我说再见的场景,但怎么都想不起他是怎样的表情,而我是否带着别样的期许。

他最近的一条朋友圈说:"日语里'夏天结束了'其实和'今晚月色很美'一样,是有隐晦暗示的。代表着某天突然感知到河岸的风带来凉意,爱慕的心绪不了了之,没牵到的手,未送出的信,青春潦草收场后关上了门。年轻时也对世界万物充满期待,眨眼间就落入了平庸之海。夏天结束。"

是啊,结束了。如我们之间的故事,美好得像一首戛然而止的诗。

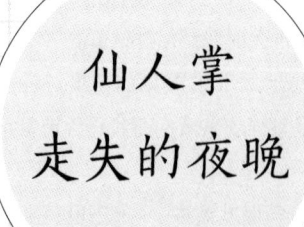

仙人掌
走失的夜晚

* 兔草

1

想象一下,你在客厅里,正襟危坐,面前是一部电视机,电视机里的人也正襟危坐,在他面前,还是一部电视机。再想象一下,在这客厅内的某一角落,藏有一个针孔摄像机,透过这个摄像机,你看电视的画面被直播给另一群人,而另一群人正在做什么呢?他们在客厅里,正襟危坐,在看着你。

当顾望把这个奇妙幻想复述给在场同事时,众人皆露出费解神情。有人一边朝杯里倒酒一边问:"然后呢?然后呢?"顾望说,没有然后,这就是一个假设。他低头,看了一眼手机,现在是夜晚九点,从这个饭店离开,坐地铁一小时抵家,到家后,脱掉鞋子放下包,再洗完手,打开电脑,恰好是十点半左右——就在今晚十点半,朵颐要直播生吞仙人掌。

朵颐并非第一个生吞仙人掌的主播,早在五年前,有一个澳大利亚金发人就曾直播过生吞仙人掌,后来其他国家的主播也疯狂跟进——甚至有一个墨西哥的鸡冠头朋克曾一次生吞两盆浑身带刺的仙人掌,至于这个莽夫最后有没有进医院,顾望不得而知,他只是非常担心朵颐。朵颐是他的朋友,他认为她是,毕竟他在网上给她送过好多鲜花礼物,她也曾笑着对他说以后有机会共进晚餐,尽管事情一直没有落实下来,但在这巨型都市里,他认为她是他未曾谋面的亲人。

三年前,顾望因工作不规律,暴饮暴食,体重曾一度达到两百多斤。一开始,他不以为意,不觉得自己有什么问题,直到被一个心爱的女孩严词拒绝。拒绝原因当然是肥胖。胖,太胖了,难道要像一座山压在别人身上吗?他因此受挫,开始改过自新,报名了健身,同时节食,瘦倒也瘦下来了,但忽然患上了严重的厌食症,吃什么呕什么,食不下咽。也就是在那时,他看到了直播画面中的朵颐。

他依稀记得,画面正中央是一碗赤红色的方便面,碗像脸盆一样大,相较之下,画面中女孩的脸看起来十分小巧，是鹅蛋脸，红扑扑的，像是一枚刚从煮蛋器中拿出来剥好壳的鸡蛋，他当时忍不住摸了一下屏幕，但只落得一手灰尘。画面中的女孩称自己为"朵颐"，大快朵颐的朵颐。每次直播开始前，朵颐都会微笑着面对一桌食物说："你看起来好美味哦！"

那次吃播结束后，他第一时间冲到超市，购买了朵颐吃的同款方便面，他把面放进锅里，煮好，捞起来，盛在碗中，刚吃第一口时，觉得辣得要命，但第二口时，他发现，锁在他生锈胃部的铁门被一串钥匙打开了，越辣他越有食欲，越辣他越想吃。终于在那一天的凌晨十二点，他抚摸着鼓胀的胃部，心满意足地睡着了。

此后，他的厌食症不药而愈，他将朵颐当作吃饭时的陪伴，孤单时的慰藉。

他把她所有吃播视频全部下载储存起来，并在桌面建了一个文档，文档名是"我的精神食粮"。

初到这座城市时，他刚大学毕业，朝气蓬勃，误以为独居生涯会带来一种释放。他厌倦了和父母一起，那座家宅像监牢一样困住了青春，但没隔多久，他才意识到独立对他这个年龄的年轻人来说有多难——他不会做饭，厌恶洗碗，没空做家务，很快就把生活过得一团糟。

有一年春夏之交时，他忽然尿血，面对那几朵绽在池子里的血花，他一时怀疑自己得了不治之症，去医院检查后被告知是水喝得太少，生活不规律引发肾炎，只要好好休息就会痊愈。回家后，他一个人把药丸抠出来，送到嘴里，眼里尽是儿时的画面——五岁时染病发烧，在医院待了三天三夜，病榻前挤满了人，有外公外婆、爷爷奶奶，他们轮流来送饭，每天都变着花样做各种好吃的端到他面前，这让他怀疑自己是供奉在家中的神龛，不然为何每个大人望着他时都一脸虔诚？

他是被媒体诟病为"小皇帝"的独生子女一代。在很长的一段时间内，他明白自己对于整个家族的重要性，所以时常恃宠而骄，找人索取各种各样的礼物和玩具。只要他想要，别人就会给，这让他错误预估了二十岁之后的生活难度。

这几年来，先是爷爷亡故，接着是外公，然后是外婆和奶奶，儿时疼他惜他的人排队散场，而他突然变成了电影放映厅内唯一的观众。这让他时时想起《末代皇帝》里溥仪在紫禁城里的生活——一切落尽，一切离去。

他经常一个人吃饭，桌子也不用太大，甚至可以节约成一张椅子。儿时，他常在四个大人的注视下吃饭，每次还没吃完一块肉，下一块肉又堆进碗中。他那时厌极了这种感觉，时常翻脸、挑食，甚至有一阵子不吃饭，专注于吃垃圾食品。但现在，他已经完全不挑食了，他快三十岁了，不能再用任性去折磨这本不牢靠的肉身——于是他买来营养书，定期购置瓜果，均衡膳食，然后偷偷朝茶杯里扔两颗枸杞。

十点三十分，闹钟响起，直播开始，朵颐扎着丸子头，远远望去像一颗贡丸。他紧盯屏幕，屏幕里的女人从花盆内剪下两株仙人掌，放到白色瓷盘中，她微笑将仙人掌放到屏幕前对观众巡游一圈，这让顾望忆起迪士尼花车巡游——现在，仙人掌是主角，长满了刺，接着这株植物会被朵颐塞进嘴里，仙人掌会循着这消化之路顺流而下，把那些坚硬的刺留在朵颐的胃壁、肠壁。

哇，是真的仙人掌吗？不会是作假吧！

咦，好恶心，刺到嘴里很难受吧。

朵颐，下次你不会吃大便吧！

咽下两株仙人掌后，朵颐对着屏幕击掌，宣布今天的直播完美结束。这时，门铃响起，他趿拉着拖鞋飞奔到门口，打开门，门前站着的是一个皮肤黝黑的外卖员，他拿过那有些沉重的塑料袋，又望向窗台上半死不活的仙人掌，有些反胃——他忽然想起，这一年来，他见外卖员的次数要远大于见父母。

2

当策划提出生吞仙人掌这个想法时，朵颐正在卫生间里干呕。要想持续把吃播做下去，必须掌握两个诀窍，要么，把自己的胃撑大，要么，就在节目结束后，赶紧把那些食物一股脑吐出来。

"可不可以不吃仙人掌？"

"朵颐，你今天的嗓子怎么了？听起来有些沙哑。"

长期从事吃播的人经常需要把食物干呕出来，有时胃液倒流，反噬喉咙，就会使声音沙哑，为了防止直播时声音难听，朵颐会佩戴小型变声器。她一直没有说过，她过去的愿望是做一个歌手，像隔壁房间的女主播那样，抱着吉他弹唱，抑或穿上性感服饰，给观众表演劈叉。无论如何，她不想表演吃饭，吃饭有什么好表演的呢？

可惜她没有选择。前天老板告诉她，最近点击率有所下降，必须使用新的手段吸引眼球，传统那种啃羊腿、吃比萨、喂汉堡，已经提不起观众的胃口。在策划会议上，有个年轻的男孩忽然拿出一张《八仙饭店之人肉叉烧包》的剧照大声说："不如我们直播吃人肉叉烧包吧？"朵颐一直记得这部惊悚港片，电影讲的是一九八五年，澳门路环黑沙海滩发现人体残肢，一开始，警方怀疑是偷渡客遇上鲨鱼袭击而留下残体，后来经检验发现残肢是遭利刃切下。经过一番查找，警方终于锁定嫌疑人为八仙饭店的负责人，原来其因经济纠纷杀害了郑氏一家并碎尸，制成人肉叉烧包售卖。

"生你还不如生块叉烧呢。"父亲经常这样骂她，因她是女儿，又体弱多病，父亲对其厌恶至极。母亲本来怀了一个胎儿（或许是弟弟，他们不得而知，但父亲由衷盼望是个儿子），后来，那孩子果没保住，母亲也陷入抑郁，开始变得疯疯癫癫。

朵颐的父亲是镇上的屠户，嗜赌。学生时代，朵颐经常被安排去守着无人问津的肉档，而父亲则跑到昏暗牌室去打麻将。每当有人到档口要买肉时，朵颐总是摇摇头，她不知道怎么处理那些腥气扑鼻的肉块。后来父亲强迫她穿上黑色围裙，举起沉重刀具，试着去处理动物的尸体，而朵颐总是举着刀一路退，退到肉档里沾满苍蝇尸体的角落。

"生你还不如生块叉烧！"随之而来的是暴风骤雨般的拳头，一拳一拳落在少女的身体上，因情绪不佳加身体不好，朵颐的书念得不好，高中毕业后就没有再念下去，只身赴省城打工。一开始，她本想随老乡在工厂里做伙计，但不久就听说其中一位老乡因操作不慎，全身百分之九十以上大面积烧伤，烧伤后在医院救治了两个月，其间又截肢，斩断双腿，命还是没保住。她听到后，立刻就打消了去工厂的念头。后来她开始在私人服装店、连锁餐饮店、大型游戏机城、发廊等地辗转，拿青春和体力换点钱，换来的钱又要寄回家中一部分，去还父亲的赌债。

服务行业不好做，经常会因各种事惹来客户谩骂。有一次，朵颐因上错菜被客户投诉，失去工作，那天她失魂落魄，走在路上，不知道未来又要去哪间餐馆打工，路过一条小吃街时，她点了一份臭豆腐，一份酸辣粉，在街边吃起来。她总会想起在《动物世界》里看到的场景——一只幼小孱弱的兽，嘴里塞着一些青草，机警地注视着广阔草原，而在草原深处，有一只更凶的大型兽类正伺机而动，想把它撕碎。她一直试图让自己强大起来，但并没有一个机会，有的人生来是兔，有的人生来是豹，或许她无论如何都扭转不了这个局面。

就在她吃得满头大汗时，一个衣着光鲜的女人走到她面前，递给她一张照片，说她的形象适合做直播网红，不如来试试。她大喜过望，以为自己可以像小时候喜欢的女团明星一样，被包装，被培养，成为万众瞩目的明星。但回到出租屋后，同屋姐妹的冷言冷语很快打消了她的兴奋——你以为你是谁？你以为你能成明星？小心是骗子。

后来她还是不堪诱惑，走进了那家网络公司。那公司像小时候玩过的俄罗斯方块游戏，摆满了造型各异的房间，她曾推开其中一间，看到一整屋的粉红芭比。公司里的雇员各司其职，有人做美妆，有人做吃播，有人唱歌，有人跳舞，她因并无特长，又生得有亲和力，被老板指派来做吃播主播。

一开始，她以为工作轻松而简单，不就是吃饭吗？但很快，她发现，事情没有那么简单。她直播一餐要吃下的量是普通人一日三餐叠加的三倍以上，尽管她能在镜头前勉力支撑，笑着做完整场节目，但节目结束后,她立刻就要将挤满喉咙的糜食全部抠出来——用手抠。据说长期从事这种职业的人在虎口和食指之间的地方会留下齿痕,这是因为长期催吐,手指深深插入喉管,牙齿会不经意间咬伤手背。如果不想催吐,还有更残忍的方法,她曾听闻国外有些主播将小肠割去,让食物直接进入直肠,减少消化步骤,加快吃饭的时间。公司有人也曾建议她去做小肠手术,由公司承担医疗费用,她听到后拼命摇头,差一点儿就跪下来说退出行业洗手不干。

最终还是留了下来,原因很简单,她要还赌债,也想要过更好的生活,她希望被人看见,而不是灰头土脸受人谩骂。在挨过最初艰难期后,她终于意识到,这就是一份普通工作,必须全力以赴。但当有人提出吃仙人掌时,她还是拒绝了。据说仙人掌主要分布在热带、亚热带的干旱地区,而食用仙人掌在中国南方干热地区也有野生繁衍,但其因浑身带刺,口感不佳而没有成为大众喜爱的鲜食水果。

拗不过策划的再三要求,朵颐提出,吃仙人掌可以,但一定要把刺剔除干净,这件事很快得到策划的反驳——把刺都剔了还有什么看头?观众就是想看你吞带刺仙人掌,这才带劲。她转过头去央求经理,经理闭目凝神想了一会儿说:"要不试试做以假乱真的翻糖蛋糕,我之前认识个做翻糖的朋友,什么鞋子、柜子、桌子,全部可以做得跟真的一样。"

得到老板的帮助后,朵颐颇感欣慰,但策划很快告诉她,这并非给她什么好处,而是希望她有持续利用价值,好比实验室里使用的老鼠,一次性使用完了,浪费耗材,重要的是可以一直用下去。

直播结束的当夜,朵颐回到那个逼仄的出租屋,躺在自己的小床上,做了一个噩梦。梦中,一个面目模糊的年轻男人假扮成外卖员,闯进她家中,对着她狂喊:"吃了我吧,吃了我吧。"

3

桌上摆着三本书,分别是《乌合之众》《狂热分子》和《群氓之族》。书是老板给林丰的,老板问他看过没,他摇头否认,其实这三本书早在大学时代他已全部阅读过。那时他怀抱新闻理想,希望做一名社会新闻记者,岂知不到四年时间(也就是他大学期间),整个世界发生了意想不到的嬗变,纸媒日薄西山,新媒体崛起,传统媒体人出走创业谋生,而怀抱着新闻和所谓文字理想的学生在毕业后只能待在新媒体公司苟活。

他必须为了一个博眼球的标题而绞尽脑汁,至于文章里的文字内容,有时候并不重要,相反图片更重要。他心里对这个工作不大认同,但想起高额的房价还是决定努力把工作制造出来的痛苦全部咽下去。

早晨的时候,领导抛给他一个选题,说是吃播女主播朵颐直播造假,领导希望这个选题能够往深处谈一下。朵颐现在是炙手可热的女主播,这个八卦出来后多多少少会引发行业地震,至于这地震是三级还是七级,不得而知。但无论如何,做新闻嘛,就是要博眼球,尽可能制造水花。

林丰之前对吃播一无所知,尽管从事新媒体行业,每天要搜集各种行业情报,但他从未在手机里下载过任何直播软件,在他的印象里,那是四五线城市的无聊分子喜欢看的东西,而他,作为一个念过书的知识分子,不应该沉迷于此。

为了把这个选题糊弄过去,他不得已点开了朵颐的视频,画面里,女孩的脸泛着向日葵般的光泽,眼睛亮亮的,有些诱人——她是他喜欢的类型。他很快被女孩和女孩面前的十层牛肉汉堡吸引,看完之后,他情不自禁地想点一个同款汉堡吃吃。又过了半个小时,他独自坐在办公室内,冷静下来,为自己的行为感到羞耻,原来这就是一个潘多拉魔盒,只要你点开,你就想一直看下去。

一整个晚上,林丰浏览了上百个短视频,大部分是炫富、自虐和恶搞,和他预估的情况类似,这些短视频多以猎奇和吸引眼球为主,毫无意义。看完这些后,林丰又回到了自己日常逛得比较多的两个网站,这两个网站,一个是知识问答类平台,一个可以标记书影音。浏览这两个网站时,他感到了久违的平静。夜里十一点时,他从外卖员手中接过一碗粥和一份包子，吃完后，他躺在椅子上睡着了。

梦里，他发现自己置身于一座城堡，而城堡下，正有无数的人在推一堵墙，那墙不厚，已经快要被推倒了。他想象墙壁倒塌后，自己会被压死抑或淹没，又或者……他完完全全高估了自己，他本来也就是推墙者中的一位。

4

大部分时间里，顾望藏匿在摄像机后，少言，讷语，不喜和陌生人交流。他近视，左眼五百度，右眼六百度，不戴眼镜几乎就是盲人，他通过眼镜和镜头制造双重屏障，将自己隔离在大千世界之外。

十月的一个早晨，他照常出工，参与一个美食推广的现场活动，这活动本该同事负责，但同事孩子忽然染病，问他可否替他一天，他欣然答应，反正他这种单身汉，除非自己病倒，不然是没什么私人借口的。

那天下着雨，活动由室外改成室内，活动区域是一个大型商场的中央，现场布置成了一个迷你城堡的样子，有许多顽皮小孩围着泡沫做的柱子笑闹。顾望走过去，架好摄像机，调试，从他身边闪过一个娇小身影，个头大概仅到他肩膀处，他无意识地看过去，忽然发现那个人正是朵颐。

"朵颐。"他失口喊出声，女孩听到后转过来冲他轻轻微笑，他立刻把镜头摆过去，挡在了自己和朵颐中间。前天夜晚，全网开始疯传朵颐假吃的新闻，有人称她食用的是巧克力所制的翻糖蛋糕，有网友爆料她公司的清洁阿姨在楼梯垃圾箱内发现了假仙人掌的残骸并拍照，照片散布得到处都是。

"你好。"她大方一笑。

"你好。"他腼腆一笑。

这次活动由一比萨厂厂商赞助，朵颐的任务是在十分钟内吃掉十个芝士比萨。顾望想，即使是成年男性也最多吃三个比萨，朵颐只是一个普通的小女孩，要如何完成这种任务呢？

为了强调活动真实性，现场司仪特地邀请了一位中年女性到台上来一验比萨真假。女人凑近闻了闻，瞧了瞧，又切下一块试吃，终于竖起大拇指向现场来宾宣布了这些比萨的真实性。朵颐颠颠脚，快步走到木桌前，然后双手合十，闭上双目，微笑着说："你看起来好美味哦！"紧接着，她以迅猛的速度吞掉了十个比萨，她咬比萨的动作并不粗鲁，甚至还有些优雅，顾望躲在镜头后，看着这一切，像看一场势必要血溅屏幕的恐怖片。

朵颐吃完比萨后，镜头很快从她身上切开，移到了比萨厂品牌负责人身上。品牌负责人兴奋地向来宾们介绍这个比萨中使用了进口芝士和新鲜水果，并调配了秘制酱汁，口感新异。顾望把镜头对准品牌负责人，自己的目光则移向了朵颐——朵颐已经不见了。

她去了哪儿呢？

耐不住好奇，顾望命人守着摄像机，自己则朝厕所奔去，他听人说过，大部分吃播主播在吃完食物后会到卫生间里干呕出来。

他绕过人群，走向卫生间，但走到一半，忽看一个身着公主裙的女孩朝天台方向直奔而去。他立刻调转方向，跟在其后，上了屋顶花园——那里人烟较少，是一个隐蔽去处。朵颐要去干吗呢？

走上屋顶花园，只见葱茏草木将屋顶覆盖成一个世外桃源，朵颐坐在一个板凳上，左手托着腮，望着地面。

"我怕你有事。"顾望凑过去，递给朵颐一颗薄荷糖，"你还好吧？我之前经常晕车，晕车时就会吞一颗薄荷糖，吃了后，胃舒服一点。"朵颐接过薄荷糖，在鼻尖嗅了嗅，并未吞下去。

"已经吐过了吗？"顾望问，"一次吃那么多不舒服吧？"

"没有，不能吐，被人看到了不好，会说我作假。"朵颐抬眸说。

"我一直觉得人们并没有那么在意我的死活，我就像一个道具，就是一个调味品，今天我这个调味品的瓶子空了，明天会有新的调味品灌进来，我把这个想法告诉老板，老板说，对，你想得没错，正因为如此，你要趁你还有热度时，赚到足够的钱。"

顾望望着朵颐，忽然发现她胸前有一小片番茄酱，他指着说："你衣服脏了，要不要擦一下？"朵颐摇摇头说："不擦了，擦了也没用，下次还是会沾上的。"

"好了，我要走了。"朵颐起身，和顾望作别。

5

为了节约经费，领导把公司搬至近郊，这里空气清新，花木茂盛，唯一的缺点就是通勤需要近两个小时。这倒不是因为林丰的家在市中心，恰恰相反，他租的房子也在近郊，只是和公司所在方位呈对角线。

每天中午，毫无灵感时，他会步行到动物园里转转，他办了一张市区旅游年卡，可以无限次进入这些退休老人热衷游玩的区域。他每天都给自己设立一条徒步路线，有时是鸵鸟馆，有时是狮虎山，有时是大象馆，这视自己的情绪而定。

那天中午，他被领导叫进办公室，问写出吃播造假的文章没？他摇摇头，说自己写不出来。领导说你写不出来就不写了吗？他不吭声。领导又接着说，你写不出来，总有人能写，你再写不出来，就换个人写。林丰一言不发，走出了办公室。他走到自己的办公桌前，忽然发现桌上多了一盆仙人掌。他顾盼四周问仙人掌哪来的，人力笑笑说是自己买的，说是仙人掌可以吸辐射，给公司每个人都备了一盆。林丰坐下来，摸了摸仙人掌，被那细刺扎得手疼。

这种东西，是如何吞进喉咙里的？

他反复看过多遍视频，终于发现破绽，那仙人掌分两盆，第一盆是假的，第二盆是真的，吃完第二盆后，朵颐大概是把仙人掌含在嘴里，然后等节目结束立刻吐掉。他有些同情这个小姑娘。前几天他看到网上疯传一个视频，视频名字叫"看看这个大力士妈妈"，画面中，先是一个穿紧身裤的女人，接着，一个男人一跃站到她肩膀上，又隔了一会儿，一个小男孩在男人的协助下，跳上了男人的肩膀，就在林丰以为这种叠罗汉游戏要结束时，又出现了两个皮肤黝黑的小孩，以同样的方式叠加上去，画面的结束，女人双手展开，驮着大小四个男人。

为什么要录这种视频，林丰想不明白。想不通时，他决定去动物园转转。

从公司下面经一条林荫小路，步行十分钟，即可抵达动物园。动物园里，绕天鹅馆、斑马馆走五分钟就可到一片开阔地带，这里养了一些羊驼和马，林丰喜欢看羊驼，这种生物有一种天然的喜感。林丰很害怕盯着动物的眼睛看，因为看得久了，他会觉得自己变成那种动物，而动物则变成了站在围栏外的他。业余时间，林丰嗜读小说，颇喜阿根廷作家科塔萨尔，在他的小说《美西螈》中，主人公最后就变成了一只金黄色美西螈，林丰还能背诵文中段落——"而现在，我已完全是一只美西螈了，如果说我像人类一样在思考，那只是因为在那玫瑰色石头般的外表下，每一只美西螈都在像人类一样思考。"

林丰想起小时候，家里也住动物园旁边，长辈经常带他去玩，那时所有的孩子都喜欢近距离接触动物，而不是像现在一样，将食物粗暴地扔进笼子里。他记得有一次，他从草地里摘了一把野草去喂骆驼，骆驼咬着野草，越咬越近，他吓得以为骆驼要咬掉他的手，就在这时，一个人从后面朝骆驼扔了一块石头，那骆驼受了惊吓，疯狂撞向围栏，将林丰吓了一跳。从那之后，他距离动物越来越远，有一次，有个人问他，你知道骆驼有多少颗牙齿吗？他这才发现自己对骆驼一无所知。

他站在凉亭里歇了歇，不自觉点开了视频，朵颐又在直播了，这一次，她没有表演吃饭，而是发布一个征集活动，向粉丝征集有创意的食物，选出来的得奖者可以和朵颐一起吃掉创意菜品，并直播给观众看。

"这是挽回人气的做法。"过去在广告公司时，他经常使用这种无聊的商业手段为活动造势。"真无聊。"他穿过那片密林，打算回公司。密林尽头是一片小型湖泊，湖泊上停着一个巨大的仙人掌。对，没错，就是仙人掌，人形仙人掌，带刺，绿油油的，他揉揉眼睛,以为自己看错了,但很快又发现这也是一种宣传手段而已。前阵子,那个巨型充气大黄鸭不是泊在各座城市的热门景点水域中吗?

一切都会消失的。他想,无论是朵颐,还是仙人掌,总会消失的,就像那天他经过某三线城市的人工湖,那只黄鸭已经瘪了,扁平地躺在湖中央,连个去收拾的人都没有。

连续两周,朵颐每夜都会梦到那巨大的仙人掌,有时仙人掌浮在湖上,慢慢朝她漂来;有时仙人掌飘在天上,她走到哪儿,仙人掌就像云一样,跟到哪儿。好几次,她醒来,不堪其扰,便不敢再睡着,她试过吞噬安眠药,但噩梦还是不罢休地摁住她,不给她半点喘息的机会。

在一次例行体检中,医生警告她胃液反噬破坏了喉管环境,若长此以往下去,怕是要得喉癌。她笑笑说知道了会保重身体,退出就诊室后又立刻接下来一个新的公关工作。

在征集活动里,策划选中了"世界的噩梦"这个作品,据说作品是由一个新媒体编辑提出来的,她看到实物,实物是一款深黑色巧克力蛋糕,使用比利时进口巧克力制作,咬开外壳,又是彩虹蛋糕。策划讲,这个创意非常好,可以拯救疲惫生活中的庸常人群,给他们一个释放的可能,同时还可以把这个产品包装卖给蛋糕店。

他们最后决定把这个试吃活动放到病房,在那个病房里,有一个七岁的患病小朋友,小朋友得的是白血病,大概知道自己命不久矣,每天都愁眉苦脸,化疗导致的胃口不佳也令他提不起食欲。父母给他看了朵颐的视频后,他爱上了这个有着好看笑容的大姐姐,他对父母说临终遗愿就是见朵颐一面。

"这样正能量的活动一定能重新激发大众对你的正面认知。"策划信誓旦旦地说,"网友的记忆很浅的。"

活动开始的早晨,她坐车经过了一个动物园,动物园内,巨大的仙人掌引起了她的好奇,她拍拍摄影师顾望的肩膀说:"你看,那是什么?"顾望说,是仙人掌?朵颐说,为什么会那么大呢?

朵颐怀疑自己已分不清现实与梦境,她坐在车里,怀抱着"世界的噩梦",惴惴不安,再过两小时,她要吃掉"世界的噩梦",这个蛋糕的尺寸被放大了一倍,因为普通的尺寸无法引起网友的兴趣。她要吃掉这个噩梦,吃掉这个逐渐膨胀和崩坏的世界。

到医院后,天下起了小雨,顾望为她撑伞,她默默注视着这个年轻粉丝的脸,她忽然想起一开始的梦,梦里那个外卖员,那个高喊着"吃了我吧,吃了我吧"的男人不正是顾望吗?不容多想,她已经随人流走进了医院病房。

病房中央是一个雪白的病榻,病榻上,剃了光头的小男孩形容枯槁。朵颐走进去,嗅到了死亡的气息,尽管消毒水和药的味道在努力掩盖着死亡的味道,可是她闻得出来,有些花还没来得及开,就已经死掉了。

小男孩的父母并不在,朵颐问,他们去了哪儿呢?邻床的人悄声说,今天他们去维权了,说是幼儿园使用了劣质材料才导致孩子患上白血病。

是什么幼儿园啊?太过分了吧!

邻床的人说,是"向日葵幼儿园"。朵颐忽觉这名字异常熟悉,好像也就在一年半前,她曾应幼儿园邀请,参与过开园活动,用包装得亲和甜美的笑容和目光迎接每一位孩子和家长。

"朵颐,朵颐……你怎么了?"顾望拍了拍朵颐的肩膀说,"他们都等着你切蛋糕呢。"朵颐努力回过神来,却发现窗户外飘浮着一颗巨大仙人掌,她现在格外想变成一只骆驼,走出去,将一切噩梦咬碎。据说沙漠中,食物匮乏,骆驼的主要食物就是仙人掌,为了适应这样的生活,抵抗仙人掌坚硬的外刺,骆驼进化出了怪异粗糙的嘴唇和舌头,同时口腔两侧长满了尖锐肉刺。

"姐姐,姐姐,我们可以开始吃'世界的噩梦'了吗?"

"可以的,我们开始吧。"朵颐手握着细长的刀,剖开了那黑色外壳的蛋糕。

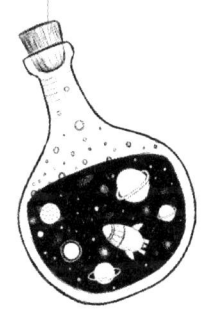

家是来处,
亦是归途

带姐姐回家

✳ 草 白

很多年前，我在一个叫"岔路"的小镇上，摆摊售卖救生衣。它们是父亲失败生意的遗留物，小山似的堆积在家中阁楼上。那次活动由祖母策划，她叫了村里一位伶牙俐齿的妇女帮忙，货源我们出，赚钱后五五分成。对方很是兴奋，以为世上没有卖不出去的东西，关键是价格。我们的摊位先是摆在学校对面的马路边，之后又挪到离大河不远的地方，用那个人的话说，有河的地方就有危险，有危险的地方自然需要救生衣。我们把价格从十八块压到六块，就差以大喇叭广而告之，就是无人问津。那些人从我们面前走过，瞅一眼那张写有"大减价"的纸牌，带着不以为意的表情快速离开；或者在我身上好奇地打量一番，头也不回地走掉了。

那位镶着钢牙、说话时唾沫星子乱飞的妇女，在自己吆喝无效后，劝我也动动嘴皮子。她说这话时，不远处正好走来一群我的同龄人，我立即低头羞红了脸，好像做坏事被逮个正着。他们离开后，我试着张了张嘴，又张了张嘴，还是没有发出任何声音，好似那声音一旦由声带震颤着传出，我就会面临灭顶之灾。在学校也是如此，老师让我上台讲故事，我声音比蚊子叫还轻，连自己都听不见。

那天，我们不仅没有卖掉半件救生衣，还白白浪费了车钱。到家时，天已经黑了，祖母看见我，欲言又止。后来，她对邻居老太太说，这孩子胆儿太小，应该多出去见见世面。早年，父母亲还在家，哥哥也没有外出打工，爷爷还是那个大嗓门儿、活蹦乱跳的老头时——她可从来不说这样的话。她总觉得我还小，慢慢来吧。现在，她年纪越来越大，自从得了一种会迎风流泪的眼疾后，视力更是每况愈下。我不仅是她孙子，还成了她的眼镜、拐杖和跑腿的，但凡有什么事，总让我出头。我逐渐变得活泼些，不再像从前那样畏手畏脚连一句利索的话都说不出口。她总是说，要是哪天她死了，我也应该学会自己过日子。

那年冬天临近年底时，父亲托人捎来口信，说今年春节会和母亲一起回家过年。我和祖母都不敢相信这是真的，尤其是祖母，白天忙着打扫卫生、置办年货，到了晚上唉声叹气，生怕说好的事情突然变卦。

那是学期结束的最后一天，我从学校回来，准备在他们回家之前把作业写完。就在我抓耳挠腮之际，祖母忽然说起姐姐，说着说着，她涕泪交垂，不能自已，那个女人不是你姐姐，你姐姐不是这样的！

一个月前，我在学校上课时，姐姐回来了。她和一群割蒲草的妇女去附近湿地上寻找一种能编织草帽的植物,据说,那种植物的花柱很像一根香肠,只在某些特殊地域里生长。姐姐站在祖母床前,拉着老人家的手,哭哭啼啼,说那户人家的父母对她很不好,他们的儿子她的丈夫又常年在外打工,所有重活都落在她身上。她不仅要包揽所有家务,还要出门赚钱,冬天天不亮就要起床,夏天更惨,汗流浃背,没有一点儿休息时间。她倒在祖母怀里抽抽噎噎哭个没完,直到被同来的妇女强行拉走,拖拉机停在村口,她们要去干活,等不及了。

祖母说,那个女人不是你姐姐。

那个女人有一双大手,你姐姐的手并没有那么大。

她一定不是你姐姐!

是不是姐姐,这个当奶奶的眼睛看不清楚,难道耳朵还听不出来吗?如果不是我姐姐,又是谁呢?哪个不相干的人会跑来我家诉苦?鉴于祖母老眼昏花,经常认错人,我并没想那么多。

在我还小的时候,姐姐就嫁到一个海边渔村里去了。上一次回家,还是六年前,我刚上小学一年级,姐姐来过之后,家里多了很多海苔和虾米,足足吃了大半年。

祖母经常念叨那些海苔和虾米的滋味如何好,比集市上卖的好吃一万倍。可说着说着,祖母就抹眼泪,好像那些美味的海苔和虾米招惹了她,让她愁眉不展。镇上也有来自海边的商贩,除了海苔和虾米,他们还卖鲞干、墨鱼干、鱿鱼丝和长长的沾了白霜的海带。有一天,我给祖母买来海苔和虾米,还有她喜欢的鲞干,可她看见后,哭得更厉害了。我不知道她什么时候变得如此多愁善感,从前看越剧《红楼梦》,她最讨厌的就是林妹妹的眼泪,现在,祖母自己也成了那样的人。那天,我坐在饭桌前心不在焉地嚼食着米粒,祖母忽然泪眼婆娑地望着我。

——你说,你姐姐对你好不好?

——要是她遇到什么困难,你是不是得去救她?

——你是男孩子啊,这种事情就应该男孩去做的!

我知道接下来她会说什么。可我除了几年前去卖过救生衣,尚未出过远门,再说岔路镇并不远,一个多小时就能来回。而姐姐的渔村属另一个县管辖,我对怎么去那里、两地到底相隔多远等问题都一无所知。

祖母说,她可以给我十块钱,让我带着在路上花。还有,我不是一直想看大海吗?那个村子就在海边,海边有白色沙滩、螃蟹、海螺,一定还有我从未见过的五颜六色的贝壳。

2.

离过年还有十一天时,我还是踏上了去姐姐家的路。我将小松鼠偷偷藏进右侧口袋里——另一侧口袋里则装着核桃、花生和瓜子,书包里还藏着三个鸡蛋、五张烙饼、十块钱。祖母让我在找到远房表姑之前,不要把食物吃光,把钱花掉。她还告诉我,表姑住在一个叫横渡的村子里,只要找到她,就有办法了。

来到村里的小卖部,我买了大大卷、彩虹棒、花生芝麻糖,把左边的口袋撑得鼓鼓囊囊,把核桃和花生掰成碎末,喂小松鼠吃,自己则一路吹着泡泡糖,哼着《卖报歌》,好似行走在春游的路上。

这只松鼠是我在后山玩耍时捡来的,发现时,它已经奄奄一息。我偷偷地用米糊和奶粉把它救过来,此后,无论去哪里都带着它。只要有吃的,它也从来不发出叫声,好像挺习惯我乱糟糟的课桌洞、散发着花生和核桃气味的暖烘烘的衣兜——并将它们当作自己的家园。它实在太小,一天到晚除了吃,就是睡,偶尔睁开眼睛,很快又享受地闭上。我很难解释自己的行为,为何要带一只小松鼠出门,它既不像大狗那样能用来壮胆,也不能在关键时刻助我一臂之力。可我喜欢摸它毛茸茸的后背,就像摸在一条很软、很光滑的毯子上。它滴溜转的小眼睛好似两粒圆滚滚的黑豆,吃东西时会用前爪抓着食物,嘴里发出"咯吱咯吱"声,双眼直愣愣地望着你,耳朵却警觉地竖起——明明做出提防动作,其神情却近乎撒娇与卖萌,让人忍俊不禁。总之,有这样的小可爱陪着,即使独自出门在外,大概也不会那么孤单了吧。

走出家门，走过空荡荡的学校门口，赤脚医生的诊所前一个人也没有，晒谷场上也没人。学校放假了，天气又冷，他们一定躲在被窝里。偶尔有骑自行车的人从我身旁经过，还没等我看清他们的脸，就一阵风似的刮过去了。我很想在这时候遇见一两个熟人，最好是同班同学，他们坐在父母亲的自行车后座上，大声喊我的名字，×××，你要去哪里呀？

去海边，看大海去！——我早就想好怎么回答他们，我会把"大海"这个词语卷到舌尖，再狠狠地抛掷出去，让它们发出震耳欲聋的回响，就像浪花对礁石所做的。等他们明白过来，肯定会哇啦哇啦地叫喊着，恨不得从那自行车上跳下来，问个究竟。我想让他们注意我、羡慕我，甚至嫉妒我，在我心里存储着太多的屈辱与不甘。作为插班生，我的板凳是破的，课桌摇摇欲坠，而最累最脏的活永远属于我。即使如此，还经常被老师罚站、罚抄写课文，放学后不准回家，我默默忍受着这一切，对家人只字不提。残酷的现实未能击退我的学习热情，书本世界安闲优美，又不乏探险之旅，慢慢成为我的庇护所。原本，我们都以为大海是蓝色的，像天空那样蓝，像蓝色布缎那样蓝，也像一种极其罕见的蓝色花卉（我只在某座山上见过一次），但自从在老师的带领下读完《大海是什么颜色》这篇文章后，彻底蒙掉了——大海到底是什么颜色的？全班四十五个人，谁也没有去过海边，包括我们的老师。

就在我满脑子想着大海的模样，眼前的道路忽然出现分岔，两条一模一样的路像开杈的树枝位列左右。我犹豫片刻，想起祖母曾叮嘱过我，"你要一直往左走，不要去走右边的路"，这还是姐姐告诉她的。当年，我的姐姐就是被敲敲打打的队伍送到左边的道路上。

我从来没有走过左边的路，集市、镇卫生院、外婆家都在右边。甚至，我只去过一次的县城也在右边。右边的路上有我熟悉的风景，无论走多远，我都能自己回家。而左边属于异乡和远方。左拐的刹那，我下意识地回头望了望，很怕来路忽然消失，但什么也没发生。我慢吞吞地朝左边走去，那是一条尘土飞扬的马路，与别的马路似乎并无二致。很快，我发现这条靠近左边的路似乎更热闹，那些房屋、工厂、诊所、竹林、小店里好像隐藏着更多的人，更浓郁的欢声笑语。鞭炮声此起彼伏，在山谷之间回荡，营造出过年的气氛，不全是欢乐，还有隐隐的不安。

3.

我离开大路，来到河边。那是一条很宽的大河，河水并没有涨满河床，只在中间流淌着。清浅而微弱的一横。阳光下，无数莹亮的东西在水面跳跃、闪烁，还有数不清的卵石、细沙，袒露在天地之间，银针似的莎草也出现在沙地和水面的交界处。但我眼里只有卵石，或圆润或别致，或粗犷或细腻，最喜欢盈手可握的那种。我蹲下身拣拣丢丢，有一种找到宝藏的兴奋感，总有几款适合打水漂，我用它们击打出七八道水花，或许更多。

我不断下蹲，挥舞胳膊，以恰当的力道甩出，水花一路绽放到河对岸。那些像瓦片一样扁平、匀称、轻盈的石块最能拉伸出一条华丽、迷人的水线，瞬间的折叠、翻卷、跳跃之后，汇成声势浩大的水上运动。

时间一点点过去，我感到自己也随着那些石块，习了轻功，在水面上轻捷、自如地行走。直到一阵刺骨的寒意将我拉回现实世界，我的双脚滑入水中，寒冷像针扎进我的皮肤里，鞋子湿透了，裤脚沾了淤泥，似乎有什么拖着我，要将我拖进一个冰冷的世界。

我不顾一切地奔跑着，此前埋藏在心底的恐惧逐一浮现，一颗带黑色毛发的头颅似破败的卷心菜，漂浮在水面之上，一路追逐着我。有东西坠落在地上，但我已顾不上去捡。童年深夜里爷爷讲述的恐怖故事适时出现在脑海，一个偷鸡贼把鸡雏闷死在竹筒里，它们发出婴孩般的求救声；一户人家在亲人死去后要进行一项撵鬼仪式,死者生前坐过的摇椅忽然发出莫名其妙的"咯吱"声;一名溺亡的孩童化作一片浮萍或一株水草,藏在水下,伺机拖拽住玩水的人。我的心全然被恐惧罩住,好似湿布裹身,差点儿无法呼吸。

就在那时,口袋里的松鼠发出持续的尖叫声,好像一个人在紧要时刻发出疯狂的求救信号,在此之前,我几乎忘了它的存在。

我瘫坐在路基上,手里抓着一蓬杂草,放声大哭。车辆路过扬起的尘灰,弥散在半空中。临出门时,祖母改变主意,让我一定要带姐姐回家。她差点儿说,如果我做不到这些,就不必回来了。她一次次梦到姐姐,那些梦榨干了她的身体,形销骨立。她开始像男人那样抽烟,抽几毛钱一包的劣质烟,把手指甲都熏黄了,棉絮烧出黑乎乎的大洞——每个看到她的人都不由担心,这个枯槁的身躯会不会化作一股青烟飘走。

往左走,左边再往左——所有遇见的人都指着同一方向。一路上,零星的鞭炮声不断炸响,迎亲的队伍从我身边经过,拖拉机上载着新娘的嫁妆,所有物什上扎着大红花,喧嚷着向远方驶去。我路过那些村子,疯子站在高高的树杈上乱喊乱叫,他的母亲仰着头,张开双臂——就像一只惊恐的大鸟,唯恐他坠落,或就此飞走;男孩赤脚从我身旁跑过,他的父亲捏着棍棒在后面追得气喘吁吁;年轻女人端着洗衣盆,往河埠头的方向走去。

往后的日子,这些从我身旁经过的人,我再也见不到了;而他们,永远也不会知道我是谁,所为何来。我第一次强烈地意识到,对一个人来说,任何一个平常的日子都有可能是他在人世的最后一天;而无论多么强烈的感受,除了自身,别人对此一无所知。想到这些,我忍不住感到悲伤。

4.

暮色降临之前,我来到横渡村。我被一个男孩带到村子西边,拱桥那头,一幢两楼两底的水泥砖房屹立在荒地里,建筑的主体部分似乎刚刚完工,脚手架还没拆,外墙裸露着,扑面而来的是生石灰和红砖的气息。水泥地面暗淡粗糙,坑洼不平。窗户像个破洞,临时扯了一块红被单挂在那里,随风飘荡。我从未见过这样破败的新房,比老房子还要荒凉。一个身材矮胖、面相和气的中年妇女站在门口清理杂物,这个女人就是我表姑——我祖母大哥的女儿,我父亲的表姐,在她家里,刚刚经历了一场劫难。新房还未完工,老房子意外着火,摧枯拉朽般,一夜间全烧没了。始作俑者是家中九十几岁的老祖母,火星从灶房里蔓延开来,瞬间吞没了整座木头房子,还好只是两间孤零零的破房。

"没了就没了,正好可以住新房呀,你说是不是?"表姑的乐观让我诧异,要是祖母摊上这种事,还不知哭成啥样了。

那天晚上,我跟随表姑来到另一个村民家吃饭,大概属于临时搭伙性质,彼此都有些拘谨,没看清楚是什么,夹着就往嘴里送。

晚饭后,天完全黑了,我被安排睡在新房二楼朝北的房间里。没有多余的床,表姑给我找了一张席子、一条被子、一个塞满旧衣服的枕头。我睡在地上,四周是裸露的砖墙,伸手就能摸到家具的腿,不得不呼吸着水泥和石灰的气息,就像宿在荒野里。松鼠在棉被上蜷缩成球状,偶尔发出几句轻轻的"咯吱"声,黑暗中那声音好似来自很远的地方。

有一年冬天,爷爷带我去参加一个远房亲戚的婚礼。路途遥远,不能当日往返,主人安排我们睡在一个大通铺上。横七竖八的人,到了深夜,耳边响起此起彼伏的鼾声。我的右边睡着爷爷,左边是一个酒气熏天的男人,男人的左边躺着一个斗鸡眼的老头,再过去是一个与我年龄相仿的男孩。房子在一条马路边上,汽车头灯的光柱在白墙上来来往往,一会儿消失,一会儿出现。我看了一夜的幕布电影。

入睡前,我鼓起勇气与表姑诉说祖母的眼疾、姐姐奇怪的回家之旅、亲戚们五花八门的揣测,请求她带我去一趟姐姐家。我知道去那里并不容易,除了要走很多路，大概还要坐船，姐姐的家在一座岛上，那里的人像种水稻一样种植海带，也像收割花生那样收割牡蛎和蛏子。这些关于海带、牡蛎和蛏子的话，还是祖母告诉我的。我觉得有趣，就记在心里。没想到，表姑被我的胡说八道逗笑了，但她只是大笑，并没有纠正我。

那天夜里，她只反复说着这几件事。

"你姐姐是个好姑娘，还给我送过礼物。"

"上一次见到她，还是三年前，我去岛上卖板栗，路过那个村子，她抱着孩子坐在家门前。我答应她，卖完栗子就去她那里过夜。后来，栗子还没卖完，家里有急事，我就提前赶回来了。"

我希望表姑能和我聊一聊那座岛上的事，最好能有一两张照片，我想看看那个地方的房屋、树木、田地和道路，要是其中有姐姐的身影就更好了。表姑说，照片原本是有的，但该死的大火把很多东西都烧掉了，照片也在其中。

表姑一家遭遇了严重的财产损失，再过几天，她的儿子就要带未婚妻回来探亲，而家里连一张像样的床都没有。祖母不会知道这些。她什么都不知道。她已经很多年没有出门了。在我的记忆中，她的活动半径就是从家到河埠头，再由河埠头回到家。爷爷在世时是她的跑腿。如今，爷爷不在了，这活自然就落在我身上。当然，我也可以跟她说，我去过了，但没有见到姐姐。她不在那里，出去打工了，等回来后，他们会转告她，叫她回家探望祖母。

5

那天晚上，我梦见了姐姐。

至今，我都无法描述梦里的感觉。姐姐站在一艘船上，而我在岸边，我们之间似乎只隔着一块窄窄的木板，我感到自己随时可以跳上去，这桩现实生活中很容易办到的事，却怎么也无法在梦里完成。毫无征兆地，船上的

人忽然变成祖母的模样，她坐在船舱里，双手拍打着船板，脸庞扭曲，声嘶力竭，对着我骂骂咧咧。她的声音越来越低，然后便哽咽了，持续的哽咽演变成断断续续的抽泣。

梦醒后，我感到自己的身体成了碎片，某一部分还留在梦境里。漫长的时间过去，我从地上爬起来，走到破洞似的窗前，一夜之间，铅灰色的云层将天空铺得严严实实，太阳早已消失无踪。风灌满大地，像一首无所不在的呜咽曲。变天了，可能要下雪了。这个屋子到处都是缝隙，冷风无处不在，不能再待下去了。就在那时，我发现松鼠不见了，可能是昨天夜里跑掉的，屋里太冷，它跑到一个暖和的地方躲起来了。也有可能，核桃和瓜子都吃光了，它去别处找吃的。一想起那黑豆似的眼睛、柔软的毛发、降落伞一样的尾巴，我的心便一阵刺痛。

我来到屋子外面，只见云层低垂，风四处乱窜，刮得墙头上的枯草直哆嗦。天地之间好似有一股蛮横的力量挤压着身处其中的人，要把他们抛到一片真正的荒野里。

表姑不知所终，大概办事去了。屋子里别的人也都出去了。

6

我在陌生的村街上游荡，看到那片大火肆虐后留下的废墟，黑色的橡木横七竖八躺在泥地上，散发出浓郁的焦臭味。不远处的空地上，有人在杀猪。我钻到围观的人群中。那头猪已被四五个壮年男子按在板凳上，还没死绝，仍在哼哼着，脖子上的血汩汩往外淌着，一开始还是热的，冒着气泡，被接到那个不锈钢盆子里，瞬间就冷掉了。屠夫的围裙上全是血污，袖套上也是，他眯眼笑着，嘴里叼着烟，走来走去，打量着自己的劳动成果。

旁边木桶里的热水早已准备就绪。所有人脸上洋溢着相似的表情，站在那里，等着看最后的"开膛破肚"。这样的场景，从小到大，我看过无数次，可这一次似乎有什么不一样了。我盯着板凳上四脚

朝天的猪，它睁着眼，眼睛发白，好似在用最后一点力气打量这个世界。他们已经松开它，大窟窿眼里的最后一点血也已流尽，不锈钢盆子被人端走了。但我感觉它的身体还在微微颤抖，鼻端仍存有微弱的气息，并没有死绝。我眼前晃动着一个画面，那头猪忽然从板凳上一跃而起，撞倒木桶，撞翻人群，一路奔跑和哀嚎着，试图闯出一条血路来。就像电影里那些中了数枪的勇士，在最后关头，仍有出人意料的壮举。我站在那里，等待那一刻的到来，直到他们将那个肥硕的身体扔进木桶里，水花溅在肮脏的泥地上，仍然动静全无。猪的肚子被打开，不断从里面掏出东西，好像怎么也掏不完。

那天晚上，表姑告诉我邻村有个老人要出远门，可能要路过那里，如果我愿意，可以跟他一起去。老人以前是渔民，对那一带非常熟悉。

"老人是去走亲戚吗？"

"他没有亲戚在那里。"

"那么，他是要去那里卖东西喽？"

"他也没什么东西可卖。"

表姑告诉我，老人穷得叮当响，所有积蓄都被两个混账儿子骗光了。可能，他就是想出去走走吧，或许是去找老伙伴诉诉苦。毕竟，他在那一带待了很多年，很多老朋友都住在那里。

第二天一早，表姑送我到村口，老人已经等在那里了。他右手牵着一头山羊，左肩背着一个泛黄的牛仔包，在乡村没有老人背那种包，可能是家族里某个中学生淘汰下来，顺手送给他的。那头山羊看着比老人还老，眯着眼，嘴里嚼着什么，不断有白沫从嘴角淌出。这是一个七十几岁的老人，头发已经花白，脸庞像一块历尽风雨侵袭的岩石，沟壑纵横，只有眼睛给人一种凛然的、不可侵犯的威严。至今，我仍无法忘记那张脸，某些时刻它会忽然闪现，就像无法解释的梦境。

那个遥远的冬日上午，我跟在这位老人身后。云开雾散，阳光普照大地，一扫昨日的阴霾。山羊慢悠悠地走在我们身边。有时候，它会忽然停下，或啃食路边野地里的青草，或拉下几粒羊粪蛋。它经常磨磨蹭蹭的，待在某个地方不愿离去，尤其是当遇到一条清澈的、会唱歌的小溪，更是挪不开步子。老人并不催促，似乎愿意满足它的任何要求。我们走走停停，就像郊游。表姑在我的书包里装了很多好吃的。某些时刻，我会想起那只逃离的松鼠，一阵恍惚感袭来，好像它的存在已是上辈子的事了。一路上，很多人把我和老人当成爷孙俩，问我们这是要去哪里。老人只是嘿嘿笑着，并不作答。有时候，那头山羊会"咩咩"地叫上几声，算是回应。

后来，我们小心翼翼地把山羊赶过一条大河，生怕它失足滑落到湍急的河水里。很难想象冬天的大地上，还有一条如此凶猛、所向披靡的河，泥沙俱下，奔流入海，似乎没有什么能阻挡它。与它相比，之前那条让我停下打水漂的河简直算不了什么。我俯身拣起一粒石子，将它扔了出去，这粒留有我手温的石子或许会在下游的出海口，与我再度相遇。那时候，大概谁也认不出谁了。我走在老人身边，这个面目黧黑的老者很像我死去多年的爷爷，他们除了都有一张饱经沧桑的脸，连背影和步态也如此相似。路过一个屋顶上压满石块的村庄，老人让我等在老樟树下，他牵着山羊进了那条羊肠般的碎石小路，往村子的纵深处走去，好似走进一道幽深的峡谷里。出来时，山羊不在了。他一脸轻松地告诉我，一个好朋友住在这里，他把山羊也留在这里了。

7.

没了踟蹰不前的山羊，我们的步子不觉加快。大海越来越近，空气中弥漫着那种微妙的甜腥气，与陆地、山林全然不同的气息。此刻，如果有一座山头可以让我眺望来路，大概会感到不可思议，居然走过了那么长的路。还是祖母说得对，一个出过远门的人，很少再会为自己的事情感到悲伤，因为这世上到处都是让人悲伤的事。——但这些都是后话了。

那天夜里，我们宿在一个叫"桃渚"的村子里，老人的渔民朋友就住在这里。村子很矮，大都是平房,最多一层半或两层。我们来到位于高处的坡地上,看见一间木头房子孤零零地屹立在不远处,四周是平缓的山地与矮树林。

昏暗的灯下,两张黝黑的脸庞碰在一起,唾沫星子飞溅在一起,笑容像盛开的菊花瓣在他们脸上绽放。木柴被塞进炉灶里,火焰让它们相遇、碰撞,噼啪作响。屋子渐渐变得暖和,回荡着好闻的松木和杉木的气息,存放在谷仓里的美酒,被取出用来款待远道而来的朋友。夜深了,他们摇晃着身体,说一些醉醺醺、漫无边际的话。黑乎乎的墙壁上挂着渔网、钉耙、蛎刀、三角锄,还有一副长长的鱼骨架,就像一节没有打开的拉链。

没有床,我躺在屋角的躺椅上,迷迷糊糊。爷爷喝醉酒后也这样,嗓门震天响,还咋咋呼呼,用祖母的话说,好像身体里住进一口破钟。爷爷年轻时卷入一场战争,被胁迫着赶往一个遥远的岛屿,最终——他从那里逃回来。关于逃跑途中发生的事,即使喝醉酒后,他也守口如瓶;当被逼问得急了,他就像个女人那样嘤嘤哭泣,惹得祖母破口大骂。

那天晚上,我分明感到爷爷就在身边,坐在喝酒的人当中。他之所以在那些夜里咋咋呼呼,只为了讨一杯酒喝,当如愿以偿,胡子和衣服上都沾满酒液后,便心满意足地睡去。不知从什么时候起,我也喜欢上了那味道,曾偷偷地拿起酒瓶喝过几口,有些冲,有些辣,有些微甜,根本无法用语言描述那种感觉。我吧唧着嘴巴,慢慢睡着了。

8.

第二天一早,我被人猛地推出睡梦之中,睁眼一看,老人正站在房间一隅看着我。他的神情有些迟疑,欲言又止。我们离开的时候,屋里的人仍在呼呼大睡。我们走出低矮的木屋,走到高处的坡地上,我们从坡地上下来,穿过狭窄的石子路,来到河上的木桥头,我们继续往前走,没有停留。清晨的河面笼着白雾,村子里的人还在睡梦之中。老人大踏步走着,步态沉稳、有力,好像要去完成什么重人使命。我跟在后头,追得气喘吁吁。

老人身无一物,肩上的牛仔背包已不知去向。

我在村子外面的滩涂追上他。

喂,你的背包丢了!

不管了,快跟上。

你不要它啦?可你的东西还在里面啊?

不要了,用不着啦。

——老人甩着手,朝前走去,姿态从容,动作利落,移动的双脚好似船桨,在空气中滑出条条缕缕的痕迹,所剩不多的几缕灰白色的头发,展示出它强大的意志力。他心无旁骛,专注于脚下之路,好像一旦有所犹疑,一切努力就会化为乌有。一路往东,耸峙的山脉变得舒缓和平坦,岩石陆续出现,滩涂取代稻田往看不见的远方延伸。我知道大海就在眼前,它随时可能出现。或许,滩涂的尽头就是海,那个叫"大地"的村子就在其中。

那一刻,我忽然感到害怕,心脏跳得厉害,四肢也跟着颤抖起来。我蹲下身,再次意识到此行的使命,我不是来看海,更不是出来玩。我好似被一股力量不容分说推至前台,就像当年被老师叫到黑板前当着全班同学的面解一道数学难题,不得不木棒一样杵在那里,拿粉笔的手在颤抖。

姐姐的身影,早已成遥远往昔里一抹朦胧的光影。那一年,十五岁的她背着三岁半的我去邻村看电影。回家路上,我不小心栽到一条水沟里,额头破了一个大洞,是她带我去诊所包扎,给我买了糖,还手忙脚乱地安慰我。此刻,我似乎还能闻到血腥味和糖纸上那致命的甜味。

老人在前面路口等我。

分手的时刻到了。他孤零零地站在那里,双手下垂,身体呈僵直状态,好似一只痛苦挣扎的动物。我只愿自己还在家里,从未出过远门,我的松鼠也还在原地待着,未曾走丢。我站立着,不敢近身上前,不敢挪动半步。忽然,老人僵直的身影像一条被重新扔回水底的鱼,瞬间恢复了自由、机巧和灵活。

行动之前,他用眼角的余光瞥了我一眼,似乎在与我告别,也有可能是对我行某种无声的嘱托;还未等我反应过来,他已向着前方大踏步走去,越走越快,转眼便消失了踪影。

我的眼泪齐刷刷地掉下来,好似蓄积多年的情感瞬间液化,一种东西流走了,再也回不来了。我并没有感到悲伤。那时候的我,还不知悲伤为何物。我再次奔跑起来。路在脚下延伸,仿佛无穷无尽,我真想一直跑下去,直到看见大海——我想知道海会以何种面目出现。

但我没有看见海。村子出现的时候,仍没有海的影子。我跑过一间废弃的畜生房,墙头上插着几株枯萎的草茎,一种隐约的怪味道在空气中弥散。我想起山羊,这是山羊或牛住过的房子,每个村庄都有这样低矮、潮湿的房子。我的心脏扑通乱跳,不知亲爱的姐姐是否就在这里。她是最早离家的人,之后,我的父亲、母亲、哥哥,也相继去了远方。

祖母经常说,迟早有一天,我也会走掉的。

9.

现在,我已经离家三天了,我在寻找姐姐,或许马上就能找到她。我闻到泥土中透出的甜腥气,这是一种让我感到陌生的气息,我相信自己已经来到异乡。

这个异乡的村庄正在举办一场婚礼,我闻到了饭菜的香味、鞭炮燃放后形成的硝烟味、炉火的气味、微呛的煤烟味儿。这些熟悉的气味配方中,有一种让我迷醉的东西,也让我感到凄凉。显然,这场婚礼极为潦草,它只能属于一个仓促远嫁的女孩。在礼堂或某个空旷的场地上,聚集着被叫来帮忙的男女老少,人们吃吃喝喝,心不在焉。鸡鸭鱼肉在各种器皿里煎炒烹煮,碗筷餐具在就餐的人群之间传递,或许还有酒瓶和酒杯掉在泥地上碎裂的声音。所有人都自顾自地说话,谁也听不清对方在说什么,反正过不了多久,迎亲的队伍就会到来,那些热闹和欢笑也会戛然而止。

远远地,我看见一个五六岁的男孩趴在一块大石头上,他的脸朝下,脏手拿着一只啃了几口的大鸡腿,脸颊上还挂着两行清泪。他抬起头,看了看我。

"你怎么了?"我走过去,拍拍他的肩膀。

男孩烦躁地扭动肩膀,想要甩开我的手。

"这里好像有人结婚。"我蹲下身,小心翼翼地打量着他。

男孩诧异而警觉地望着我,好像要从我的眼神中读出某种企图,以此来阻止我,但他很快发现,并没有这么做的必要。

"你为什么哭?是谁欺负你了吗?"我走累了,很想像个大人那样和他聊几句,毕竟他是我在这里碰见的第一个人,也是旅途终点的见证者。

男孩摇了摇头,拿脏手在脸上胡乱抹了几下,有点不太情愿地告诉我,新娘是他姐姐,迎亲的队伍马上就要到了。

"那你干吗哭呀?"我想也没想,几乎脱口而出。

男孩愣了愣,再次发出小动物似的断断续续的哭声:"姐姐要嫁到很远的地方……他们不让我跟去……爸爸还不准我哭,一哭就要揍我……刚才他就打了我了……呜呜呜……"他瘦弱的双肩抖个不停,哭得更凶了。

那一刻,某种东西在我脑海里快速旋转着。那种感觉如此清晰,在过去、现在和未来之间,生命的暗匣子次第打开,我踮起脚,朝里望去,悲伤哭泣的男孩与即将背井离乡的姐姐,再往里望,依然如此;无数的男孩与他的姐姐,在那个昏暗的世界不断靠近和远离。

我站在那里,等男孩停止哭泣,他应该知道姐姐的下落。或许,我的姐姐就在里面,坐在那欢送新娘的队伍当中,吃吃喝喝,没有人比她更熟悉这样的场景。这种感觉越来越强烈,就像站在清晨的窗台前,看着光线发白、转亮,曙光乍现。那边酒席上,再次传来短促而尖锐的声响,有人打碎了东西,有人大喊大叫。现场一片混乱。迎亲的队伍就要来了,或许已经到村口了。人们就要从里面摇摇晃晃地出来了。一想到马上就能获知一切,我忍不住全身颤抖起来。

我心知自己有多爱她,也知道她在爱着我,这就是漫长岁月告诉我的确切无疑的事情。

大宝其人其事

❋ 卑屈的猫格

我妈不让我管她叫妈妈,她说,叫妈妈又俗气又老气,不如叫大宝。虽然我不乐意,但是既然她坚持,我也只有屈从的份儿。一个家庭往往总会有一个人拥有绝对的统治权,而大宝恰好就是那个人。

说起大宝,外表看上去很平凡、很普通,可是平平无奇的外表之下,却隐藏着一颗非常炽热的中二心。小时候,大宝的中二梦是加入游击队或者当个地下党,只可惜大宝出生在和平年代,只能靠拿炮仗炸同龄小孩的屁股获得一点实现梦想的快乐。年轻时的大宝,则反复观看《地雷战》《地道战》等经典电影聊以自慰。而人到中年的大宝,最了不起也就是在我观看日本动漫时喊我一声"叛国贼",她梦想的实现大概也就是这样了。

但是骨子里带着大佬气质的大宝,也是个能动手绝不动口的人——社会我宝哥,人狠话不多。

年轻时的大宝打起我来,很凶狠。多数时候,她是不会动用其他工具的,大宝一直觉得用别的东西打孩子特不敞亮。她一般会把我掀翻在床,用手大力抽我的屁股。天知道被打屁股是多么耻辱的一件事,一巴掌下去,屁股火辣辣地疼,这时的眼泪带着耻辱的伤感,可是冷酷无情的大宝却从不肯跟我啰唆。往往一顿打挨下来,我要过很久才能反应过来自己到底做错了什么才要挨这种打。

挨打的原因千奇百怪,大部分时候都与我和大宝的个性不和有关。其实,小孩和大人之间往往也是需要漫长的磨合期来适应彼此;大人不知道的是,看上去不懂事又很固执的小孩子,也是妥帖地收起了个性去迎合自己家大人的,所以漫长的人生中究竟是谁迁就了谁,也说不准。

有一次挨打让我特别伤心,我居然记到了今日。那个时候我养的小鸽子皮皮鲁死掉了,没有人去调查一只鸽子为什么会死,感到难过的也只有我自己。大宝给我一个白色泡沫箱,要我把皮皮鲁拿去丢掉,我不敢不从,就把皮皮鲁装箱丢弃到家门口。晚上我辗转反侧,突然想起皮皮鲁自己在门外孤孤单单的,于是趁大人不注意,偷偷跑去门外把皮皮鲁的尸体拿了回来,郑重地塞进书包里,这才沉沉睡去。

皮皮鲁的尸体重新被发现是在两天之后,书包里的恶臭终于引起了大宝的注意,而那时我早就把皮皮鲁的事情忘了。

我被大宝拎到墙角站着,内心先是恐惧,但反复回想了一下,又觉得一个重情义的小孩大概不会因此而挨打。可是我想错了,大宝生来有洁癖,这种事情她忍不了。

那天大宝罕见地动用了工具,拿着一条扫把把我打得泪眼汪汪欲断肠。我心里想着:你应该懂我的呀,我只是不舍得皮皮鲁。你是我妈妈,你怎么会不懂!

可是,大宝不懂或者也懒得去懂我的心理活动。大概是因为发现了最亲密的人原来也未必肯花时间去思考你的脑回路,年幼的我真的非常受伤,以至于到现在我还能回想起那种随之而来的对漫长而又无人理解的人生的不安。

不过,我之所以情愿跟在大宝屁股后面混,也的确是因为我家大宝这个人非常仗义。高中时我早恋,不幸的是,大约因为恋爱之后太得意,才不过两周,就被班主任抓了个正着。当时那个男孩成绩非常好,据说他的爸爸和班主任私交也不浅,而我则游手好闲,成绩平平,所以班主任权衡了一番,果断给大宝打了电话。

班主任给我妈打电话,居然把我拎到办公室旁听他讲我的坏话,仿佛要申明自己所讲句句属实。我脑子"嗡"了一下,不禁回想起年幼时被扫帚抽屁股的恐惧。

电话那头的大宝不知道和班主任说了什么,我只听到班主任几次试图插话均未果。后来脸色很差的班主任把我请出了办公室,什么都没说。当晚我回到家里惴惴不安,大宝却什么都没说。

第二天和我恋爱的男孩子找到我,他说你妈妈怎么那么牛,班主任给你妈妈打电话,听说还被你妈教育了一顿。

他绘声绘色地讲了一通,说班主任给大宝打电话想劝大宝管管自家小孩,却被大宝反过来批评说当老师的不要神经过敏,男生女生的事情如果连老师都要想歪,那么小孩自己也正不了。

我问他怎么知道的,他说班主任找他爸爸了,他回家被揍了。

后来我们还是分手了,但我感谢大宝那时没有用这件事羞辱我,对我大讲特讲一些大道理,最重要的是,大宝的做派让我觉得非常有面子。也许大宝那个时候也发现了我遗传自她的中二病,深知如果她逼我不要早恋,我反而是一定要早恋的,如果她告诉我要好好学习,我反而是一定不肯学习的,所以才会干脆随我去吧。

和那个男孩分手之前我还作了一通幺蛾子。某天,我不慎把发给那个男孩子的短信发给了大宝,我吓得半死,想了半天也想不出合理的解释,就抱着破罐子破摔的心态等死,但是大宝还是没说什么。我几次试探,她只是淡淡地对我暗示,那天信号不好,电话都没接到,还错过了工作上挺重要的事情。我才终于释然:哦,原来大宝没看到我的短信。

直到我长大成人,大宝才屡次拿这件事情羞辱我,说我的短信写得肉麻又恶心,如果真的发给男孩子,八成会把人家吓跑。真是气得我灵魂出窍。

时过境迁,如今的大宝再也没有了年轻时喜欢扎起马尾辫揍我的利落劲儿,也不再看战争片,转而投入社会伦理剧的怀抱。人到中年尾巴的大宝,热爱以德服人,大段大段的鸡汤、段子信手拈来。

漫长岁月的磨合,让我们终于逐渐适应了彼此——又或者我们谁也没有适应谁,只是当我妈妈这件事让她成熟了不少,而我也一边当着她家的小孩,一边慢慢地长成妥帖的大人。哪怕过程中有些坎坷,也在所难免。我心知自己有多爱她,也知道她在爱着我,这就是漫长岁月告诉我的确切无疑的事情。

爸爸的花儿落了，我也不再是小孩子

*林海音

新建的大礼堂里，坐满了人；我们毕业生坐在前八排，我又是坐在最前一排的中间位子上。我的襟上有一朵粉红色的夹竹桃，是临来时妈妈从院子里摘下来给我别上的，她说："夹竹桃是你爸爸种的，戴着它，就像爸爸看见你上台一样！"

爸爸病倒了，他住在医院里不能来。

昨天我去看爸爸，他的喉咙肿胀着，声音是低哑的。我告诉爸，行毕业典礼的时候，我代表全体同学领毕业证书，并且致谢词。我问爸，能不能起来，参加我的毕业典礼？六年前他参加了我们学校的那次欢送毕业同学同乐会时，曾经要我好好用功，六年后也代表同学领毕业证书和致谢词。今天，"六年后"到了，老师真的选了我做这件事。

爸爸哑着嗓子，拉起我的手笑笑说："我怎么能够去？"

但是我说："爸爸，你不去，我很害怕，你在台底下，我上台说话就不发慌了。"

爸爸说："英子，不要怕，无论什么困难的事，只要硬着头皮去做，就闯过去了。"

"那么爸不也可以硬着头皮从床上起来，到我们学校去吗？"

爸爸看着我，摇摇头，不说话了。他把脸转向墙那边，举起他的手，看那上面的指甲。然后，他又转过脸来叮嘱我："明天要早起，收拾好就到学校去，这是你在小学的最后一天了，可不能迟到啊！"

"我知道，爸爸。"

"没有爸爸，你更要自己管自己，并且管弟弟和妹妹，你已经大了，是不是，英子？"

"是。"我虽然这么答应了，但是觉得爸爸讲的话很使我不舒服，自从六年前的那一次，我何曾再迟到过？

当我上一年级的时候，就有早晨赖在床上不起床的毛病。每天早晨醒来，看到阳光照到玻璃窗上了，

我的心里就是一阵愁：已经这么晚了，等起来，洗脸，扎辫子，换制服，再到学校去，准又是一进教室被罚站在门边，同学们的眼光，会一个个向你投过来，我虽然很懒惰，可也知道害羞呀！所以又愁又怕，每天都是怀着恐惧的心情，奔向学校去。最糟的是爸爸不许小孩子上学坐车的，他不管你晚不晚。

有一天，下大雨，我醒来就知道不早了，因为爸爸已经在吃早点。我听着，望着大雨，心里愁得不得了。我上学不但要晚了，而且要被妈妈打扮得穿上肥大的夹袄（是在夏天！），踢拖着不合脚的油鞋，举着一把大油纸伞，走向学校去！想到这么不舒服地上学，我竟有勇气赖在床上不起来了。

等一下，妈妈进来了。她看见我还没有起床，吓了一跳，催促着我，但是我皱紧了眉头，低声向妈哀求说：

"妈，今天晚了，我就不去上学了吧？"

妈妈就是做不了爸爸的主意，当她转身出去，爸爸就进来了。

他瘦瘦高高的，站在床前来，瞪着我："怎么还不起来，快起！快起！"

"晚了！爸！"我硬着头皮说。

"晚了也得去，怎么可以逃学！起！"

一个字的命令最可怕，但是我怎么啦！居然有勇气不挪窝。爸气极了，一把把我从床上拖起来，我的眼泪就流出来了。爸左看右看，结果从桌上抄起鸡毛掸子倒转来拿，藤鞭子在空中一抡，就发出咻咻声音，我挨打了！

爸把我从床头打到床角，从床上打到床下，外面的雨声混合着我的哭声。我哭号，躲避，最后还是冒着大雨上学去了。我是一只狼狈的小狗，被宋妈抱上了洋车——第一次花五大枚坐车去上学。

我坐在放下雨篷的洋车里，一边抽抽搭搭地哭着，一边撩起裤脚来检查我的伤痕。那一条条鼓起的鞭痕，是红的，而且发着热。我把裤脚向下拉了拉，遮盖住最下面的一条伤痕，我怕同学耻笑我。

虽然迟到了，但是老师并没有罚我站，这是因为下雨天可以原谅的缘故。

老师教我们先静默再读书。坐直身子，手背在身后，闭上眼睛，静静地想五分钟。老师说：想想看，你是不是听爸妈和老师的话？昨天的功课有没有做好？今天的功课全带来了吗？早晨跟爸妈有礼貌地告别了吗？……我听到这儿，鼻子抽搭了一大下，幸好我的眼睛是闭着的，泪水不至于流出来。

正在静默的当中，我的肩头被拍了一下，急忙的睁开了眼，原来是老师站在我的位子边。他用眼势告诉我，教我向教室的窗外看去，我猛一转头看，是爸爸那瘦高的影子！

我刚安静下来的心又害怕起来了！爸为什么追到学校来？爸爸点头示意招我出去。我看看老师，征求他的同意，老师也微笑着点点头，表示答应我出去。

我走出了教室，站在爸面前。爸没说什么，打开了手中的包袱，拿出来的是我的花夹袄。他递给我，看着我穿上，又拿出两个铜子儿来给我。

后来怎么样了，我已经不记得，因为那是六年以前的事了。只记得，从那以后，到今天，每天早晨我都是等待着校工开大铁栅栏校门的学生之一。冬天的清晨站在校门前，戴着露出五个手指头的那种手套，举了一块热乎乎的烤白薯在吃着。夏天的早晨站在校门前，手里举着从花池里摘下的玉簪花……

……

每天他下班回来，我们在门口等他，他把草帽推到头后面抱起弟弟，经过自来水龙头，拿起灌满了水的喷水壶，唱着歌儿走到后院来。他回家来的第一件事就是浇花。那时太阳快要下去了，院子里吹着凉爽的风，爸爸摘下一朵茉莉插到瘦鸡妹妹的头发上。陈家的伯伯对爸爸说："老林，你这样喜欢花，所以你太太生了一堆女儿！"

我有四个妹妹，只有两个弟弟。我才十二岁……

我为什么总想到这些呢？韩主任已经上台了，他很正经地说：

"各位同学都毕业了，就要离开上了六年的小学到中学去读书，做了中学生就不是小孩子了，当你们回到小学来看老师的时候，我一定高兴看你们都长高了，长大了……"

于是我唱了五年的骊歌，现在轮到同学们唱给我们送别：

"长亭外，古道边，芳草碧连天。……问君此去几时来，来时莫徘徊！天之涯，地之角，知交半零落，人生难得是欢聚，惟有别离多……"

我哭了，我们毕业生都哭了。我们是多么喜欢长高了变成大人，我们又是多么怕呢！当我们回到小学来的时候，无论长得多么高，多么大，老师！你们要永远拿我当个孩子呀！

做大人，常常有人要我做大人。

宋妈临回她的老家的时候说："英子，你大了，可不能跟弟弟再吵嘴！他还小。"

兰姨娘跟着那个人上马车的时候说：

"英子，你大了，可不能招你妈妈生气了！"

蹲在草地里的那个人说："等到你小学毕业了，长大了，我们看海去。"

虽然，这些人都随着我长大没了影子了。是跟着我失去的童年也一块儿失去了吗？

爸爸也不拿我当孩子了，他说："英子，去把这些钱寄给在日本读书的陈叔叔。"

"爸爸！——"

"不要怕，英子，你要学做许多事，将来好帮着你妈妈。你最大。"

于是他数了钱，告诉我怎样到东交民巷的正金银行去寄这笔钱——到最里面的台子上去要一张寄款单，填上"金柒拾圆也"，写上日本横滨的地址，交给柜台里的小日本儿！

我虽然很害怕，但是也得硬着头皮去。——这是爸爸说的，无论什么困难的事，只要硬着头皮去做，就闯过去了。

"闯练，闯练，英子。"我临去时爸爸还这样叮嘱我。

我心情紧张的手里捏紧一卷钞票到银行去。等到从最高台阶的正金银行出来，看着东交民巷街道中的花圃种满了蒲公英，我高兴地想：闯过来了，快回家去，告诉爸爸，并且要他明天在花池里也种满了蒲公英。

快回家去！快回家去！拿着刚发下来的小学毕业文凭——红丝带子系着的白纸筒，催着自己，我好像怕赶不上什么事情似的，为什么呀？

进了家门，静悄悄的，四个妹妹和两个弟弟都坐在院子里的小板凳上，他们在玩沙土，旁边的夹竹桃不知什么时候垂下了好几枝子，散散落落的很不像样，是因为爸爸今年没有收拾它们——修剪、捆扎和施肥。

石榴树大盆底下也有几粒没有长成的小石榴；我很生气，问妹妹们："是谁把爸爸的石榴摘下来的？我要告诉爸爸去！"

妹妹们惊奇地睁大了眼，她们摇摇头说："是它们自己掉下来的。"

我捡起小青石榴。缺了一根手指头的厨子老高从外面进来了，他说："大小姐，别说什么告诉你爸爸了，你妈妈刚从医院来了电话，叫你赶快去，你爸爸已经……"

他为什么不说下去了？我忽然着急起来，大声喊着说："你说什么？老高。"

"大小姐，到了医院，好好儿劝劝你妈，这里就数你大了！就数你大了！"

瘦鸡妹妹还在抢燕燕的小玩意儿，弟弟把沙土灌进玻璃瓶里。是的，这里就数我大了，我是小小的大人。我对老高说：

"老高，我知道是什么事了，我就去医院。"我从来没有过这样的镇定，这样的安静。我把小学毕业文凭，放到书桌的抽屉里，再出来，老高已经替我雇好了到医院的车子。走过院子，看那垂落的夹竹桃。我默念着：爸爸的花儿落了，我也不再是小孩子。

冰糖炖雪梨

*刘欣淼

在我的印象中,小学时一款名为"冰糖雪梨"的饮料一经上市就迅速占领了市场,比蜜还要甜的味道更是让它成为许多小孩的心头爱。

我就是其中之一。自从发现我喜欢喝梨汤,母亲也爱上了炖梨汤。每次刚一炖好,母亲便迫不及待地端到我面前。但我觉得她的做法多此一举,外面卖的饮料很甜,而她炖的汤却淡到根本尝不出味道,因而我每次都不喝汤,只吃梨。

长大后,我不再喜欢甜腻的饮料,久而久之便将冰糖雪梨汤忘到了九霄云外。我没有想到,再次遇见它竟是在那样的情况下。

在长达四个小时的校庆歌唱节目彩排后,我觉得嗓子仿佛被火焰灼烧过一样。好不容易拖着疲惫的身体回到家,我只想靠在沙发上休息一会儿。可母亲却拉着我不放,兴致勃勃地让我给她讲讲这两周过得如何。我揉揉隐隐作痛的眉头:"明天再说吧,我还要去学习。"说完我便起身走进屋里。

没过多久,房门被敲响,是母亲送来了刚洗好的葡萄。母亲说:"知道你爱吃葡萄,这是刚洗好的,你吃点休息一下。"我小鸡啄米式点着头,三下两下推搡着将母亲送出了屋门,转身继续学习。

没过一会儿,房门又被敲响,还是母亲,这次她手里端着一杯鲜榨果汁。她又说:"这橙子是我前几天摘的,特别新鲜,你快尝尝。"我内心烦闷的小火苗噌噌上涨,可我还是努力忍住了。我面无表情地接过她手里的杯子,哐一声放在桌上,转身将母亲直接推了出去。

几分钟后,房门再次被敲响,伴随着母亲洪亮的声音:"闺女,出来吃饭啦!"此时,我再也控制不住自己,我猛地拉开房门,冲着外面大吼:"别再叫我了,我不吃了!"然后嘭一声将房门撞上。

果然,这次过了许久都没再有敲门声,可我心里却愈发不踏实,题也做不出来。就在我犹豫要不要出去缓和一下气氛时,母亲直接推门进来了,手上还端着一个碗。

母亲将它放到我的面前,我一看,原来是冰糖雪梨汤。"喝吧,喝完了才有力气和我吼,你看你嗓子都哑了。"母亲小声地说着,说完便飞快地走了出去,还小心翼翼地关上屋门,好像生怕我再次吼她。偌大的屋子里顿时只剩下愣在原地的我。

看着母亲在我面前小心翼翼的样子,我心里五味杂陈,犹如千万只蚂蚁啃食着。原来这么多年,我一直都对母亲的爱视而不见,母亲那么努力地想要靠近我,能够发现我细微的变化,而我却只想着将她推开。

盯着那碗梨汤,我恍然意识到自己错得多么离谱。我长叹一口气,端起梨汤走到母亲身边,她还是一如往常笑眯眯地看着我喝,可我的眼眶却忍不住湿润了。

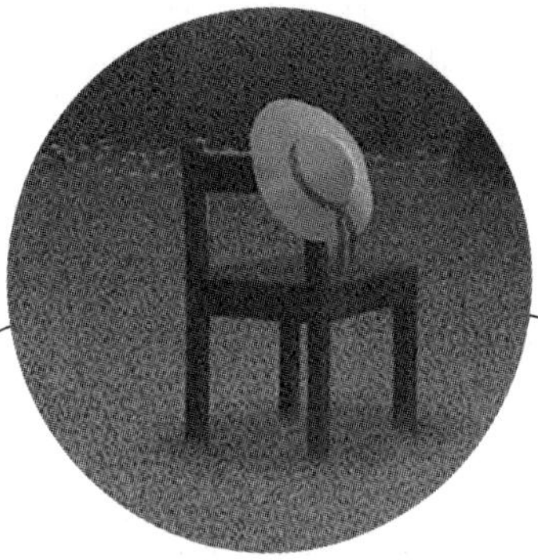

父亲坐在黑暗中

✲杰罗姆·魏德曼

01

父亲有个独特的习惯。他喜欢独自一个人在黑暗中静静地坐着，有时我回家很晚，整幢房子一片漆黑。我轻轻地进了门，因为我不想吵醒我的母亲，她很容易惊醒。我踮着脚尖，走进自己的房间，在黑暗中脱下外衣。然后到厨房去喝水，我光着脚，没有一点响声。我走进厨房去，几乎撞着了父亲，他穿着睡衣，吸着烟斗，正坐在一把椅子上。

“哈喽，爸爸。”我说。

“哈喽，儿子。”

“你为什么还不睡觉，爸爸？”

“就去。”他说。

但是他仍待在那儿，我敢肯定，我睡着后很久，他仍然坐在那儿，吸着烟斗。

好些次，我在房间里读书，听见母亲收拾房间准备晚上睡觉，听见弟弟爬上床，听见姐姐走进房间，听见她梳洗时的瓶子梳子的响声。我继续读书，不久就觉得渴了（我要喝很多水），就到厨房里去找水喝。我已经忘了父亲，然而他却还在那儿坐着，吸烟，沉思。

“你为什么还不睡觉，爸爸？”

“就去，儿子。”

但是他没有去睡，仍然坐在那儿，吸烟，沉思。这使我担忧，我不能理解，他在想什么呢？有一次我问他：

“你在想什么，爸爸？”

“没想什么。”他说。

有一次，我让他坐在那儿，自己去睡觉。几个小时后，醒过来，我觉得渴了。走进厨房，他还在那儿！烟斗已经熄了。但他还坐着，凝视着厨房的一个角落，过了一会儿，我习惯了黑暗，拿了杯水喝了。他仍然坐着，凝视着角落。眼也不眨一下，我想他甚至不知道我进来了，我害怕起来。

“你为什么不去睡觉？爸爸？”

“就去，儿子。”他说，“不要等我。”

“但是，”我说，“你在这儿坐了好几个小时了，出了什么事？你在想什么？”

“没什么，儿子。”他说，“没什么，只是安静一会儿，就这样。”

他说话的方式让人相信，他看上去并不忧虑，声音平静，快乐。他总是这样，但是我不能理解。

他眼都不眨一下，孤独地坐在黑暗中，凝视着前方，直到深夜。

独自坐在黑暗中，坐在一把不舒服的椅子上，一直到深夜，能有什么安静？

究竟怎么回事？

我考虑了所有的可能性，我知道他不可能是为钱的缘故，我们的钱不太多，但是如果他是为钱而焦虑的话，他不会不说出来。也不可能是为了他的健康，他也不会对此沉默不语。也不可能是因为家里任何人的健康，我们钱少一点，但身体健康（能撞倒大树，我母亲会这样说）。到底是为什么？我恐怕不知道，却不能放下心来。

也许他想起了在古旧乡村的兄弟，或者他的母亲和两个继母，或者他的父亲。他说他们都死了。他不会像那样沉思他们，我说沉思，这并不确切，他没有沉思，似乎根本就没有想，他看上去太平静了，所以显得很满足。正因为太平静，所以不能沉思。也许正如他所说的，只是安静一下，但这也似乎不可能，这使我忧心忡忡。

02

假如我知道他心里所想，或者我知道他仅仅是在想什么，就好了。我也许不能帮助他，甚至他也可能不需要帮助。也许正如他所说，只是安静一下，那至少我不用担心了。

为什么他总是坐在黑暗中？他的心智衰竭了吗？不，不可能。他只有五十三岁，而且和从前一样敏锐智慧。实际上，在任何方面，他都没有什么变化。他仍然喜欢甜菜汤，仍然首先读《时代》杂志的第二部分；他仍旧穿着有翼状护肩的衣服；他仍然认为储蓄可以拯救国家，而关税改革只是赚钱的工具。从各个角度看上去他都没有变，他甚至不比三年前显老，每个人都这样说。他们说他保养得很好，但是他眼都不眨一下，孤独地坐在黑暗中，凝视着前方，直到深夜。

如果像他所说的，只是安静一下，我会随它去。但我觉得不是这样，我想这是我所不能理解的。也许他需要帮助，但他为什么不说？为什么他不皱眉头，不哭，不笑？为什么他不干点什么？为什么他是坐在那儿？

最后我愤怒起来。也许只是因为我的好奇心没有得到满足，也许是因为我觉得担忧，反正，我愤怒起来。

"出了什么事了，爸爸？"

"没什么,儿子,什么也没有。"

但是这次我决心不让他敷衍过去。我愤怒了。

"那么为什么你独自坐在这儿,沉思到很晚?"

"这样很安静,儿子,我喜欢这样。"

我无从继续问下去,明天他还会坐在这儿,我仍然会迷惑不解,仍会担忧。可我现在不会停止追问,我愤怒了。

"那么,你在想什么,爸爸?为什么你老是坐在这儿?什么事让你心烦?你在想什么?"

"没什么让我心烦,儿子,我很好,只是想安静一下,就这些。睡觉去吧,儿子。"

怒气似乎消失了。但是依然担心,我必须得到一个答案。这似乎很傻,我有一种滑稽的感觉,除非我得到一个答案,否则我会发疯的。我仍然坚持着:

"但是你在想什么,爸爸?到底怎么回事?"

"没什么,儿子。和平常一样,没有什么特别的,和平常一样。"

我没能得到答案。

很晚了,街上很安静,屋里一团漆黑。

我轻轻走上楼,跳过那些"嘎嘎"作响的楼梯。用钥匙开了门,踮着脚尖走进自己的房间,我脱下衣服,想起来我渴了,光着脚走进厨房,还没走进去,就知道他坐在那儿。

我能看见他微驼的深暗的身影。

他又坐在同样的一把椅子上,肘撑在膝盖上,嘴上衔着熄灭了的烟管,眼也不眨一下,凝视着前方。他似乎不知道我在那儿,不知道我进来了。我静静地站在门口,看着他。

03

一切都寂静不语,但是夜里充满了轻微的声响。我一动不动地站着,开始注意到那些声音。冰箱上的闹钟的"滴答"声,在几个街区外的地方,汽车开过的低沉的"嗡嗡"声,街上的废纸被风吹起的"飕飕"声,像起伏不定的轻轻耳语的声音中带着一种奇异的快乐。

嗓子的干燥提醒了我,我轻快地走进厨房。

"哈喽,爸爸。"我说。

"哈喽,儿子。"他说,他的声音低沉,像梦呓一般,他动也不动地凝视着前方。

我没找到水龙头。从窗口投进来的街灯的暗淡光线,使房间似乎更黑暗了。我摸到房间中的短绳,拉亮了灯。

他一下子跳起来,好像被人猛击一下。"怎么啦,爸爸?"我问。

"没什么,"他说,"我不喜欢灯光。"

"灯光怎么啦?"我说,"出了什么事?"

"没什么,"他说,"我不喜欢灯光。"

我关掉了灯,慢慢地喝水。我自己对自己说,必须安定下来,我定要弄个明白。

"你为什么不去睡觉?为什么你在黑暗中坐到这么晚?"

"这样很好,"他说,"我不能习惯电灯,当我在欧洲还是个孩子的时候,我们没有电灯。"

我的心猛地跳了一下,很高兴又缓过气来。我觉得开始明白了,我记起了他童年在奥地利的故事。我看见一脸笑容的克雷契曼和祖父一起站在酒吧柜后面。很晚了,客人们都离开了,他还在打盹儿。我看见了烧的炭火最后的余焰。房间已经变暗了,越来越暗,我看见一个小男孩,伏在壁炉旁边的柴堆上,明亮的眼睛一动不动地凝视着已经死灭的火焰残留下来的余烬。那个男孩就是我父亲。

我又记起那不多的几次快乐的时刻,我静静地站在门口,看着他。

"你的意思是没出什么事,爸爸?你坐在黑暗中,是因为你喜欢这样,爸爸?"我发现很难不让我的声音高上去,像快乐的叫喊一样。

"是的,"他说,"开着灯,我不能思考。"

我放下杯子,转身回自己的房间。

"晚安,爸爸。"我说。

"晚安。"他说。

接着我想起来,转过身来。

"你在想什么,爸爸?"我问。

他的声音好像是从很远的地方飘过来,又变得平静起来。

"没什么,"他柔声地说,"没什么特别的。"

奔跑的母亲

柏油路上,母亲逐渐变小的脚印,一只一只跳跃起来,越远越小,越跳越模糊,最后跟着我的叫喊一起,完全消失在梦的那一端。

✽ 郭松棻

1

把梦的眼集中在黑夜和海连接的那一片辽阔而成为无声的恐惧,这种感觉从幼时开始,经过少年和青年时代,一直保留到中年的现在,常常苦于无法摆脱。

一提起慈爱之类的事就感到厌恶的自己,最惶惶不安的莫过于,现在连自己也筑起一个已经有了两个孩子的家庭。

母亲说,我实在太沉默内向。于是,夜晚入睡以前,提着家里的温水罐,由母亲带领,跨过黑暗的马路,走到对街巷子口的面茶店去买开水,就成为幼时母亲训练我社会经验的一项工作了。

我买完了开水,把钱递过去,然后接过来那变得沉重的温水罐。

买水的时候,母亲总站在外面亭仔脚的石柱边等我。

这是我每天必上的一堂夜课。即使十二月的天空开始落下毛毛雨,也没有旷过一堂课。

我从柜台上接过来温水罐,转身看到夜突然深了。

马路退得很远。路上没有一辆车,也没有一个行人。亭仔脚缩成细细长长的一条,伸入了莫测高深的漆黑里。

石柱旁边的母亲不见了。

我提着那过重的温水罐,准备一个人穿过黑夜的马路。然而胸口竟噗噗地跳起来。

"妈。"

我不由惊叫了一声。

平常是我买好了开水以后，母亲就走上来接去那温水罐的。

我正要穿过街的黑暗，母亲的半张脸从石柱的后面伸了出来。

"妈。"

然后那半张脸又缩了进去，不见了。

我要赶紧奔跑过街。

母亲又从另一根石柱的背后伸出她的半张脸来，那充满戏谑又无语的脸。

我奔向母亲的方向。

然而，我每跑一步，母亲就后退一步。

母亲好像决意离我而去，又好像在跟我捉迷藏。

她在石柱背后，把自己藏起来，然后暗暗地笑着。

久久，才又伸出那半张捉弄的脸，无言地看着我。

"妈。"我大叫了一声。

母亲干脆跑了起来。她在马路的中央奔跑。

她向着那漆黑的远处跑去，好像奔向海。

那么拼命，那么固执，那么决绝，跑得一头长发都飞了起来。

她把我一个人留在黑夜的这一头。

"妈——"

我的叫喊穿入笔直的马路。现在我知道除了用自己尽量提高的声音来追赶行将隐没的母亲以外，我是毫无办法了。

我只能站在马路上，手里的温水罐顿时成为不再有必要的沉重的累赘。

柏油路上，母亲逐渐变小的脚印，一只一只跳跃起来，越远越小，越跳越模糊，最后跟着我的叫喊一起，完全消失在梦的那一端。

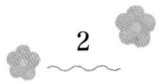

2

"怎么，来一下精神分析吧？"

我把这个幼时经常出现的梦，讲给现在是台大医院精神科医生的老朋友廖听，希望他能够为我解说一下。

我们坐在一座荷兰式的老洋房里，正抿尝着他新近突然热衷起来的工夫茶。

夕阳穿过茂密的桫椤叶，射入洋房东翼的窗口，射在案上那一组纤细的陶土茶具上。

廖在他这座祖传的产业里，曾经专心投入他的医学工作。

几分钟以前，往双连方向的火车在空中留下了逐渐远去的鸣声，兜起了我午后的慵懒。

我舒适地陷在老藤椅里，任由那逝去的火车，引我走向梦中的那片海。

廖一边试着新茶一边说，对朋友是很难进行精神分析的，何况又是一个从小认识的朋友。

"记不记得你祖父抓起鸡毛掸子，从二楼追下来的样子？"

廖拿着他的小茶碗，也渐渐靠入了藤椅之后就这么说。

我们多年不见。现在一见面，竟然都在谈些幼时的趣事了。

廖氏三代以前就开始用心培植的花木，现在已经满满盖着这座洋房的四周。墙外的火车因此显得遥远。

蝉已经弱了。干涩的鸣叫也不能连气，在这入秋的午后，除了催人入眠以外，好像别无其他用途。

记得祖父生前一直不喜欢廖，大概祖父把我小时候满头的癞疥归咎于大我两岁的廖吧。

当然廖不在的时候，祖父就骂母亲不会带孩子，竟让我头上长出这种难看的东西。

暑假到了，廖在楼下招喊。我把饭碗放下，就抓起空罐头，跟着他跑到学校去。

你想不到一棵挂满了气根的老榕树，如果你能够爬到树尖上，就可以摇下来将近百只的金龟子。升旗台旁边的那棵莲雾，往往还可以摇下来铜色的，那就更稀罕了。

祖父说，就是那种铜色金龟子的粪便栽到我的头上去才长出癞的。

廖还谈到，由于夏天过了，找不到金龟子或蝉或天牛，我们那一代的小孩只好捉蟑螂来玩。用一条长线绑在蟑螂的大腿上，然后拉着线的另一端，好像拉风筝一般，让蟑螂在马路上飞起来。

"现在的儿童可不同了，"廖带着职业性的口气感慨地说，"他们要什么玩具就有什么玩具，但是他们并不格外快乐。"

他谈起这些儿童长大以后，都要经常跑精神病院。比起我们这一代显得更加脆弱。

"然而——"

我不同意他的看法，正想提出异议，却又一时感到语塞。

于是终于改了改口气说："你真的这么认为吗？"

每当入秋，黄昏将逝，那梦的眼就唤醒黑夜和海连接的那一片辽阔，而胸口倏地怦怦作跳起来。幼年的夜晚，就这样被莫名的恐惧所包围。于是拉上棉被，心慌地沉入睡眠。

那时，我们赁居的二楼当街有一段阳台。

我们站在阳台上，向马路上的父亲招手。

父亲戴着一顶灰色的呢帽，边走边回头，也频频向我们挥手。他慢慢走远。他已经快走到照相馆的门口，再走过去就是新舞台。新舞台过去就是后车站。

"爸爸去哪里？"

"爸爸去赚钱。"妈妈说。

现在父亲已经走过新舞台。过了一会儿，我们就看不清楚他是不是还回头向我们招手了。

父亲的影子越变越小。

越变越小。

不见了。

从此，父亲没有再回来。

我模糊记得太原路上母亲的那次抚爱。

父亲走了以后，有一天下午在他的书桌下我不觉睡着了，被母亲抱上床后，依稀知道母亲正用热毛巾擦着我肮脏的赤脚。

那时，亭仔脚外的阴沟每天奔流着清澈的沟水。

太阳照到沟里，沟壁的红虫就开始悠悠摇摆着尾巴，好像在淘沙。直到黄昏，太阳爬出水沟，它们才停止摇摆。

那时，太原路并不叫太原路，它叫下奎府町。

那时，整条街早晚都安静得像一个无人岛。

"记得从疏散的乡下回来以后，我对这个家就学会了忧愁。"

"是失去了父亲以后，又怕失去母亲的缘故吧？"

战后，每天从学校回家，玻璃窗雨后的霉气，出箱的樟脑味，还有水槽旁边那株慢慢脱水的日日春，混合起来让我成天呼吸着忧愁的呛气。

"然而，以前并不这样。"我强调地说。

记得战前，一到夏天，厕所里总飞来一种叫着春米龟的飞虫，在窗口上顶着毛玻璃"嗤嗤"翻飞。停下来，它的尾巴就像春米一般打着拍子。

记得那时候蹲在厕所里，看到春米龟在窗晖里映着宝蓝的彩色，心头也会感到无比的亢奋。

还有祖父那本万年历，翻起来一蓬一蓬有若前世的旧味，安静的马路汽车留下来的油香，也都同样让我对生活起了一种莫名的欢喜。

"那么，是什么时候开始……"

我没等到廖说完，就自以为了解了他的问题，而迫不及待地说，第一次唤醒了那梦眼的，是在战争的末期。

一天早上，在疏散的乡下，我看到年轻的母亲腋下挟着面粉袋，像蚱蜢一般，一跃就跳上了徐徐驶开的卡车，去外乡买黑市米。

战争把高等女子学校毕业的母亲锻炼出一身如蚱蜢般的手脚，即使现在已经步入中年的我，每次想起来都还会感到悚然。

"然而这，和那个梦又有什么关系呢？"

"大概是母亲跳卡车那决绝的影子吧。"

"听起来，母亲是为了生活而跳卡车的啊。"

"但是，生活竟会那么可怕……"

"……"

"把一向娴静美丽的母亲变成一只蚱蜢似的……善于跳卡车。"

九月，祖父把那只后来死于轰炸的八哥拿出去，吊在天井晒太阳。日日春如伞一般的花瓣在母亲的脚下落得满满一地。母亲弯下身，把一头用发钳子烫得鬈鬈如金鱼藻的长发泡在茶枯里，而露出了一节细白的后颈，任由檐瓦下的阳光照拂着。

夜里，我把头深深埋在母亲的枕头上。偶尔听到后车站远远传来火车的长鸣而想起了父亲。我便努力吸着枕头上母亲新发的气味，而黑夜和海连接的那一片辽阔就无声地出现在眼前。

然而事情有了意想不到的变化。

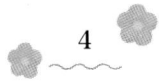

4

我口气吞吐，记忆变得千头万绪，不知哪里是头哪里是尾。

"说吧，说吧。"廖催着。

夜里梦到跟母亲争吵，是从青年时代开始的。

说吧，说吧。

我张着大口，厉声冲向母亲。

说吧，说吧。

有时连气都喘不过来，甚至在梦中还一边簌簌流着泪一边忙着争吵。我负荷不了那愤恨的重压而惊醒过来，往往是发现自己被棉被塞噎了胸口而做的梦。

母亲在梦里还是那么决绝地奔跑而去。

后来，我赶到舅舅家找到了母亲。

母亲把我叫到一边。一句话没说，用手指拧着我的腿肉。拧得那么认真，丝毫不肯放手，我反而不敢叫出声。只是望着她，自己感到百惑不解。

母亲倒比我先滚出了泪水。

这一下我懂了。

我丢了她的脸，我知道了。我不守规矩，我偷吃了饭橱里的芋糕。舅母借机骂开了，隔着几层墙壁可以听到舅舅在劝阻她。我得守规矩，我知道了。尤其在舅舅家，我更得这样。

舅舅答应让赶过来的我留下来陪伴母亲，然而这毕竟逃不了祖父的逼婚。

母亲不像在自家那样，可以随便打骂我。她只能默默用手指拧我。她是那样害怕着舅母。她越是伤心，手指越是认真用力。我抿着嘴，把疼痛吞下去，过一下却禁不住从眼眶夺出豆大的泪珠。

舅舅决定留下我的那一天，他背着舅母，一个人从后门溜出去，悄悄向隔壁人家借了黑市米。

晚上，隔着几层墙壁又听到舅母和舅舅在他们的卧房吵架。

而母亲在梦里越发奔跑得勤快了。

后来，她是害怕我厉声争吵的脸孔而跑离的。

夜里的梦往往还延续到白天。在日常生活中，我对母亲极为冷酷，甚至一定要借着追想幼时的种种美好来抵偿对她的不满。

"譬如想些什么？"

"想着种种美丽的影子。"

"例如……"

"例如过桥时，母亲印花布的裙幅像海浪一样飘起来。"

"这样说来，母亲不是很让你想念的吗？"

廖这么说。紧接着，他多少又带着职业性的口吻问道：

"在你幼时的眼里，母亲美丽吗？"

"噢，"我说，"美丽，而且胜于美丽。"

母亲终于拗不过祖父，答应再嫁的那天晚上，突然从被窝里把我和妹妹抱起来。

我的双颊都沾到她的眼泪。

她没有说话。我只感到那怀抱已不再可能是抚爱。

"那爸回来怎么办？"

我学着她的口气这样反问。

那是母亲顶着祖父经常这样说的："炎生回来，我怎么做人？"

和祖父吵过，母亲把我带出门。

我跑过石桥，在桥的这一头等她。

她则一时不想过来。她有许多事要想。她一个人在那一头，靠着桥，双手放在石栏上。脚下沟水已经涨满，月娘印出奔水的褶纹，像一条飘开的裙幅。

"炎生，炎生，每天把炎生挂在口上。你难道不知炎生早已不在人间了？"

祖父经常这样批驳母亲。

最后，祖父在他的历书上用朱笔记下了那可怕的日子。

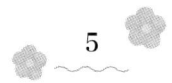

5

我在桥的这一头,看着那一头即将再嫁的母亲。

听说母亲到处在找桥。午夜以后一个人悄悄溜出门。

她得走完七座桥,同一座桥不能重复走两次。

当时的台北,并没有这么多桥可以让她轻易走完。

每次出去寻桥,不能跟路上的熟人打招呼,不能走回头路,过桥不能说话,不能停步,不能眺望。只能一步步笔直地走过去。这样走完七座桥,心愿才可能得遂。

从阴历的八月十五午夜开始,不知花了多少个晚上才走完了七座桥。

我仍在石桥的这一头等着她。

她早已完成了她的祈愿。然而祖父逼她再婚那可怕的日子还是一天天逼近。

母亲的裙幅飘过石桥。

一步一步飘过来。

一步一步接近。

到了。

接着她的体温漫过来。

而其实是一步一步跑远了。

你在桥的这一头没有移动,你像一块呆木头。

你自知现在连一句"妈"都叫不出来了。

你只是用眼睛审视着美丽而胜于美丽的那即将重做新娘的母亲,一步一步迎向你也一步一步离开你。

四年级的珠算课。级任老师叫我拿着书包到办公室,说是母亲在那里等着我。

"阿公过世了。"

在路上母亲告诉我。一时还不懂得悲哀,只急着说:

"不是前天才梦见他那只八哥的吗?"

在梦里,祖父终于教会了早已死掉的那只鸟送客时说:"慢走,慢走。有闲再来坐啦。"

出国的前一天,母亲替我整装行李。不知从什么地方摸出来一些旧照片。

"不是说给'八七'水灾冲掉了吗?"

母亲没有应,只是低着头,一张一张慢慢看起来。

后来她对着照片只幽幽地自言自语。

"父亲倘在身边,看到你能留学,不知要多欢喜。"

你一直无法想象父亲已经不在人间。

那只是祖父在庙里抽的签。

"怕是在海外过世啦。"这是祖父对签上那四句诗文的一种解释。你无法领略。你从来就丝毫没有感到过父亲的死亡。

倒是祖父的过世,让因一再逼迫母亲再婚而凄惶不宁的日子终于一去不返了。

第二天在机场,就要上飞机了,母亲塞给我一样东西,吩咐我小心不要丢掉。

在飞机上我把它打开来看。

原来是用白手帕包着父亲的两张照片。

一张是父亲把约莫三岁的我捎在他的肩上,仰头望着我。那是在家后尾照的。另外一张也在后尾。父亲两手交叉,怡然靠着砖墙,眺望着远处在微笑,身边的那棵槟榔那时只高他半个头。

由于娘家在乡下的一块田变成养鳗场赚了一点钱,母亲于是动了念头,想实现高女时代就怀有的环游世界的夙愿。这时,母亲已经是六十开外的女人了。

妹妹的信上说,母亲有意开春出国旅行。一直在海外教书的你就惶惶不安起来。

"生怕她又要奔跑起来。"我说。

"然而事实呢?"廖这样反问,从他急切的口气你知道这问话早就放在他的心头,只是等到现在才找到了机会,"其实跑的是你啊。"

我为廖的这话一时感到窘迫。

"是吗?"沉默了一会,然后我说,"算起来已经十七年了。"

"这次回来,感觉如何?"

"虽然年纪慢慢大了,但是还觉得整个人像一片台湾瓦那样容易打碎。"

"对母亲的感觉如何?"

"其实这次是生怕母亲跑掉才申请回来教书的。"

前些时,为了替一个女学生留学写介绍信而又苦恼了好一阵。

因为本来就要写的,却听到她原来已经是有了孩子的妈妈。

"结果介绍信写了没有？"

"你说，如果写了，会不会助长这个年轻的母亲奔跑呢？"

对于自己也有了两个孩子这件事，至今还是经常胆战不已。

总觉得孩子是比一片瓦更加脆弱的东西。我战战兢兢，生怕一不小心，把它丢在地上打碎了。

"然而，这实在不是办法啊，"廖说，"孩子怎么样了？"

"孩子倒是每天都过得无牵无挂。"

"那听来可就是你自己的问题了。"

"我想也是。"

"母亲还准备着环球旅行吗？"

"还没有。她似乎知道我是为了劝阻她而专程回来的。"

"当面没有谈过吗？"

"没有。"

"那么，见面谈些什么呢？"

"一见面，我只紧紧搂住她。"我说，"生怕她又跑起来，向着黑夜和海连接的那片辽阔绝尘而去。"

"难道把不幸教给你的不是别人是母亲？"

廖有点踌躇，口气仿佛既是试探又是主张。你一时感到这句话毋宁是他亲身的体验，他要讲的是他自己。

不，也许是他作为一名精神科医生的临床观察所得吧。

"倘若你认为这是不幸，那就……"你想反驳，也想自辩。此刻更想去说服他同时也说服自己。 然而话头却被他接过去了。

"那既是幸又是不幸。"第一次你感到廖的雄辩，"那既是头又是尾，那是难分难别的——既是头又是尾，既是幸又是不幸。"

"你从哪一头说起，都是彼此衔接无间。"

"哪一头都是你精神的重荷。"他看你有意附和，就更加重了语气。十几年不见，你重新看到了他从幼时就有的执着。

"哪一头都足够取悦你一辈子。"

"即使你精神崩溃，来到我这里求诊。"

"即使那样。"

"说来世间所有儿子不都是一个命运？"

"所有的儿子。"

"因有了母子这样的牵扯，世间才洋溢着灿烂的光华。"

"……"

你一时的语塞不为别的，只因一时想到了眼前的廖这个人。

你再次怀疑，这些话说的莫非就是他自己？

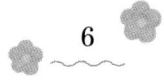

因为是孤儿，母亲经常将小时候的他留在家里与我做伴。

廖的父亲突然死去，他只身离开了嘉义来到台北，寄宿在这栋由他二叔经管的祖业。

他第一次由级任老师带着来到我们二年级甲班的教室门口时，他早已经非常苍老。不是因为他比我们大两岁，而也许是他刚刚丧父的缘故吧，我们看到他的手臂上还戴着孝。

级任老师为我们介绍这位插班的新生。他麻木地站在讲台上，眼神的漠然引起了我们的好奇。

现在，他靠着藤椅，三十多年后仍然留着漠然的那只眼穿过窗外的冬青，越过了围墙，越过了静卧的铁轨，而投向那已然暗淡的天空。小学毕业前夕，二叔的自杀也使他连续有好几天这样漠然地坐在藤椅上。

现在，他也是这栋老洋房的主人了。他是嘉义那个名望世家的唯一后嗣，也是整个家族的不幸和伤感的唯一继承者。

洋房那一层坚厚的泥墙，曾经使学生时代的他感到安适。墙的中央是两扇铁门，从小学到大学，这大门都由一个远亲在照料。我们来的时候，这世家的亲戚就一瘸一拐慢慢走出来，双手用力打开了门。两半铁门的滑轮就沿着地上两条抛物线的铁沟徐徐滑开，退到两边。于是前院三代培育的林木就显出了幽深的郁气。

现在，门边刻着"廖医院"的合金匾牌已经失去光泽。这里最旺时曾经容纳过十五名住院病人,如今已呈休业状态。

他经常和这栋颓败的楼房一起毫无生趣地望着铁轨。人一动不动,好似他就是这无生命的房子本身。漠然穿越了时间,上一代的阴影盘踞在他的周围。他永远显得怠倦,即使现在他正与你雄辩。

我从小就经常在这栋楼房出进。就在我现在坐的这个地方,他第一次——记得那是小学四年级——掩掩遮遮道出了他父亲突然被枪毙在嘉义火车站而由他和祖母去收尸的往事。

现在,灰尘、阴影、病魔,混成难以解释的某种气息正附在廖本人的身上。他选择了精神病学为其终身事业,是从小被迫离开了母亲的缘故,你这么以为。

他的祖父将自己儿子的横死怪罪于媳妇而将她逐出家门。自从廖来到台北,他就再没有见过自己的母亲。而他知道母亲总在什么地方设法想见他,正如他一直在设法寻找她。

然而,母亲毕竟没有见到他。 他还没有找到母亲。

说吧,说吧。

在精神旺盛的年代,我们哪一个不曾梦想过母爱的单纯和可靠。随着身心的委顿,取悦于母亲的年代也一晃而去。

说吧,说吧。

谁说你在母爱的身上无法找到人间的遗憾?

"那是你自己成家以后的感想?"廖问道。

"母亲说她听到孙子在咳嗽,那声音让她睡不着。"

"隔着一个太平洋?"

"她嫌媳妇洗盘碗的声音太大,也让她睡不着。"

"那么,这就是为什么你躲到海外迟迟不归?"

"她甚至担心自己的儿子三餐不饱,而急着漂洋过海而来。"

"这回,母亲可是要向着你奔跑来啦。"

"她说她已经急剧衰老。"

天下的母亲莫非都是幻灭的野心家。想以慈爱统御着早已离家的儿女。

然而并非每个人都具备浸淫于这种爱的天赋。

有谁能够享受母亲比幼时的抚爱更为温暖的嫉意?

在那牺牲自己也牺牲别人,那牺牲别人也牺牲自己的慈爱中,你不经意洒下的有多少欢乐就会有多少灾难。

"噢,儿子的眼睛闪着母亲的嫉妒啦。"

廖瞬间出现的兴奋,鼓舞着你继续耽想下去。

嫉妒和允诺,敌视和慈祥,经常那样和睦毗邻,随时成为你精神的重荷。

说吧,说吧。

即使最安详最体贴的片刻都是暗中播下未来的遗恨。

这场母子相互摧残的战争是无休无止的啊。

"一下子离你奔跑而去,一下子又向着你奔跑而来。"

"而漫长的一生中,难得有一次是奔跑得恰到好处的。"

"方向与时机,经常是倒置错乱的。"

"该向你跑来的,她却离你而去,该离开你的,却又要奔跑而来。"

战争期间,母亲必然看清了父亲一去不返的厄运,而与身边仅有的儿女相依为命。难道这就从此播下了那最辛辣的慈爱?

在海外,脑海里经常出现的不是有了皱纹,老是俯身向前,两脚承载着时间重量的那老妪,而是随时向你奔来的美丽的母亲。

"这是我不能正视现实?"

"嗯,这未尝不是多余的操心。"廖自我宽解。

"希望你能分析分析我的恶境。"

"你思念着母亲。"

这几年实际上照顾着母亲的是廖。妹妹无法抽身时,陪伴着老人,甚至扶她到医院看痛风的往往就是他。廖一直将她当成自己的母亲。

"这只是回想。"我说,"希望不带丝毫的惋惜和悔恨。"

"成为单纯的回想?"

"成为单纯的回想。"

"只让记忆引领着你。"

"让它引领着我。"

现在窗外完全黑下来了，茶，也已经冷涩。廖不打算开灯。

半小时以前，他只是勉强起身，过去打开了穿廊的一盏小灯。于是整个客厅隐没在明暗之间，好似这样的光线最能器重我们的回忆和谈天。

廖每天都独自坐在这里，将流泪的暮色一一收揽入目，听说这是他治疗自己精神疲倦最灵验的办法。

淡水线的最后夜车已经从门口驶过。飞扬而去的汽笛席卷了我们的思辨，留下广阔的空间显出我们自身的渺小。就像我们又回到了幼小时代，赤脚逗留在双连一带的稻田里。

每当火车来而复去，铁轨两旁的矮屋就显得更其矮小，苍郁的绿野舒展成为全部的天地。远去的笛声揭开了天空的奥秘。只有这时，你心甘情愿做成了小孩。长脚鹭不是被惊动，而是为了迎合疾驶的火车，纷纷从田里飞起，在空中吐露了生命的寒弱。这时，即便太阳还在头顶，只要仔细望去，双连附近总有一团露霭在移动。凝聚了又扩散，扩散了又凝聚，从你的面前一直流荡到圆山铁桥。这正是进水沟去堵捉泥鳅的好时光。你每天总是和廖这样玩到天黑，才拖着泥脚回家，让母亲接去弄脏的衣裤。

一再惧怕的不再惧怕了。好几年前母亲的痛风已使得她连起床都感到痛苦。环球旅行的梦想也渐渐打消。妹妹来信说，天井的后尾风吹进了木樨香，令母亲想起了外婆家的那条水沟。樨花落在干涸的沟床，引来成群成群的果蝇，挥都挥不走。天气一冷，蝇群无精打采，赖在花泥上也不怕被打死。唯有躺在床上一病不起才忆起了自己的娘家。

"城里住久了，看不到的东西越来越多。不知你外婆家还有没有那种果蝇。"

妹妹这样转述着母亲在病床上的话。

近来梦里慢慢忘记了 B-29（美国轰炸机）的轰炸。而母亲比往常更加频频出现了。不过无论如何，出现的都不是缠绵病床的老妪而是亭亭玉立的那个年轻的母亲。

对街杪椤木的树荫里，母亲拿着便当等待着。

十二点下课铃一响，我就冲出教室。

我在校门口顿着脚不肯过街。

于是母亲的裙幅飘过马路。

一步一步飘过来。

一步一步接近了。

到了。

接着母亲的体温漫过来。

我不情愿马上就把便当从母亲的手上接过来。

我争取瞬间的站立，而迟迟不肯让母亲离去。

于是同学们瞥见了母亲的美丽。

母亲有一头纤尘不染而鬈鬈如金鱼藻的头发。

那时我早已是中学生了。

平生第一次的温婉，在即将失去什么的惊悚中，不期然产生了奇妙的招唤，好像有人安然引领着你，走入丰饶和美丽的旋舞。

然而这只是回想，你对自己说。

无以抑制的昂奋之余，你只能找来自己的两个孩子。

你已经懂得了不能与自己的孩子争夺他们的母亲，你说：

"孩子呀，有一天你将记得你的母亲。"

在那牺牲自己也牺牲别人，在牺牲别人也牺牲自己的眩晕中，不知道有谁能够安然跻身于幸福天军的行列。在那精神旺盛的年代，哪一个不曾梦想过欢乐的无限。随着火车尾声的离去而悠然出现的黑夜与海连接的那片辽阔，也许就是你安身的好所在。你将流泪的暮色一一收揽入目，一如你在记忆中收揽着母亲的体温。

你的梦令妹妹不安了。

在最后一封越洋信上，妹妹说你这样无端耗损心力，使她非常难过。连她都无法入眠了。她又说，在床上辗转想了一夜，觉得母亲知道了也会感到欣慰的。于是第二天她将你的信重新折好，点了一根晨香，一起供在母亲的灵前。

柳暗花明又一村

✾ 伊朝南

1

小时候，暑假寒假跟上学念书配套循环，一个学期接着一个假期，假期后面又续着另一个学期，生活像一条曲折蜿蜒的回形山路，始终在一座叫作童年的山里绕来绕去，像是没有尽头。

我童年假期可能有一半都是在姑姑家度过的。

那些年爸妈在咸阳做生意，姑姑的三个孩子先后在咸阳周边上中专和技校，也是方便，放假回家时顺道就把我捎带上了。

我爱去姑姑家，可能小孩子都一样，不在父母身边失去约束就感到快乐和自由。哥哥姐姐们出来上学，可能离开父母又感到失去了依靠，周末就总来舅舅家玩。

三个哥哥姐姐里，大姐最有想法最强势，她跟我爸聊天的话题大多挺严肃，爸爸也常带我们姐俩一起去电影院看电影。二哥长得最好看，爱享受，爱带我出去玩，逛商场买东西，给他自己买也给我买，和我爸相比，他更爱跟我妈聊天。最小的姐姐最柔弱最会撒娇，却也最勤快，生意忙的时候她总爱搭手帮忙做些力所能及的事。爸妈对这三个外甥都很好，过完周末从不让他们空手回学校，总要给塞点钱拿些吃的带上。

当然了，姑姑姑父对我的好跟爸妈对哥哥姐姐们的好相比起来也丝毫不逊色。

姑姑家住在依山而建的一个矿厂家属区。国营厂家属区所有的配置：幼儿园、学校、招待所、活动中心，厂里都有。他们厂还有普通国营厂没有的配置，比如环绕着矿区的大山，横穿厂区的水质清澈的河。夏天的傍晚吃过饭，河边总是很热闹，抓小鱼的，搬开石头找小螃蟹的，打水仗的……比咸阳的夏天好玩太多倍了。

从我家去姑姑家路程有些远。坐一夜火车，下了火车还要坐班车绕山路转一个多小时才到矿厂门口。往往一夜火车不觉得多漫长，反倒那一个多小时山路总像是绵绵无期，绕得人心急如焚。

2

有年大姐带我回家，下了火车在路边等班车，见我脸脏，想了想，去买了块西瓜，边吃边压出西瓜汁给我擦脸。

看她表情，我脸是越擦越不见干净了。大姐就催我快些吃瓜，我以为她要做什么，结果是要用啃干净瓤的瓜皮给我擦脸。然而擦完仍是嫌弃。我也嫌弃，脸上被搞得黏黏腻腻的很难受，可又不敢多余说什么。这么一番折腾回家，哥哥一见我就笑话我脸像花猫。

大姐也笑："拿西瓜给她洗了一遍，谁知道越洗越不像样，哈哈哈。"

大姐毕业二哥又来了。有年冬天他带我回家，火车晚点，到的时候是半夜，外面大雪纷飞，哥哥说走不了了，咱们去住个旅店，天亮有车了再走吧。我想着候车室挺暖和，在那等着也行。哥哥很坚持，带着我去住旅店。隔天回家让姑姑好一顿说，嫌他不知道心疼钱。

哥哥狡辩：我还不是为了妹妹？我也想狡辩，但仔细想想旅店的床确实舒服，我睡得更久也更甜，等我一觉醒来睁开眼，哥哥已经站在窗边看雪了。既然享受是我享受得多，那为我花的这份钱也不算一句错话，只得作罢。

哥哥毕业离开咸阳，就到最小的姐姐带我。

有年也是冬天，弟弟一岁还是两岁，爸妈开玩笑说要带把小的也一并带走。这么轻飘飘的一句玩笑话，姐姐听完犯了倔，说什么也要带上弟弟一起回家。态度之坚决，意志之不可动摇，爸妈完全拗不过，只好认真对待，商量来商量去得出结论：也不是不可行。

那次没买到坐票，我们抱着弟弟在过道里站着连落脚的地方都没有，还要照看行李。好在火车上大都是放假回家的学生，弟弟长得可爱，不认生，谁逗都笑，谁抱都行。

车开出去没多久，他就凭他招人爱的技能跟周围的哥哥姐姐们混熟了。大家像玩小宠物似的把弟弟传来传去，这个抱着逗一会儿那个抱着逗一会儿，竟然能从车厢这头传到那头。后来弟弟睡着，还有人给姐姐挤了个座位出来方便她坐着抱孩子，一夜也就么熬过去了。

隔天三人一进家门，姑姑姑父是长舒一口气，第一件事就是给我爸妈回电话，说电话已经来过好几遍，总归是担心得不行。

因为带着两个孩子春运期间挤火车回家这件壮举，姐姐被一大家子人夸了好几年。这件事如果换了大姐或者二哥做，也许得不到那么多赞叹。但大姐和二哥的性格，大概率不会坚持去做这种难度显而易见的事。反倒是最柔弱的小姐姐，表现出最坚韧的性格。

回到姑姑家，哥哥姐姐们各有各的玩伴，就不跟我玩了。主要是姑姑带我。

姑姑家单元楼门正对的就是山。姑姑和姑父两口子都是勤快人，在山腰上辟了几块地种菜。暑假去，黄瓜、辣椒、西红柿、豆角、茄子，什么菜都有似的，地里头很热闹。寒假去，好像就只有光秃秃的地，里面种着可能是白菜还是贴着地皮长的其他什么农作物，我也分不清。

3

有一年夏天，西红柿大丰收。一筐一筐提回去吃不完，姑姑就做西红柿酱。我们蹲在地上洗做酱的玻璃瓶，很多玻璃瓶，一个一个仔仔细细地洗过去。姑姑跟我讲，光洗干净不行，洗完还要放在蒸笼上高温消毒才行。姑姑无论做什么都带着我，总是很有耐心地跟我讲正在做的事情。我包饺子包馄饨也都是她教的，虽然包得不好，但如果她不教，我就没机会学。

姑姑和姑父还在家属楼侧面山脚圈了一小块地方养猪。夏天每到傍晚吃完饭，跟着姑姑和哥哥姐姐们去河边玩，路过猪圈总听见猪在里头哼哼。姑姑说等养肥了，冬天宰了做腊肉，做香肠。我吃过姑姑让哥哥姐姐带去我家的腊肉和香肠，却从没亲眼见过活生生的猪变成猪肉的过程。顶多是听到过。

那是一年寒假，我被带去姑姑家过年，第一次见到待宰的猪。我见过的猪不多，姑姑养的那头在我没见过世面的眼里真是好肥好大的一头。我见过之后不久那头猪就被杀掉了。猪垂死挣扎的叫声格外凄厉，穿透力十足，我在家里听着，坐立不安。猜想山前那几栋家属楼里的住户想必都和我一样，对猪的惨叫动了恻隐之心——不如咱们，放猪一马？

然而猪终究是被杀掉了。肉给姑父的领导同事们送，给邻居送。猪没死的时候我可怜它，它变成猪肉了我则又是另一种心情，总怕姑姑姑父太大方，送到最后我们自己没得吃。而那猪真是大得争气，送那么多户，到最后竟然还余出好多肉来灌香肠、熏腊肉。做成的肉在阳台挂了一排排，很壮观。不光姑姑家够吃，还够给我家和二叔三叔家带。我这一颗心才总算放下。到大年三十一早，姑姑拿出腊汁，开始卤猪头和下水。我闻着味儿起床，不一会儿来到厨房锅边，等着领我的猪尾巴吃。

我其实不爱吃猪尾巴，但在奶奶和姑姑那里，吃猪尾巴跟吃鸡腿鸡翅膀一样，是小孩受宠的特权。我赶上了好时候，哥哥姐姐们大我很多，弟弟们又小我很多，我一个人在中间，虽然孤零零缺少同龄玩伴，但能独占着长辈们的爱。我很小就懂得享受这种宠溺，更懂得回应这种宠溺。比如猪尾巴，大人用这种方式给予爱，我就承接这份爱。我的味觉喜不喜欢猪尾巴，关系不大。

我的意识告诉我，你必须很爱猪尾巴才不会让爱着你，你也爱着的人失望。

我抱着猪尾巴啃完，意犹未尽地盯着锅里看。这一锅好吃的，吃到什么时候是个头儿啊？

吃上两三天就腻了。总想喝口稀饭，就着馒头凉菜吃，凉菜里头不要再出现猪头肉是最好了，简单的菠菜拌豆芽就很棒。

小时候过年总这样，"莫笑农家腊酒浑，丰年留客足鸡豚"。年前十好几天就鸡鸭鱼肉、腌炸熏卤地大肆准备。大人准备着，小孩在一边流口水，盼着赶紧过年。真到可以放开肚皮吃的时候，又很快就被油和荤腥干得败下阵来。不光孩子，大人也一样，顶多到大年初三、初四就有人感慨，没口福啊，大鱼大肉的才吃两天，又想吃青菜叶了。于是剩下的几天家里招待来客或出去走亲戚坐上饭桌，筷子总在素菜盘子里翻。肉是无论如何也吃不动了。

现在的我们不会再陷入这样的烦恼——消费时代，对大鱼大肉的渴望，对荤腥的疲惫，都消解在日常中。任何时间可以买到任何季节的物品，冬天也可以吃到新鲜的西红柿、黄瓜。不会再有人为了年末杀头猪，从年初就开始奔忙，而后为伺候这头猪忙够一整年。飞机、高铁、私家汽车，每一种交通工具都可以带我们去到想念的人身边团圆，不用非得挤没座位的火车。

我小时候总在想，年和节不是一条大河，不是一条马路，过年为什么要叫"过"年，过节为什么又要叫"过"节。后来我理解了，从等待被满足的此端，走向过度满足的彼端，也是一小段路程，和渡过一条河、经过一条马路差不多。而今因为网络的便捷和交通的高速，我们从一起步就站在过度满足的彼端。当我们抱怨过年没有年味儿了，本质上抱怨的是被削减和压缩的盼望、准备、等待、经过和厌倦。

是的，因为过于期盼从而过度摄入，因为过度摄入从而过量充足进而产生的微微的厌倦感，也是年味儿的一部分。就像曾经总也过不完的夏天，没完没了的放假、收假，童年明明那么灿烂明媚，却因为漫长到像是没有尽头而让人起腻以至于厌倦——什么时候才能长成大人啊？等我变成大人，没有作业，没有考试，没有爸妈的管束，该多好呀。等我变成大人，那些解决不了的烦恼和问题，也都因为我是个大人而消失了，多好呀。

什么时候才能长成一个大人啊？

我是很多年之后才懂得问题和烦恼不会因为长大成人而消失，逻辑恰恰相反，解决了问题和烦恼，才有可能长成一个合格的大人。领悟到这件事的时候我猛然发现，哇！童年，童年好遥远，像是上辈子的事啦。

4

2014年，部门几个同事一起自驾游，从西安出发，走甘肃，到西藏，又从另一条路出西藏绕回来。回来时其中一段路一边傍山，另一边靠河。河里水很少，大部分露着河床。我跟同事说，这条路看着总觉得眼熟。同事笑我，不会是你在梦里提前到过这地方吧？在我们交谈的同时我脑海里出现一个隐隐约约的念头：这不会是小时候的那条路吧？

不一会儿，河对面果然出现"金家河矿厂"几个大字。

就在那一刻，那条我曾经走过很多遍的路，忽然就变得非常非常非常的陌生。我像失忆一样无论如何也想象不出来我童年假期一遍一遍经历的那条路是什么样子。

太久了。距离姑姑去世已经太久了。我太多年没有再走上过那条路。它偶尔会出现在我梦中，梦里我总坐在班车上，等它带我进入一个无忧无虑的、没有爸妈管束的假期，而车却总到达不了终点。

我从没想过在睡梦之外会以那种方式，和通往我童年乐园的那条路重逢。

我以为永远不会结束的童年是什么时候结束的呢？还有那些再也回不来的假期，和再也回不来的站在假期里等待着我的人。王菲唱《红豆》：有时候，有时候，我会相信一切有尽头。我相不相信，都得接受必然要在某一刻迎来一个尽头。我相不相信，都得接受必然要在某一刻面对这个尽头。

山还在，路还在，河还在，甚至厂都还在，但因为人不在，于是时光也不再了。童年的时候盼长大，怎么长大了又在怀念童年呢？

我有个好朋友，几年前就在感叹，现在这样已经很好，科技可以停止发展了。

可科技发展到现在，网络的便捷和交通的高速也有抵达不了的地方，满足不了的欲望。我的疑惑是，科技怎么发展，才能发明出一种机器，让我们在童年中不带有厌倦地享受童年，长大后不带有遗憾地回望过去。科技要怎么发展，才能发明出一种机器，消除我们对逝去时光的惋惜，减轻我们对逝去的亲人想念的痛苦。

5

20岁之后，至亲的离散隔几年就发生一次，留给我独自面对的问题太多，于是我在解决了一个又一个问题之后，在某个没太察觉的时刻，变成了一个大人。在解决了一个又一个问题之后，我的孤独也逐渐变得具体——那条曾经热闹无比熙熙攘攘的路，怎么就越走越荒凉了？于是《红豆》也唱到了下一段：相聚离开都有时候，没有什么会永垂不朽。

想想也真是让人有点灰心。

然后在2019年的9月，我的小侄女糖糖出生。因为她的到来，我成了一个小女孩的姑姑。从她出生起，我心甘情愿花了很多时间在她身上。我妈评价说，你是把你这辈子的耐心和温柔都留给糖糖了。这话不夸张，我性格火暴脾气急躁，然而面对这个小小的粉嫩嫩的女孩儿，我整个人连同我的那颗心化成了一摊水。在她的纯真无邪面前，所有让我变得粗糙的经历都不值一提。

更让人惊讶的是有时和她在一起，我会隐隐觉察到体内有一个我的姑姑在和我重叠。我几乎是带着满腔的感恩想到，姑姑从来就没有离开，她只是去世了但她没有离开。只要我活着，就有一部分的她在我身上活着。进而我想到只要我活着，我爱着的那些逝去的亲人们就都有一部分在我身上活着。这是糖糖这个小小的新生命带给我的希望和领悟。

这经历也算是对"山重水复疑无路，柳暗花明又一村"另一种版本的解读吧。

我想去拥抱这世界的另一个我

在变得足够强大之前

✻ 橘满奏

我最好的朋友,同时也是我时不时会讨厌的人。即使如此,她还是我非常珍贵的朋友。
这个逻辑听起来有点奇怪,而事实的确如此。

我和她是高中二年级时被分到同一个文科班的。
我们的高中不允许女生留长发,且对长度还有着严苛的要求。所以,乖乖听话的女生和想方设法将头发留长一点的女生就自然地分成了两个派别。我和她都属于后者,她极力地将两边的头发留到尽可能长,我则是简单粗暴地把两边剪短剪平——就是时下突然又流行回来的"公主切"发型。于是,本着对相同族类的天然好感,我们很快就成了亲近的朋友。

我们的共同话题实在很多,喜欢的偶像啦,学校里觉得帅气的男孩啦,颜色低调的指甲油啦,眉毛的画法啦,补课的周六要穿什么衣服啦,等等。

周六是不用穿校服的日子,也是为数不多的能让我们自由折腾的日子。我们上高中的时候入驻商场的专柜还不多,常穿的只有几个品牌。她和我喜欢的牌子的服装色彩大多十分鲜艳,于是我们二人堪称争奇斗艳一般出现在每个周六的教室里。我一方面是单纯地喜欢打扮自己,另一方面是不大想在外表上输给她。

她的个子比我高一点,数学成绩比我好一点,性格比我外向很多,关系好的朋友比我多一点,发质和发量都好过我很多。而我则是比她瘦一些,地理成绩比她好上不少,性格比她内敛很多,皮肤比她好一些。

总而言之,如果人就像蛋糕内夹的水果那样被分类的话,那么我们俩都是被普普通通地放在玻璃罐头里,被普普通通的蛋糕店成批购买,普普通通地被夹进价格普通的蛋糕里那样的存在。

并没有谁比谁优越多少,我是这么觉得的。
我属于那种有点矛盾的性格,既受不了自我意识太强的人,又不大愿意被他人压上一头。再说得确切一点,我比较喜欢那种两个人处于同一平台的平衡感,不会想着压制对方,同时也非常讨厌被对方有意压制。

她是有些自我中心的那种人,这是我们熟识起来后我感觉到的。她的自我中心并非那种小女孩撒娇式的"一切都要以我为主"的自我中心主义,而是从内心认为自己的想法是正确的——但凡是她不喜欢的人,我便也没有道理喜欢;她觉得痛苦的事,我也没有理由觉得"没什么大不了的"。我必须要和她的步调保持一致,同时不断地赞许和认同她,才能保证我们之间关系的稳定。

起初,因为她的品位的确不错,我也确实真心诚意地夸赞她的新衣服和指甲油。不过同样的夸赞说多了总会厌烦，我也不大能受得了总是跟在一个人身后夸奖并赞美她。当她开始频繁地对我说什么"理发店的理发师夸她长得像新垣结衣"之类的话的时候，可能就是我开始厌烦她的时候。

"理发师今天说我长得像混血的新垣结衣。"她这么对我说。

"哈哈哈，其实是有一点啦。"她可能期待我这么回答来着，但我却故意没有理会这个方向，而是问了一句："你去哪里剪头发了？"

"就在我家附近，剪得特别好看。"她这么说，"下次你来我家附近我带你去。"

她的发型实在没有"特别好看"，当然，比起绝大多数留着运动员一般的学生头的同学是要好看不少，但并没到"特别好看"的程度。

她为什么能够觉得自己"特别好看"呢？

我并不觉得自己好看，同时觉得她也是和我程度差不多的长相。就在她反复认真地表达自己"相貌好看"的时候，我内心对她的厌恶升到了极点。

一旦开始厌恶一个人，她的优点也就变成了缺点。

老师夸奖她进步的时候，我会在心里觉得"有什么了不起"；同学夸赞她好看的时候，我会想"不明白哪里好看"；她和我们都有好感的一位男生讲话的时候，我更是会觉得非常烦躁。

但是，我们同时又还是最好的朋友。在体育课上，我们会一起披着一件羽绒服，衣服是她的，她觉得我也冷就招呼我来一起穿；早上去买早餐，我会多买一盒酸奶分给她；课间的时候，我们会头抵着头一起吐槽一个共同讨厌的女生——"你看她每天不带卫生纸，拿别人的。""你记不记得我生日时她送我一条拿红色塑料袋装着的粉色裤子，吓死我了。""你应该穿上向她表明你对她的爱和尊重。""算了吧，我不要背叛我的灵魂。"

这样和她在一起的我，又丝毫不觉得她这个人讨厌了。有些话我只能和她说，有些事也只能和她一起做。

所以我会觉得，那个总会忍不住讨厌她的自己，其实才是最讨厌的那个人。

3

我内心对她的这种歉疚感，是因为一个男生而消失的。

千真万确，让女孩之间微妙的感情真正产生裂缝的，往往都是某个男生。

那个男生算是学校里一个小小的风云人物，他和我们同级，篮球打得好，成绩不错，相貌一般，但惹眼的是他天生白肤栗发，因此吸引了不少女生的目光，其中就包括我们。

我们叫他小栗。

我们的教室在二楼，每到课间，我们就趴在教室窗口看他有没有出来打水或是上体育课。但凡见到他，就必定要大声尖叫一番。我们毫不掩饰地表现出对这个男生的好感，不仅是在这样的私密处，即使是在学校面对面和他碰上，我们也马上会开始嬉笑，一路笑到他面无表情和我们擦身而过。

"嘿，"我对她说，"你的小栗。"

"不，"她对我说，"是你的小栗。"

"是我们的小栗。"我说。

千真万确，那个时候我们坐在教室里，嘻嘻哈哈地讨论着如何让小栗同时属于我们两个人。比如说，他一、三、五和我约会，二、四、六和她约会，周日的时候我们就一起和他出去玩。

这当然只是个玩笑，是我们非常享受的玩笑。

我们对小栗毫不认真的幻想持续了差不多一个学期，待到高三上学期开学后不久，我们照旧对着小栗的背影开着玩笑。当上课铃响起，我们急急忙忙跑回教室，那时，我敏锐地察觉到，似乎小栗回头朝我们看了一眼。

我把这件事告诉她，她也觉得有同感。

我们自然是不想把这个玩笑闹大的，便一致同意收敛一点，不再当着小栗的面胡闹。然而小栗是个活生生的人，他无辜地被卷进我们的游戏之中，并非游戏结束就可将他的存在消除。

一个例行补课的周六的中午，我和她正准备出去吃饭，却一眼就看到小栗和他的两个同学等在我们的教室门口。他看到我们出来，毫不躲闪地注视着我们说:"你过来。"

我和她面面相觑,正在我们为这突发的意外事件不知所措之时,小栗笑了一声,更明确清晰地看着我。

"过来啊。"他说,"说你呢。"

我怯生生地指了一下自己,他点了点头。

这件事给了我一个巨大的教训:千万不可图一时的好玩便随意将陌生人拉入自己的游戏之中。

我和小栗并没有什么后续的发展,他的确是早就留意到我在看他而对我产生好奇。这段时间,我们见过三次面,因他这个人在近距离接触后给我的感觉并不是很舒服,所以没有再和他联系过。

但这件事在我和她之间,却不是这么简单。

因为我和小栗见面都是约在中午,被留在教室的她势必就要找其他同学一起吃饭。这么一来,她和一个女生的关系便迅速好了起来——全然不是之前她和我吐槽那女生"性格高冷又难搞"时的她,而我在她们两个人之间倒像是多余的那一个。

她对我态度的冷淡是显而易见的,虽然未到毫不掩饰地疏远我的地步,却也像是再也不愿维持表面的"关系好"了。因为她的冷漠太过明显,以至于已经有她讲我坏话的声音传到我的耳朵里,也有其他朋友八卦地询问我:"哎,你和她到底怎么啦?"

背后被人中伤当然讨厌,不过她会以这样的态度对我,我却隐约觉得能够理解。

如果小栗当时选择的人是她,可能我也会是同样的心情。

小栗当然并不是我们心中那种理想的恋爱对象,但事情的关键并不在于此,而在于小栗面对同样陌生的我们,选择的是我而不是她。

这种事,无论对于当时觉得"任何方面都胜我一等"的她,或者是"任何方面都不想被她压一头"的我来说,都是很致命的。

她像我讨厌她一样讨厌着我,这令我觉得安心起来。

我们的关系如此冷淡了很长一段时间,直到学期即将结束,会考到来。

我们恰好被分到了同一个考场,因为我们的关系到底也未到"老死不相往来"的程度,故又约好了一起去考试。这种关系崩坏后的和解多少都有些尴尬,我们面对彼此,竟然尴尬地客气了起来——就连在麦当劳买一杯饮料,都因为谁来付账而争抢了一小会儿。

等到下午的考试结束,我们之间的尴尬气氛好歹算是散去一些。她大概也对被她临时抓来当好友的那个朋友感到厌烦不已,迫不及待地和我讲起了她的坏话。这是我们关系重新拉近的证明。

会考的第二天,发生了一件颇为糟糕的意外事件。我们在拉面店吃饭的时候,她的背包——连同准考证和手机一起被人偷走了。那个中午着实有些兵荒马乱,我们急着联系班主任,然后报警,再去警局做笔录。因为她已经着慌到大脑里一片混乱,所以这些事都是由我来处理的。当然,这样一来,留给我自己做加强复习的时间便是没有了。

因为那天考的是政治,算是我已经背得烂熟的科目,也没什么特意再复习的必要,于是我就没把这当一回事。但我没想到的是,因为我当天可谓不遗余力地帮助她,她对我的态度一下子好得让我一时间难以适应。

如果让我通过对她的了解而妄测她当时的心理的话,或许是因为此前她对我冷淡得太过明显,而我对她的帮助又显得相当无私,这二者对比起来,让她对我产生了一种罪恶感。

事实上,这令我不由得开始去想其他的可能性——如果是我搞丢了手机和准考证,她不会像我帮她一样帮我吗?

这个疑惑持续了很长时间,结果三年前,我准备去日本留学的时候,有几件事可谓是将我为人处世的世界观刷新了一番。

出发之前,我和一位在微信群中认识的新同学约定好一起去银行交学费。结果到达东京的当天,发生了一些意外事件,具体发生了什么就不再赘述。总之,当时我手里既没有手机也没有地图,但需要马上去一家离银行几百米远的房屋中介公司谈租房的问题。我本以为那位同学会将我送至中介公司,但她相当冷淡地,简直有点像是逃命一般离开了。而后我总算进了学校,又遇到了不少故意隐瞒上课时间变更信息、故意把错误的考试书籍推荐给他人、故意在给他人翻译的时候将关键信息翻译错误的同学。

这些乱七八糟的事虽然不是发生在我身上,但我也是生出了一种确切的感觉:我可能确实是被宠坏了,世上怎么还能有这种对身边人的恶意呢?

但是通过这些事,我同时也心生幸运,因为我在十六七岁的少女时代遇到的人是她,这让我觉得人与人之间的关系中更多的还是温柔,因而不致对他人做出什么满怀恶意的事来。

那么,假设她在丢失准考证的当天,我真的把她放着不管的话,她的人格有没有可能因此受到影响呢?在那个最容易被影响的、摇摆不定的青春期里。

这么一想,我似乎觉得自己做了一件了不起的事。

后来——就在两个月之前,她对我做了一件更加了不起的事。那时我去她的公司附近开会,晚上便约了一顿火锅。她一边把扇贝夹到我的碗里,一边笑着说:"我啊,有段时间特别讨厌你。"

"嗯?"

"我加班的时候,你在朋友圈发什么潜水照片啊之类的,我就觉得,有什么了不起的啊!"

"我也是啊。"我兴奋——不知为何如此兴奋地用筷子敲了一下桌子,"上学的时候,你考了第三名还跟我说回家会挨骂……"

"这么久的事你还记得?"

"你不记得了吗?"我不信。

"好的,我记得……"她说,"小栗来找你的时候……"

"你恨死我了。"我说。

"恨死你了啊!"她跟着把筷子拍在桌子上。

就这么着,我们坐在火锅店里,一边说"吃这个呀这个好吃",一边又说着到底是怎么讨厌对方,说得兴奋异常。不仅仅是步入大人世界以后,即使是小时候,把自己内心的想法原原本本对他人言说也不是什么容易的事,何况说的还是"我是这样讨厌你"之类的内容。

把这样的话说出口,但内心却有一种对对方的信任——这件事只会让我们的关系变得更加稳固,而不会使我们的关系出现裂缝。

这种我们内心对对方的厌恶,可能是对自己的无能的恐惧。

因为本质上,人是一种在他人身上确认自己的存在的动物,当其他人获得了自己想要却因为各种原因无法得到的东西时,我们就会天然地产生一种恐惧。如果内心不够强大的话,这种恐惧就会变形成为排斥,也就是厌恶。

也就是说,我们对彼此的厌恶是从内心的软弱之处诞生的妖怪,并非在否定对方的人格。

"那现在呢?"她问我,"你还讨厌我吗?"

"现在没有了。"我说,"现在很喜欢你。"

"我也这么觉得。其实你讨厌我的时候,我能感觉到的。"她神秘兮兮地说。

"你骄傲什么啊?"我好笑地说,"你以为我感觉不到吗?"

"我会因为你鄙视我的智商而讨厌你的……"

在她坦诚地将"讨厌"这件事摆在台面上后,我心中一个很别扭的结似乎完全被解开了。我无法说人与人之间的厌恶不是什么大不了的东西,但对于我们而言,这种厌恶可能并非那么糟糕的情绪。至少,我想,当我们还没有真正变得强大,还存在着种种令人焦躁的软弱的话,那么,适当地以注视对方的形式来提醒自己,以远离对方的方式来控制自己,或许也不失为一种方法——当然,这可能只在我们之间适用。但还是让我们暂且如此吧,在我们各自找到变强的道路之前。

未末

* 顾一灯

画室没有讲台。郑老师坐在一把马扎上讲补色。以他为中心,大家围成密不透风的几圈。我蹲在教室后头的阴影里,两条手臂抱在肚子上边。

黄——紫。红——绿。蓝——橙。颜色们顺畅地左耳进,右耳出。

脑子里全是刚刚在女厕所打的电话。

原本是件小事。教务扣学费时告诉我卡号不对,我估摸着之前抄错了一位,就去找母亲确认。没想到她忽地开始念叨:"我现在有点后悔从小培养你学美术了,你要是想走回头路,按部就班高考升学还来得及,千万不要因为我们……"

我不耐烦地说:"我要上课了,妈你别磨叽了行不行?"

现在磨叽的却成了我,半节课过去还忘不掉。

冷汗快散尽的时候有人轻拍我右边肩膀。我一哆嗦,扭头看见莫老师。

他轻声问:"胃又不舒服啊?"

我点点头。

"要不要去医务室?"

我连忙摇头。

他没强求:"那多喝点热水。好好吃饭啊。"

我目送他远去,回过头时发现杨好也伸长了脖子往走廊上眺望。

"看什么呢?"

"这个临时班主任当得也太称职了吧?"实在连半点背影也抓不住了,杨好才缩回脖子,换了种暧昧的语气,"你不觉得莫老师对你特别好吗?"

我举起画板作势要打她。连边都没挨上,杨好就"哎呀"一声喊了出来。教室霎时一片死寂。我甚至来不及将画板放回,郑老师就已经起身,往上推了推滑到鼻尖的眼镜。

"章末,把你的颜料盒拿上来。"

这是要拿我的材料做范画,大家不约而同地松了口气。郑老师使颜料仿佛不要钱的架势,唯有食堂狂放的油盐用量方能媲美。我不情愿地朝着讲台挪去，顺便以白眼回击了那些幸灾乐祸的眼神。

傍晚，水池前。

"其实这颜料盘不该我洗吧，"杨好碎碎念着，"你要打我，我那叫正当防卫……"

"可你不乱讲我怎么会假装动手呢？"我蹭着颜料管，语速飞快，"我牺牲了晚饭时间来陪你，已经很够意思啦。"

"也是哦。"

杨好总是很容易接受我的说理。她用一把牙刷缓慢仔细地清理着，奶白色的盘底渐渐显现。一团狼藉的色块下，藏着精巧的雕花。

去年九月，我离开高一（3）班。

同学们纷纷说好舍不得你。我写完最后一张同学录，大大咧咧地说，将来我就是大画家啦，等我在国博办场画展，就用现在这些签名做票据，咱们二十年后再相见。

伤感的气氛瞬时被驱散，大家笑成一团，直到我背着书包离开还有人喊：苟富贵，无相忘啊章未！

我挥了挥手，潇洒地往教学楼外走，迎面碰上班主任。他说，你数学这么好，去学美术，未免有点可惜。我说那不是挺好的吗，只要我专业课过了，文化课肯定没问题。

似乎没料到我的回答，他笑了："北京小孩嘴就是贫。"

他又问："想不想去中央美院？"

我有些惊讶，说也不用把目标定得那么高远吧。他却说："不行，我放你去美术班，你就必须上央美，你得跟我保证。"

其实这种事哪能保证呢。可当时他的语气很认真，我也受了莫名的感染，竟然点了点头，郑重地答应了他。

那一刻我突然很愧疚。所有人都真诚地挽留着我，可我却没有太多留恋的情绪。也许，当更多同龄人还在摸索轨道的纵横时，我已经成了一列过早知晓目的地的火车，很难被路上无用的风光打动。

从这个意义上讲，莫老师是个例外。

莫老师教素描，也是美术班的副班主任。他充满年轻老师的热情，把这个原本不重要的职位做得很好。他清楚谁低血压，谁胃不好，谁手头拮据，谁不太会照顾自己，比许多女老师还要心细。

莫老师很温柔。每每从拥挤的画板间穿过时，不小心撞倒了谁的画具，他都一定会蹲下身亲自扶起来，说声抱歉。他镇得住学生，靠的不是脾气，而是本事。他毕业于央美，那是每个美术生心中的殿堂。

他范画时我会坐得很近，看他修长的握着炭笔的手，骨节分明，小指侧边染满灰黑的颜色。循着头发的分区和走势，他在两开的画纸上涂抹着暗部和留白的阴影，用手指轻擦过渡，再打出弹簧线填补暗部的细节。

末了他拿来我的作业对比，说三小时画到这个程度已经很不错了，但头发杂乱，看起来质感不好，最好在头顶加一些硬线条，让层次丰富起来。

我拼命点头说好啊，我会调整的。

没人不认可莫老师的专业水准。可也有些别的议论，黄珂很夸张地说央美毕业欸，得混得多差才跑北城来当高中美术老师，也太没出息了吧。

我呛了他一句："就你最有出息，看你将来能干什么！"

黄珂的脸色一下变得难看。杨好把我拉回座位："好啦，怎么突然这么生气，咱不跟他较真。"

我也不知道平时似乎对什么都无所谓的自己怎么会帮莫老师说话。我只是觉得，没谁有资格轻巧地评价别人的人生。

那天晚自习结束后，我又看了会儿画册，穿过操场回宿舍时被黄珂拦住了。我还以为他要带着哥哥来收拾我，捏紧背包带准备见势不妙就抡过去，用厚重的词典先发制人，没想到他说："你今天没生气吧？"

我皱了皱眉："和你有关系吗？"

"当然，"他点头，右手食指把篮球转得飞快，风火轮似的，"是不是上次速写，我分比你高，你不高兴了？"

哪儿跟哪儿啊。

"我没那么狭隘。再说，你速写再好，总成绩也和我差着老远呢，怄这口气没必要，"我瞥了一眼旋转的球，"就事论事而已。人各有志，凭什么拿自己那套三六九等限定别人。"

他愣住，球掉到了地上，沉闷的一声响，从我脚边滚了过去。我径自回教室了，留下他在原地发呆。

周末母亲难得地在北城暂时停留，带我去渔人码头的餐厅吃日料。菜品分量少，上得又慢，留下大片有待填充的空白，我不得不没话找话，说教速写的秦老师大半辈子怀才不遇，脾气大得很，会边骂人边把画撕成纸片；教色彩的郑老师慢悠悠的跟个弥勒佛似的，把那点稀松的头发剃了就更像了。我最喜欢素描老师，年轻，人好，水平很高。

母亲漫不经心地说："叫什么啊？"

"不知道名字欸。他只说自己姓莫。"

最后一个字出口，我清楚地看到母亲夹三文鱼的筷子一颤。"哦，知道了。"

意识到什么，我马上埋下头去吃铺了温泉蛋的鸡碎肉饭，三两下把嘴巴塞得满满的，心里慌乱地闪过一串对不起对不起对不起……

母亲在叹气。我又开始胃痛了。

我总会不小心触碰到家庭的禁忌。

3

莫老师对我的第一句评价是：理念大于技术。眼界高，但手上功夫有点跟不上。他和我讲起美院的教授徐冰，他现在做的当代艺术好像与我们的练习没有半点关系，但当初大一寒假，他一直在画大卫像素描，研究怎么真正达到写"实"的效果。后来靳尚谊先生说，那是央美建院以来画得最好的一张。所以啊，还得沉下心一张张画，才能琢磨出铅笔和纸之间微妙的关系变化。

我好奇地问莫老师听没听过徐冰的课，他摇头，说他不念版画系，只在毕业典礼上与偶像合了个影。说这话时他有点伤感："恐怕这辈子最近的一次接触，就是那时候啦。"

他在课上热忱地念偶像的话："素描训练不是让你学会画像一个东西，而是通过这种训练，让你从一个粗糙的人变为一个精致的人，一个训练有素、懂得工作方法的人，懂得在整体与局部的关系中明察秋毫的人。"

我静下心看老师范画，记下他们的步骤和技巧，再和我的方法对比。原先什么都敢画，后来慢慢竟不知道该从哪儿落笔了，还爱擦磨画砸的边角。我沮丧地问郑老师，越画越烂怎么办。他轻描淡写地说练吧，把这一阵熬过去就越画越好了。我只好埋头反复起型，观察光影，研究颜色间关系的处理。

比起枯燥的练习，我更喜欢那些可以随便地、放空地、自由地画画的时刻。有时老师会给我们三小时画自己喜欢的东西。我盘腿坐在水泥地上，试着从头脑风暴里寻找一个灵感。

我想到两个月前在锦城集训的夜晚，新闻说会有流星雨洒落夜空。半夜，我们全在宾馆的露台上等。黄珂来和我没话找话，从那回拦下我后就总是这样。我挪了几次凳子远离，他仍不识趣地跟着凑近。于是我吸了口气站起来，空出的位置很快被别人坐了。

"哎，怎么走了啊？"

我没搭理他。

后来在露台上等得疲了，有人提议找个更开阔的地方看星星。刚要出院子，正撞上莫老师回来。集训期间不让私自行动，他劝我们回去，我率先说不，我从来没见过流星雨呢。他无可奈何，又没法像宿管阿姨那样生拉硬拽，想了想说："我跟你们讲，宾馆外面那圈树林里说不定有老虎呢，别出去啦，在房间看也一样。"

这个蹩脚的理由被大家嘲笑了好久，不过最后我们还是乖乖回了房间。在凌晨，我们等到了短暂的流星雨。细长的光影坠落人间时，我双手合十许愿。

于是画纸上铺陈出暗夜弥散。高高的屋顶上，一男一女提着灯笼，留下一双背影。远方密林里，一只猛虎正缓步而来。

最后一笔收尾，我往后退了几步复看，秦老师恰好走到这里，盯着我画纸看了几秒。

一颗心飘飘晃晃之际，她终于开口："有点故事感。回来贴到隔壁墙上吧。"

她踩着细高跟往前去了，杨好侧了头来看。她

"哇"了一声,先说挺好看,然后脑袋灵光地一转,说:"你画的是不是莫老师?"

我心一跳,不响,只拾起炭笔在画右下角写落款。杨好又说:"没什么不好意思的啦,帅哥在学校是稀缺资源啊,谁不喜欢呢。前些天我还看贴吧上有人问那个长头发的老师是哪位,肯定又是他的迷妹。"

她的想象力已经飞驰成一匹野马,我赶紧拉住缰绳:"我可不是那种喜欢啊。"

"哪种呀?"

我揉了她一把:"明知故问。"

4

杨好总能轻巧地把任何关系归为"喜欢""不喜欢"两类。好听些说是简单直率,不客气地讲就是没心没肺,总之是让我很羡慕的个性。她的父母都在北城大学教书。和许多同学一样,她不爱念文化课才来学美术,家里便顺着她来。

同住一间宿舍,我从许多细节觉察出杨好从小受到的宠溺。她不会换纤长的白炽灯泡,不会挂掉落半边的窗帘,也不敢处理柜子深处的蟑螂尸体,对我做的每件事都感到崇拜与新奇。

她说我特别勇敢。

人的幸福也能写在画纸上。这是我结识杨好后才发现的事情。美术班和许多社团活动室一起镶嵌在被废弃的实验楼里,我们有两处地方展示画作。一处是教室隔壁的小房间,通常用来给优生开小灶,贴的是老师指定的优秀习作;另一处是楼梯上来正对着的折角墙,我们随意地拼贴、覆盖,怎么高兴怎么来。杨好的画全是明朗和谐的色块,直线、直角、三原色,被我们戏称为北城蒙德里安。

而我反复地勾勒一个无趣的家庭,父母与孩子构成一家三口。父母总留下沉默的后背,暗影投在街道上。他们之间是羸弱的孩子。抱紧膝盖蹲着的小孩,在地上躺平的小孩,蜷缩身体打滚的小孩,还有被毛茸茸的大熊外套包裹的小孩。

莫老师驻足观看。他问,这个风格是你看了刘野的作品后内化来的吗?我想想,说有可能欸,但我画的时候没有刻意模仿的意识。他盯着那些画看了很久,说:"它们都很类似,但也很有意思。怎么想到画这种东西?"

我一瞬间以为自己洞察了他的心思,马上说:"老师你可不要以为我画的是自己啊,我爸爸妈妈都很爱我,除了年纪稍微大一点没什么不好。我真正想表达的是……"

直到闭嘴我才开始后悔。连珠炮一样的解释,颇有此地无银三百两的意味。

莫老师静静地听着,没有评价,只是温柔地叹了口气。他说你画得很不错。好好坚持,将来大有可为。

5

曾经我很害怕听到叹气声。父亲的,母亲的,都让我的胃一阵抽搐。但莫老师让我觉得,这种声音也没那么恐怖。

从我有记忆的那刻起,父母就无休地忙碌着。忙到没时间参加家长会。忙到我小学就开始住校。忙到当我将喜欢的画册递给他们,说画得不错,还特地挑了最薄的一本时,他们异口同声:哪有空看啊,我得赚钱,为你的将来打拼。

其实他们已经挣了很多很多的钱,可他们依然没有停下来。与其说赚钱,狂奔或许更贴切。他们奔波在一个个永远谈不过来的生意之间,只是想摆脱来自过去的追赶。不幸的是,他们始终没能甩掉,以至于听到"莫"这个姓氏,都会因谐音的联想而颤抖。

他们忘不了的,是"末"。

那是我曾拥有的哥哥,我从未见过他真切的面容。他生命的某刻定格在相册里,墓碑上,还有父母的嘴巴里。

我是不得已的替代品,连名字都是他的倒影。

从小他们送我去学画。看到我的画作和奖杯,脸上更多的不是欣喜,而是对往事的沉浸。他们反复提及这个名字,以一声叹息作结。

"阿末当初也是这样。"

无解的碎片越来越多。我翻箱倒柜,从牛皮纸的文件袋和天鹅绒的储物盒里搜寻真相的全貌。车祸,成绩单,印着名次的纸条,旧画,乔丹封面的篮球杂志。

我穷尽他经过的每一段路,取得接近满分的数学成绩,也有被美术老师认可的天赋。我做着他成就的每件事,每件都超出他很多。平心而论,阿末并不是个很优秀的人。可我仍活在他的阴影里,父亲母亲依旧看不到我。我不吃饭,喝冰水,折腾出胃病,才能在发作严重的时候收获一点他们的关心。

我没能摆脱伪劣复制品的命运。可我不知道原因。

更让我困惑的是这一年来,母亲突然开始后悔这一切。她说,千万不要因为我们而勉强。可如今回想,我的降临,我和美术的纠葛,不就是因为你们。

我从没属于过自己。

上一列火车开到中途报废了,铁路局原先告诉我任务是从头再来,现在开了这么久,它却突然变卦说,前面的路该怎么走,你自己决定吧。我只能茫然四顾。她暗示我,过去那些年的努力都没有价值了,可生活哪有那么容易翻盘,我难道能撕掉所有书写过的纸页,重新出发吗?

我不知道她到底想干什么。

这期间我遇到莫老师。我第一眼就觉察出他与阿末的相像。也许当真在眉眼间有所类同,也许只是我因为那个谐音拼命寻找阿末痕迹的结果。我没细究。

我在流星雨夜许下的愿望是:

想变成你。

我成了《后窗》里的杰弗瑞,举起望远镜窥探他的生活。教画的间隙,莫老师偶尔会闲扯几句,比如今天上班路上经过天桥,见到讨钱的母女,他给了十块钱。黄珂马上说肯定遇上骗子团伙了,那很可能是临时凑的一对儿。莫老师很惊讶地问"是吗",黄珂说当然了,我亲眼见过一个女人两天在不同的地方乞讨,身边一天是儿子一天是女儿,老师你千万别上当啊。莫老师却没半点懊悔,只是平静地笑了下,说算了,不要紧的。

从他的神色里,我察觉出一种温柔的力量。

有时也有大胆的同学发问,杨好说北城一年到头也没几场画展,你为什么离开北京来这个小城市呢?莫老师说他爱人肺有点问题,北城空气好,北京一旦雾霾起来,你连对面那栋楼都看不见的。马上有人适时地起哄,说老师你真是好男人。他不好意思地摸一下头发,将话题引回到作业评点。

生怕忘记,我将这些片段写在草稿纸上。爱人,这是个和"单位"一样快被淘汰的老派词汇,可我莫名中意它,不只因为莫老师这样讲。我怀念人们把这个词挂在嘴边的日子,就像怀念所有细水长流的永恒。

我悄悄模仿他的细节。从全身不超出黑白灰蓝四种色的装扮,到耳机里的独立音乐,再到作画时沉浸其中几小时不挪窝的架势。以至于当秦老师让我们自由作画时,我的笔端不自觉地流淌出了与他相关的画面。

我没想到她会让我把画贴去隔壁。连着三天,卷成筒的画纸都安静地躺在宿舍的衣柜里。画里的意象实在太明显了,那天莫老师讲老虎时,好多人都在场。我不知道别人会不会有同杨好一样的念头。也不知道,他会怎样想。

本以为秦老师会把这事忘记,可周五的速写课后她路过我桌前,脚步忽地一顿。"上次的画怎么还没贴上墙?"她说,"你们这些小孩可真不靠谱,干这点事还得我跟在屁股后面催。"

我赶紧说忘了,这两天一定贴。

一整天我都心神不宁,忍着胃里的翻搅在本子上穷尽种种可能,最后破罐子破摔地想,拖着吧,实在不行就说把咖啡泼到了画上,大不了挨一顿骂。可又有种不甘在心里憋屈着,让我难受。有一种遭到了所有人误会、却又无法吐露真相的痛苦,沉重地压得我透不过气。

晚自习时班上五个人在隔壁教室开小灶。今天值班的是莫老师,讲立体派。他翻开一本本画册,给我们看乔治布拉克、毕加索和他们自塞尚的承接。他在白纸上为我们示范构图,将方块打散成更小的格子,在拼接中展现第三维的性质。

我趴在桌上,望着那些闪亮的名字发呆,思绪游走到千年之外。中间休息时我问莫老师:"你会不会觉得,绝大多数画家存在的意义就是衬托这几位名家的?"他们就像彼此的复制品,在毕加索们的光环下生活,没法被人看见姓名。

他微微一愣,说其实也不是,少一些的观众毕竟也是观众嘛,我相信每个爱画的人都有一条长名单,列着一群不为人知的小众画家。

我依然坚持说,可观众很重要,就像没有哪个小说家真的不为读者写作,没有哪个歌手可以不顾听众的差评。之所以坚持,肯定是觉得有希望熬到出人头地的一天。如果一个画家意识到他一辈子连毕加索的附庸都做不了,没法被人看到,那他该怎么走下去?

奥数社团的学生也下课了,一群人在走廊上争论一道数论题,证明某某不是完全平方之类。我想假如当初接着念理科,也是个不错的选择,至少我面对的是确凿的答案,可以中和浮萍一样没有定数的生活。

胡思乱想之际,莫老师问:"你听说过博尔赫斯吗?"

"嗯。我喜欢他的诗。"

"晚年的时候他双眼全盲,在撒哈拉沙漠,蹲下身抓起来一把沙子,走到另一个地方,把沙子放下来。他说,我正在改变撒哈拉沙漠,这是我用一生的时间才明白的道理。"

"他知道他在改变,这就够了。不需要别人来证明。"

周六早自习前,我嚼着包子,握着画卷来到隔壁教室。

踮脚从门框上摘下钥匙,转动,老旧的门咯吱作响。三面白墙上贴满了画作。阴天,没开灯,每张画上都笼着一层蜡笔涂过似的昏灰。

从一中设美术班起,这间教室便被用来贴学生的范画。我喜欢这个房间。二十年来每一届美术生都曾将画纸张贴,又在毕业时带走。但他们没法抹掉在这里存在过的痕迹,墙上总有胶水和碎纸片顽固的印记。

我喜欢寻找这些隐秘的记号,譬如墙角刻下的"♥晓琼",被画纸掩盖的涂鸦"8 miles",还有稍新

一些的、储物柜深处带着感叹号的"啊!孟子原帅爆了!"试着将它们拼凑成一个个完整的故事,好像在灰白的生活里吹出绚彩的泡泡。

我将画贴在东边墙上,正对着走廊上的玻璃窗,经过的人一偏头就看得到。

这个大课间不用出早操,大家在走廊上透气。黄珂眼尖,第一个发现了新上墙的画作,我预想过的事终于发生了,他指着画大声问我:"你画的是莫老师吧?你们这些小姑娘怎么都那么喜欢他啊!"

我靠墙抱着手臂,说我这叫灵感,灵感你懂吗?你难道不觉得那天集训的时候,他说的话特别浪漫吗?瞧瞧你画的,毒液,难道这是你的梦中情人吗?

一群人狂笑,连走廊另一头捧着大部头小声讨论的奥数生都不由得笑出了声。杨好起哄喊:"大新闻啊朋友们,下一部漫威,黄珂毒液一线牵!"

"去去去!"黄珂冲过去,杨好敏捷地跳开了,两人展开了一场追逐战。

我分明看到他的耳朵后面都红了。

我对刚刚自己的做法有些惊讶。当一个我不喜欢的误会出现时,没气愤地大骂,没一甩袖子离去,而是坦然地把它变成了个玩笑。这不是我曾经的风格。

也许,是莫老师的缘故吧。

原来,有什么,没什么,是可以自己决定的。

莫老师路过时,我坦荡地将新作指给他看。他推开窗子,认真地端详了几秒,然后说:"这张画比以前温暖。像个童话。"

七月,老师带我们去北京的画室集训半年。杨好这家伙在火车上就把我卖了,说我是北京人,想知道哪里好吃好逛都可以找我。我一口应下,还特地在手机上列了些餐馆。没想到,整个夏天竟忙到一个都没空去。

画室在798艺术区里。与美术班简单的生活不同,画室鱼龙混杂,有砸了大钱却进来混日子的小年轻,也有复读十几年还要再战的鸡冠头助教。三百多人挤在大厅,一人只有一张画板前仅供容身的位置。为了画大卫像时找到好的角度,只能早早

去立起画板,再贴一张"某某占位"的条子在上面,每一天都过得像打仗。我们买来一打最便宜的T恤和凉拖穿,因为忙过几天后衣服鞋子上就全是铅笔灰和颜料,怎么也洗不掉。为了那只有十分之一的画被贴上墙的概率,每个人都很拼,忘了昼夜变化,以至于深夜从画室走出来时,总会恍惚半路。

直到十月,天不那么热得让人发狂,稍微找到一点节奏,我们才有了闲逛的时候。周日白天,我在北京的家里办了一场生日会,母亲本想留我在家里住,但我说明天还要去画室,打海淀区穿过去太麻烦了,不如早点回宿舍。

傍晚我们在艺术区附近轧马路,买了三杯饮料来喝。杨好没过几分钟就喝完了一大杯冰咖啡,将塑料杯精准地抛进垃圾桶,只能慢慢喝常温果汁的我很羡慕她的肠胃。黄珂没头没脑地又来祝我生日快乐。恰好路过央美,他指着牌匾说:"你将来肯定能考到这里。"

我说你别毒奶了,看到画室里那么多几年都考不上的,我早就不抱太大期望了。黄珂说别啊,我还等着你在国博办画展呢。我反问他:"你又不是老三班的,怎么会知道这件事?"

黄珂侧过头去,说:"我听朋友说的。我是真心觉得,要是我们班有一个人能考上,那肯定是你。你太不一样了。"

说最后一句话时他斟酌了好久措辞,还是没逃脱杨好的嘲笑,她说你这是什么过时的偶像剧台词,学的慕容云海还是肖奈。我们绕着央美走了半圈,黄珂忽然很感慨,说怕文化课的分不够。我说我们都要加油啊,到时候争取在这里碰面,把这次没来得及吃的美食吃个遍。

黄珂问:"如果我们考在一所学校……你愿意吗?"

我嘴很快,说那当然很好啊,正好有人跟我吵架了,我接着拿你练手。

他怔然几秒,突然哈哈哈笑得不行。他说你真幽默。

专业考试在第二年春天,中央美院的考点设在北京。莫老师带队送我们过去。分发证件时他看见我的年龄,有点惊奇,问正和黄珂打闹的杨好:"你今年多大?"

杨好回头高声道:"十八!"

"你多跟章未学学,人家比你小两岁呢,但比你成熟多了。"

黄珂马上帮腔喊"就是"。人群里一阵狂笑。

去看考场那天从楼上下来,我恰好和莫老师并肩而行。他问我:"北京各方面资源更多,分数线也更低,很多人争破头要在那里落户,你们怎么会搬到北城来?"

我说:"家里出了点事。"

十八年前,一个醉驾的年轻人改变了三个家庭的命运,我的父母从北京仓皇逃离。

我想,如果他再安慰一句,询问一句,我都愿意将过往和盘托出。

可他没有。我们只是静静走出教学楼,维持着某种成人的分寸。

如鲠在喉。

考试当天,母亲开车送我,我在车上吃完了一个鸡蛋灌饼。明明提前了将近一个小时出发,路仍有些堵,还遇上一段漫长的红灯。她偏头望向我,目光满盈着忧郁。我曾经最受不了她这种好像亏欠了我什么的眼神。

我问:"妈妈你还要出差吗?"

"明天去上海办事。"

"那你岂不是每周都要飞好多次?要是把机票攒下来,得有一大本吧,"我和她打趣,"其实你们这个年纪都该退休啦,总飞来飞去的,不辛苦吗?"

她愣了一会儿,甚至没注意到指示灯已经转为绿色。后面的司机直按喇叭,她才如梦初醒地踩下油门。

"你今天怎么了?"她问。

我不解地问:"什么?"

"你过去不会在我面前讲这种话,"她一边向前开一边说,"我看见过生日会时你和同学相处的样子,就像刚刚一样。可以前只有我们两个人的时候……你就好像变了个人。"

"变成什么?"

她转弯，犹豫下："会觉得你放不开，比较拘束。"

"哪有，"我说，"你想多了，都是一样的。在家都不放松的话，又有哪里能放松呢。"

来送学生的车排成长队。母亲只好在遥遥的路边停下。我伸手扯过后座的帆布袋，检查画具和证件是否齐全。

她又说："要是不想画，想出国，想做别的，我们都支持你。别有太大压力。"

"不，我喜欢画画的感觉。我不爱交际，跟你们一样谈生意肯定没戏，"我埋着头，"但画画不一样，有一支笔，一张纸，我就能表达很多平时没法说出口的东西。当我进入了这个状态，我会觉得心特别静。画画真的很开心。"

清点完后我拉开车门："拜拜，路上堵成这样，不用来接我啦，完事儿后我自己坐地铁回去就行。"

"好，"她说，"一切顺利。"

往考场一路跑去时，我听见她在后面喊了声"慢点啊"。

10

几所院校的专业课考试后，便只剩下文化课需要准备。肩上的担子卸了大半，大家回北校区当天便开始了短暂的狂欢。小教室里的范画被一张张撤掉，有的毫不留情地将作品撕成碎片，也有人小心地将画作收好准备装裱。大家七嘴八舌地谈论考试的情况，吐槽素描、速写或设计的题目。

因为南区连着病倒了好几个，学校破天荒地给了高三生一次体育课，说要让同学们锻炼身体，放松心神。大家一哄而出，我留了下来，将几幅刚从小教室和折角墙上取下的画卷好，用三根橡皮筋捆住，等到上课铃响起，便朝办公楼走去。

美术组办公室里只有莫老师一个人，正在教案本上写着什么。我将画送给了他。他笑了，展开来一一看过，说："谢谢。那我就不客气了，等将来涨价的时候，可以拿出来显摆显摆，说这是我曾经的学生。"

"哪有。"我赶紧摆手。

我对他说，谢谢这两年来的帮助，让我发现画画真是一件特别有趣的事情，它不是日常的负累，而是与生活本身水乳交融的；也让我明白无论结果如何，我的作品总有属于自己的独特价值。他说太客气了，这是他应该做的。

接下来是几秒的静默。我突然想，我还应该再说点什么。

"老师你知道吗，"我说，"我有时候觉得，你很像我的哥哥。"

我似乎觉察到，当我说完整句话时，他松了一口气。之后每每回忆起这一刻，我都分不清这究竟是真实发生的事，还是我对自己心情的映射。

"啊，是吗？"他的声音依旧很温和，"你哥哥叫什么呢？"

"阿末，"我放松了下来，手指在桌上画下末字，两横一竖，一撇一捺，"我们的名字是不是很相像？"

"未末，"重复了一遍，他又笑了，"很有意思的名字。你们的父母一定特别有才华。"

我没告诉莫老师这些画里的玄机，我想他也许永远都不会知晓。但这也没那么重要，就像那个博尔赫斯的故事一样，我清楚自己的轨迹，这便足够，旁人的围观、证明或肯定，从来都不是必需品。

过去每一张贴在墙上的、朝着他从办公楼走来的方向的画，背后的空白处都被我用白色的蜡笔力道深重地记下：想变成你。

唯一一张不曾上过墙的画是我这个春天完成的，用尽了连续两个月睡前不多的闲暇。我为它取名"双生"。两个容貌相仿的少年坐在转盘上，转盘的裂缝正从中间蔓延，半边不可避免地堕入阴影，半边却转进光能照到的地方去。

画纸背后，我写的是：

想做自己。

我快要十七岁了。那是我哥哥生命终结的年月。从此，他的人生不再能给我任何指引。我只能独自掌控脚下的道路，还有我行走在上面的方式，无论是诗人行吟在江岸，还是战士摆阵在刀尖。我有点害怕，但又很激动。

杨好正远远地跳起来冲我招手，双手拢在嘴边喊着什么。操场上全无荫蔽，阳光热烈，我朝她奔跑而去。

骤 雨

✲ 苏思蓓

不知道何时到来的下一场雨，
和她的心一起悬在半空，像寓言里
楼上咚的一声响后，迟迟不落下的
另一只靴子。

几声惊雷自远而近地响起。妈妈正炒菜，脱不开身，隔着厨房的玻璃门喊邹璇。她赶到阳台，从绳子上扯下十几只晾衣架，连着衣服搂了满怀。后脚刚撤回客厅，暴雨倾盆而下。

北城素以干旱闻名。直到遇见从南方来的乔乔，邹璇才明白"水灵"二字的意味。被小桥流水滋润惯了，乔乔不喜此间的天气。她不止一次和邹璇抱怨，在北城走上一遭，皮肤里的水分像被水泵抽干了一样。但今年夏天北城的雨异常多，还总在午后，叫人觉得恍惚，仿佛置身于遥远的赤道，生长茂盛的热带雨林里。

衣服重新在卫生间挂起来，鱼香肉丝也炒好了。她们一向吃得简单，配个紫菜鸡蛋汤，就算一顿饭。妈妈边将菜拌进米饭里边说，你舅真不是个东西，又惦记着蹭你姨家的装修，说他租出去的那间老房卫生间漏水，正想砸了重装，这下可算有了办法，肯定靠谱又便宜。

邹璇本来有一搭没一搭地听着，听到这里，突然意识到哪里不对。她问：小姨家装修，他是怎么知道的？

上次去看姥姥，正好碰面，随口提了一句。过了一会儿，妈妈才应答，又加了一句无辜的辩白：他们之间那么多破事，我又不知道。

邹璇握紧筷子看她。妈妈面不改色，一口接着一口将饭送进嘴里。邹璇看了一会儿，也垂下了头。直到扒完最后一粒米，谁都没再说话。

去年，妈妈找了份收入更多的工作，在省队做队医。多出的钱来自差旅补贴。她得跟着队伍去全国各地比赛，有时也会随运动员到国外集训，常常不着家。邹璇因此总去找小姨吃饭。小姨喜欢女儿，却生了个儿子，拿她当亲闺女看待。第一次梳复杂的法式编辫，是小姨教的；第一次吃老牌的杰克西餐厅，是小姨带去的；第一次在半岛咖啡喝牛尾汤，也是小姨请的客。在她心里，小姨聪明，美丽，温柔，亲切，简直是世界上最完美的人。

相比之下,她和舅舅的关系则要疏离很多。见面后也会礼貌地打招呼,被说长成大姑娘了也会讪讪地笑。但除此之外,好像就没别的话可说了。

三姐弟之间错综复杂的关系,邹璇隐约听过一些。十年前,舅舅看准未来房价会大涨,向小姨借了五十万,又贷了不少款,买下三套房。后来他一番置换,辗转腾挪,果然赚得盆满钵满。他将多出的钱用来消费投资,却偏偏不还小姨的钱,不知道是想占这份便宜,还是觉得一家人分什么彼此。妈妈也想不通,有时说舅妈戴了个大钻戒啦,孩子穿的都是名牌啦,如此种种,最后都落到亲姐姐的钱,为什么非要拖着不还上。妈妈和舅舅倒没太多纠葛。说来惭愧,邹璇的家实在太普通,找不出什么旁人可图的物件。

年初小姨买了新房子,没告诉舅舅,怕他知道自己有钱,更不打算还了。她说等装修好了,就一起去看。这让邹璇欢喜,觉得被纳入了自家人的范畴。上周妈妈讲小姨家东西太多,从走廊过都得侧着身,邹璇便提了这事,还特意叮嘱她不要同别人讲。结果一转眼,全都捅了出去。

昨晚看天气预报,说是个大晴天,邹璇还松了口气。没想到今天又是一场大雨。

雨水滂沱。邹璇站在窗前。疯狂的水流正从一楼的排水管源源不断地往外涌,顺着铺砌红砖的街道哗哗流淌,像一条平地横生的河流。

邹璇是妈妈一个人拉扯大的。

去省队应聘,是邹璇长大到可以照顾自己之后的事。岗位对外叫队医,其实就是按摩师,每次训练或比赛以后,帮运动员踩腿、揉搓,放松肌肉。她见过妈妈工作的场景,矮小敦实的身材,却有使不完的力气,将那些健壮的肢体扳来扳去。因为长期发力,虎口张开时可近一字,弯曲的关节已经移位变形。

妈妈不是个完美的人。有时候,她很让邹璇心梗。将邹璇的悄悄话说出去,不是一回两回了。初中的入学考试,邹璇排名靠后,分到了普通班,她憋着一口气想打翻身仗,到实验班去。原本只想自己好好努力,妈妈见了她贴在书桌上的小心思,便小喇叭一样告知了每个认识的人,包括十字路口小卖部的奶奶,还有常去那家理发店的阿姨,以至于每个人遇见她,都会热情地问进没进实验班的事。那段时间,学会瞬间移动的魔法,躲开所有熟悉的街坊,直接从教室穿进卧房,一度超过进实验班,成了她最大的梦想。

后来因为类似的事,邹璇和妈妈大吵了一架。她喊,你可不可以尊重一点我的隐私?妈妈嘀咕,养你这么大,说两句还不行?消停了几周,便重蹈覆辙。

在饭桌上,邹璇想过要多说些什么。比如我告诉你,你告诉舅舅,给小姨惹了麻烦,这不是把我卖了吗?但她能想象出妈妈的反应,哎呀,女孩子就是小心思多,一家人哪有那么多事,你真是想太多了。

也不是没想过要说些伤人的话。听过最狠的一句,是我又不是自己要来到这个世界上的,你为什么要生下我?她亲眼目睹打架的同学在走廊上冲父亲吼出这句话,说绝不会像他一样窝囊。那个高大的男人打了他一巴掌,然后站在原地哭了。

但她永远不会这样做。

哪怕再多气到想吐血的时刻,也不妨碍全世界邹璇最爱妈妈。

雨势渐渐小了,淅淅沥沥落进河里,漾起一圈圈小小的涟漪。这样的雨,让邹璇再一次想起乔乔,和她口中江南漫长的梅雨时节。

乔乔曾是她最好的朋友。请注意,曾。她们有过一段无比亲密的关系,像被橡皮糖粘连,上厕所的几步路都要约着一起。最好的朋友,一定要分享埋藏最深的秘密。邹璇喜欢隔壁班的孟子原。他是一中的风云人物,长得帅,成绩好,还会写歌,仿佛全天下的好事都被他一人包了。乔乔总拱她制造机会偶遇，但邹璇绝不。语文老师常让两个班换着批改积累本，邹璇每次都会抽孟子原的。总有些部分偷工减料，邹璇总算他都完成了，得空还帮他补上。这一切，乔乔全看在眼里。

　　元旦前一天的英语单元考，全年级同学都读到一篇关于节日习俗的短文。孟子原真的买了好多包装精巧的进口蛇果，晚自习课间来隔壁发。邹璇去办公室找老师分析卷子，后来才知道，孟子原一直压着最后一颗苹果，等着要给她。那一刻猝不及防，她被单独拉到走廊上，孟子原笑着说，你以后不用帮我补啦，也太明显了。我和老师早就说好了，只要能考出分数，平时这些形式不重要的。

　　这一幕被许多同学看在眼里，然后一传十，十传百。他们不知道对话的内容，却会在老师提起孟子原时起哄，纷纷往邹璇的方向望。乔乔本以为将邹璇所做的告诉孟子原，是一件好事，但邹璇从此冷落了她。在邹璇看来，这样的举动无异于把自己最隐秘的心事，曝晒在刺眼的阳光之下。

　　她们很快有了各自的新朋友。但邹璇仍时常想念乔乔。没有和她一样古灵精怪的人，没有和她一样爱好精准对标的人，没有第二个那么聊得来的人。

　　昨晚，邹璇的手机没锁屏，揣在兜里，不小心给乔乔发出许多乱码的信息。今早她才发现这件事，也发现乔乔的回复。先问她怎么了，又打趣说你喝多啦。凌晨两点半，乔乔发来一张截图，是空间提示的去年今日。她说这两个月她收到了好几次提示，有当初给彼此写的信，有偷拍的给老师过生日的照片，也有吐槽学校奇葩规章的碎碎念。邹璇不知道怎么回复，只好装作没有看到。

　　听多了乔乔的抱怨，邹璇一度以为梅雨是极好的气候，淋着细雨走在青石板路上，想想都是一种极致的浪漫。现在黏腻的感觉将她包裹，一身甩不脱的湿漉漉。她只想要一台功率最大的水泵，将渗进骨子里的潮气全部抽走。

　　妈妈又要上路了。出行的标志，是拖拽那只沉重的绿色旅行箱，轮子压上实木的地板，嘎吱嘎吱地响。手指在门把手上停了几秒，邹璇选择过去看看。

　　床上散乱地堆着许多件要带的衣服。过去邹璇每次插手，都会被妈妈阻止，说你不知道怎么弄，别给我搞乱了，她就听话地离开。现在她学会了正确的做法，不做声，径自走到近前，将衣服一件件叠好，摞在床沿上。

　　憋出一句生硬的问话："这次去多久啊？"

　　"先去成都集训，再到海口打比赛，起码得一个来月吧。"

　　方才的不愉快，就算暂时翻篇了。

　　小时候，邹璇心里的妈妈无所不能。身体不舒服了，妈妈会及时赶到学校将她接走，送她去医院吃药挂水。遇到难以解决的事了，妈妈告诉她没关系，她便相信一定能够解决。所有的要求，妈妈都有办法满足。心事第一次被讲出来时，邹璇以为只要表明自己的在意，同样的情况不会再出现。反复受挫后，她终于明白，改变一个人，原来是这样难的事情。

　　其实妈妈也是一个普通人。邹璇正在努力接受这个现实。

　　将衬衫的三颗扣子扣好，翻转，折袖子，折下摆，理领口。邹璇想起她刚刚考回实验班的时候，妈妈打电话将喜讯告知七大姑八大姨。如同喝高了一般的语气，说我家闺女为了争这口气，从早上六点学到晚上十二点，天天追着老师分析试卷，这个毅力，干啥啥行，将来肯定不得了。邹璇听得一身鸡皮疙瘩，跳脚说哪有那么夸张，试图制止，却被妈妈以更高的嗓门回绝：辛辛苦苦考进去的，咋还不能说了呢？

　　一次放学后，邹璇去体育馆找妈妈，还没到休息室，又听见她和人讲这事。瞬间动了掉头就跑的

念头,但还是硬着头皮走了进去。趴在垫子上的是队里的大明星,她无数次在电视广告上见到他的面孔。妈妈正帮他放松手臂的肌肉,汗水打湿头发,透了衣服,眼里却闪着神气的光彩。

脑海里只剩下一个念头:如果能给妈妈长脸的话,如果能让妈妈骄傲的话,那就去说吧,用随便什么夸张的言辞炫耀吧,多少次都好。

当时妈妈穿的,正是她手上这件浅灰色的衬衫。

"去小姨家吃饭,别忘了把这盒牛奶带过去……欸,搁那儿美什么呢?"

邹璇连忙收敛了笑容,轻轻晃了晃脑袋,抱起叠好的衣服,蹲下身摆在箱子里。外面已经听不见任何雨声了。不知道何时到来的下一场雨,和她的心一起悬在半空,像寓言里楼上咚的一声响后,迟迟不落下的另一只靴子。谁也不知道,小姨会做出怎样的反应。

在楼下做了许久心理建设,邹璇终于忐忑地敲开小姨家的房门。她本不擅长交际,每回家族聚餐,都要妈妈催才会帮忙倒酒倒果汁,和长辈们一一碰杯,也得躲在同龄人最后面。但这次她格外积极,先将椅子上表弟的杂物收拾干净,又抢先进厨房端菜盛饭。只有不停歇地做些什么,才能觉着舒服一点。

并没有想象中的异样。小姨兴高采烈地介绍每道菜的做法,让两个小孩夸好吃,又很满足地叹了口气,表示自己这手艺,不开个饭馆造福广大市民简直太可惜。吃到一半,她提起新房快装修好了,问他们想不想去看看。表弟勉为其难地点点头,邹璇也跟着点点头。小姨没有提到舅舅,或许蹭装修的插曲已经搞定了,或许她压根就没把这当回事。邹璇高悬的心,渐渐放了下来。

与现在这间拥挤的老房子相比,正在散味的新家很宽敞,也很漂亮。阳光照进一面落地窗,投射在光洁的地板上。小姨和他们讲每个房间的安排。

从表弟的房间能看到小区中心的喷泉公园。小姨的房间有巨大的衣帽柜。邹璇家以后放不下的东西,可以挪进特意开辟的储物间里。说到这里时,小姨揽着邹璇的肩膀,她的手很暖,她的声音很轻柔,抚平了她所有的不安。邹璇很感激,她并没有怪罪自己,也没有责备妈妈的不是,哪怕她们确实惹出了不必要的麻烦。

其实也可以拐弯抹角阴阳怪气两句的。其实也可以直接讲以后不要把在这里听到的事说出去的。邹璇设想过很多种方式,但小姨只是将剩下那只靴子藏了起来,又轻轻敲了敲地板,告诉心惊胆战的她,没事的,它永远不会砸到地上了。

两个物体彼此贴近,才可能产生摩擦力,遥远的事物没有这样的机会。没有哪种关系是完美的,带来爱的同时会带来恨,让人哭也会让人笑。它给予你喜悦,也让你在意,从而在某个失望的时刻陷入悲伤。怎样应对那些不如意的瞬间,是需要一生去学习的课题。从最初的暴跳如雷和感情用事,到接受那些无从改变的,改变那些你能够掌控的。

在小姨身上,邹璇看到另一种可能。

密密的雨点再次降落,天色一眨眼就变得昏沉晦暗。他们决定晚一点再走。邹璇拿出手机,回复乔乔的消息,说那天手机放在兜里没锁屏,发出好多莫名其妙的消息,她刚刚才发现。犹豫半晌,还是发出了个可爱的表情:我想你了。

她相信乔乔会回复。和以往的假期一样,她们会一起去北城的图书馆自习,用厚重的暑假作业占据靠窗的海景座位。两个人在黑漆漆的走廊里穿行,抵抗陈旧的书架莫名的呜咽。湿漉漉的空气又窜进毛孔里,却再没有那种被按着胸口难以呼吸的压抑。

那一刻邹璇觉得,她每一寸皱皱巴巴的树叶,终于在雨中缓慢地舒展开了。

我曾与17岁为敌

✽ 李干戈

方科说，要是累了就停下来喘口气啊。说得这么有道理，真是让人无法反驳。

可我，好像从17岁离开家的那天起，就习惯了追着时间跑，生怕再被落下。

阮天星跟17岁做了敌人

阮天星17岁的时候干了这辈子最让她后悔的事，她瞒着父母强行退学，一个人逃到外地去打工，潦草地结束了自己的念书生涯。

当然阮天星很快被活捉回来，然而在和父母的拉锯战中，她以绝食四天的致命一招赢得了父母最终的妥协。这是一个极坏的开端，四个月后，阮天星后悔了，深夜在房间里为自己的鲁莽后悔得痛哭流涕。

可是少女奇异的自尊心不允许阮天星向父母坦白心声，她在南方的一家玩具工厂打了两年工，才认怂重返校园。之后又是两年，阮天星才考上大学。开学两个月，她给自己买了个小小的乳酪蛋糕，一个人偷偷过完21岁生日。

没错，阮天星是21岁的大一新生。

和同学的年龄差让阮天星的心变得很老很老，老到阮天星从来不敢在同学面前提青春二字，老到阮天星从来都没想过要在学校谈恋爱。"谁会喜欢我这种老女人？"阮天星闷闷地想，她有些难过，21岁在大一新生里算很老了，但仍然是她有生之年最年轻的时候啊。

不管怎么说，21岁的别人都在忙着准备毕业和工作，再交一个校园女友并不符合主流价值观。阮天星做好了25岁前都不谈恋爱的打算，她的初恋，要放到26岁才能处理掉。

21岁的阮天星不得不为17岁的阮天星埋单，这使她认识到，也许她有机会修正错误，重返校园，但是时间成本却再也追不回来。

所以，永远都不要跟时间做敌人。

有一个学霸男友是什么样的体验

方科是一个体育系的男生，打排球用力过猛，把球打到了隔壁的篮球场，很不巧这颗球砸中了篮球场上的阮天星，她的眼镜碎成两半，额头有血星子渗出来。

飞来横祸让阮天星认识了方科，他们约好一起坐车去医院配眼镜。

一路上，阮天星眼前雾蒙蒙的，相比之下，方科倒因为阮天星摘了眼镜意外发现了一个美女："我觉得你长得很像赵丽颖，演花千骨的那个。"

阮天星眯一下雾蒙蒙的眼睛，看了看方科的脸，

憋不住，笑了。方科长得谁也不像，他黑黑的，有一点点丑，是那种容易被女朋友欺负的长相。

在阮天星看来，方科应该配一个野蛮女友。

不过他们还是好上了，从平安夜开始，阮天星决定做方科的女朋友，因为在这个校园里，阮天星可能找不到第三个21岁的大一学生了，她和同样21岁的方科的恋爱，冥冥中似乎是老天的安排。

方科说，他想上"武体"，考了几年都没考上，他选择曲线救国，未来的理想是要考武体的研究生，一路念到博士。

"一个学排球的干吗要念研究生？"阮天星简直感到不可思议。

"不念研究生，我只能去中——学——教体育。"方科想要在大学教体育。

"哦——"阮天星也拖长了音，表示恍然大悟。

方科真是个有恒心的人，才刚上大一，就已经在计划考研，阮天星不得不服。而且方科的确是这么去努力的，他每次考试都拿特等奖学金，每天早上6点准时起床背单词，阮天星随手翻他的考研习题，已经做了大半，那架势，他要横扫所有的英语试题。

有一个学霸男友是什么样的体验呢？阮天星会告诉你，奖学金随便花，反正都是她的，不必担心男友劈腿，反正他属于英语试题。

分手前，她还能做点什么

像阮天星这么一个目光短浅的人，她在恋爱的前两年，从来没考虑过方科去念研究生她该怎么办。然而，这真的是个问题。

大三的下学期，方科有一天问倒了阮天星，他说："如果我去念研究生了，你会不会等我？"阮天星很想脱口而出"会"，满足一下方科的虚荣心，可是她居然迟疑了，在心里算了算自己的年纪，然后才回答方科："会。"

方科笑了，他说："我不信。"

阮天星也笑了："不信拉倒。"

他们嘻嘻哈哈地跳过了这个话题，当晚，阮天星却失眠了，经过一夜的纠结，阮天星像一个编剧一样编排了她和方科的未来。

首先，她百分百确信方科一定会考上武体的研究生，其次，她百分百确信自己一定不会等方科。她毕业都25岁了，可以不用再提"等"这个字眼。

那么，在分手前，她还能为方科做点什么？

阮天星把方科考研的学习进度和笔试面试进度列出来，分阶段进行规划，安排自己的后勤工作。听起来很好笑对不对？不过是负责吃喝拉撒而已，其实阮天星连陪方科去面试都计划好了，她要自己去打工挣一笔路费和食宿费，两个人开开心心地在武汉玩几天。

阮天星从来没有过这种生活，每一天都按照自己的规划过，她坚持了一年。

一年后，方科考研成功，阮天星也搞定了回老家教书的工作，她跟方科提出分手。不管方科同不同意，阮天星收拾好行李，拥抱过室友，最后拥抱了方科之后，大步流星地拖着箱子毕业了。

方科没有纠缠阮天星，因为阮天星趴在他耳边说的最后一句话是："我已经25岁了，你忍心让我等前途未卜的你？"

阮天星这辈子都不想再和时间为敌。

决不允许自己27岁还落单

对于老家小县城的势利，阮天星做了充足的准备，她从上班第一个月起，便毫不犹豫一头扎进相亲的队伍里，决不允许自己在27岁还落单，父母跟着自己丢人。

作为一个脱离了低级趣味的人，阮天星知道自己这样做是助长坏风气，但她非常明白，自己改变不了游戏规则，从17岁起，她就失去了改变规则的勇气。

阮天星通过一个验指纹的女警同学，认识了一个刑警，据说是刑警大队第一帅哥，其实只是比其他刑警年轻而已。

刑警喜欢阮天星，他觉得阮天星长得乖巧，话少，偶尔语出惊人讲个冷笑话，能让他笑10分钟。虽然阮天星脾气还是有些暴躁，但他说刑警都特别有耐心，可以为了抓犯人在车里坐一天，所以他会忍忍，忍阮天星的小暴躁。

当然，刑警揣摩人的心理也是高手，所以他不会让阮天星有机会暴躁的。阮天星被这个小刑警打动了，她觉得他特别可爱。

特别可爱的小刑警工作超级忙，执行任务的时候不能随便接电话，阮天星一点儿都不介意："没关系，只要你能保住小命就行。"

不知道是不是阮天星把"保住小命"的话说的次数太多，老天爷听烦了，一年多以后，小刑警殉职了，带回来的遗物里，有执行任务前阮天星塞在他包里的一个苹果。

小刑警的父母哭得晕了过去，阮天星摸摸脖子上的金项链，不知道该如何开口还回去。她的心揪成一团，如同包装被抽了真空，真是痛啊，痛到五官都麻木了。

那就停下来喘口气啊

失去小刑警是在冬天，阮天星27岁的尾巴上。朋友们都说，没关系，过完年再给你找一个，听起来像是丢了工作，谁也没有别的办法。

后来阮天星终于接到方科的慰问电话，问了问情况，也像别人一样让阮天星收拾好心情，寻找下一段感情。面对前男友的宽慰，阮天星绷不住，冷风中她越走越疾，只想赶快回家哭一场。

方科听着电话里阮天星大哭的声音，很久都默不作声，等阮天星缓过来一些，他才小心翼翼地问她："我有什么能帮你的吗？"阮天星赶快抹一把泪说："没事。"她突然想起两年多以前甩了方科，她强忍住没当着方科的面流过一滴泪，她为了小刑警哭成这样，对方科是一种伤害。

被伤害又能怎么样呢？方科第二天下午出现在阮天星面前的时候，送上了一个大大的拥抱。这是分手两年多以来他们第一次见面，阮天星被记忆带着，回顾了自己十年来的生活："一直追着时间跑，生怕再次被落下，好累呀。"

"那你就停下来喘口气啊。"方科提议。

方科说得如此有道理，阮天星竟然找不出辩驳的理由。

窗外的世界被大雪覆盖，有光浅浅地闪耀在对面的小广场上，阮天星想起她和方科确定关系的那一天，街上到处是狂欢的人群，他们依偎着穿过纷飞的雪花从市中心往外走，那之后有两年多，她没有规划，也不和时间赛跑，看似岁月蹉跎，她只记得那时候她过得甜蜜。

走出餐厅，方科自然地拉起阮天星的手放在口袋里握着，他们打算再次在风雪中步行，如果能一直走到世界尽头，不如尽情地往前走吧。

Echo,又见你慢吞吞地下了深夜的飞机,闲闲地跨进自己的国门,步步从容地推着行李车,开开心心地环住总是又在喜极而泣的妈妈,我不禁因为你的神态安然,突而生出了一丝陌生的沧桑。

深夜的机场下着小雨,而你的笑声那么清脆,你将手掌圈成喇叭,在风里喊着弟弟的小名,追着他的车子跑了几步,自己一抬就抬起了大箱子,丢进行李厢。那个箱子里啊,仍是带来带去的旧衣服,你却说:"好多衣服呀!够穿整整一年了!"

便是这句话吧,说起来都是满满的喜悦。

好孩子,你变了。这份安稳明亮,叫人不能认识。长途飞行回来,讲了好多的话,等到全家人都已安睡,你仍不舍得休息,静悄悄地戴上了耳机要听音乐。

过了十四个小时,你醒来,发觉自己姿势未动,斜靠在床角的地上,头上仍然挂着耳机,便是那归国来第一夜的恬睡。没有梦,没有辗转,没有入睡的记忆,床头两粒安眠药动也没动。

这一个开始,总是好的。

既然你在如此安稳的世界里醒来,四周没有电话和人声,那么我想跟你讲讲话。趁着陈妈妈还没有发觉你已醒来,也没有拿食物来填你之前,我跟你说说话。毕竟,我们是不很有时间交谈的,尤其在台湾,是不是?

四周又有熟悉的雨声,淅沥沥地在你耳边落下,不要去看窗外邻居后巷的灰墙,那儿没有雨水。这是你的心理作用,回国,醒来。雨声便也来了。

我们不要去听雨,那只是冷气机的滴水声,它不会再滴湿你的枕头,真的不会了。

这次你回来。不是做客,这回不同,你是来住一年的。一年长不长?

可以很长,可以很短,你怕长还是怕短?我猜,你是怕长也是怕短,对不对?

这三年来,我们彼此逃避,不肯面对面地说说话,你跟每一个人说话,可是你不敢对我说。

你躲我,我便也走了,没有死缠着要找你。可是现在你刚刚从一场长长的睡眠里醒来,你的四肢、头脑都还不能动得灵活,那么我悄悄地对你说些话,只这么一次,以后就再不说了,好吗?

当然,这一年会是新的一年,全新的,虽然中

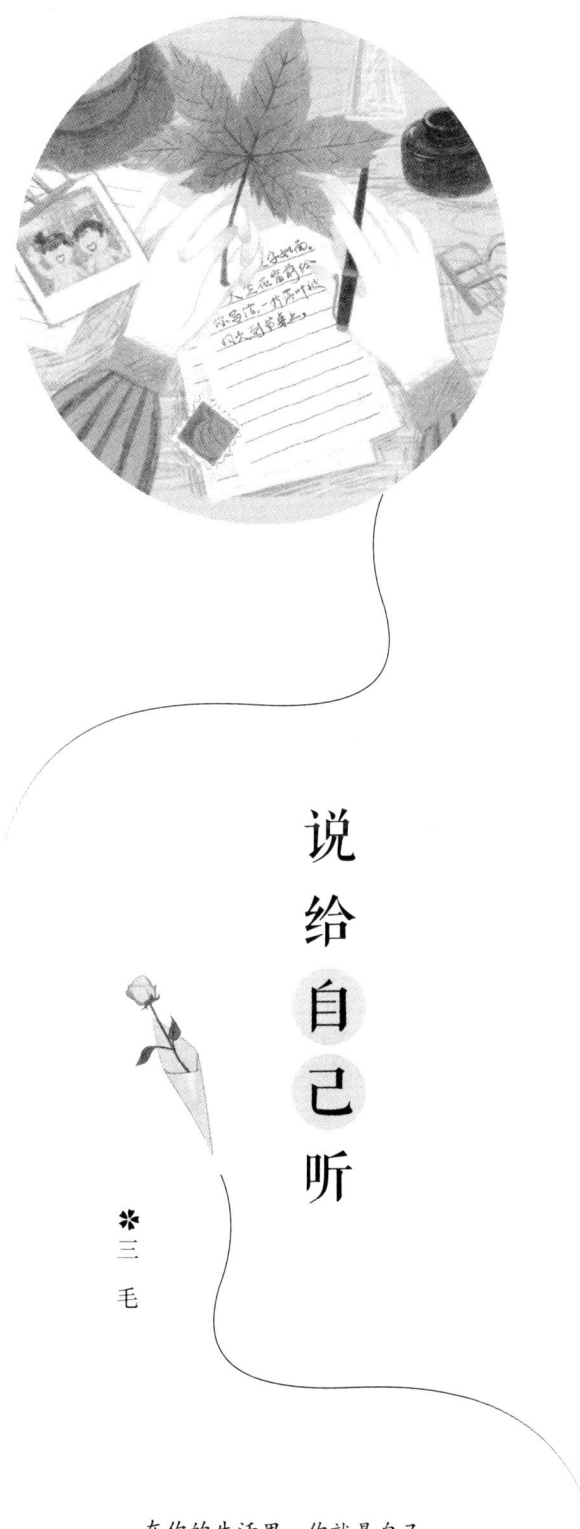

说给自己听

✳ 三毛

在你的生活里,你就是自己的主宰,你是主角。

秋节也没有过去，可是我们当这个秋天是新年，你说好不好？

你不说话，三年前，你是在一个皓月当空的中秋节死掉的。这，我也没有忘记，我们从此最怕的就是海上的秋月。现在，我却跟你讲："让我们来过新年，秋天的新年好凉快，都不再热了，还有什么不快活的？"

相信我，我跟你一样死去活来过，不只是你，是我，也是所有的人，多多少少都经历过这样的人生。虽然我们和别人际遇不同，感受各异，成长的过程也不一样，而每一个人爱的能力和生命力也不能完全相同地衡量，可是我们都过下来了，不只是你我，而是大家，所有的人类。

我们经历了过去，却不知道将来，因为不知，生命益发显得神奇而美丽。

不要问我将来的事情吧！请你，Echo，将一切交付给自然。

生活，是一种缓缓如夏日流水般的前进，我们不要焦急。我们三十岁的时候，不应该去急五十岁的事情，我们生的时候，不必去期望死的来临。这一切，总会来的。

我要你静心学习那份等待时机成熟的情绪，也要你一定保有这份等待之外的努力和坚持。

Echo，我们不放弃任何事情，包括记忆。你知道，我从来不望你埋葬过去，事实上过去没有必要，也没有可能从生命里割舍，我们的今天，包括一个眼神在内，都不是过去重重叠叠的生命造成的影子吗？

说到这儿，你对我笑了，笑得那么沉稳，我不知道你心里在想什么，或许你什么也没有想，你只是从一场筋疲力尽的休息中醒来，于是，你笑了，看上去有些暧昧的那种笑。

如果你相信，你的生命是野火烧不尽，春风吹又生，如果你愿意真正地从头再来过，诚诚恳恳地再活一次，那么，请你告诉我，你已从过去里释放出来。

释放出来，而不是遗忘过去——现在，是你在说了，你笑着对我说，伤心，是可以分期摊还的，假如你一次负担不了。

我跟你说，有时候，我们要对自己残忍一点，不能纵容自己的伤心。有时候，我们要对自己深爱的人残忍一点，将对他们的爱、责任、记忆搁置。

因为我们每一个人都是独特的个体，我们有义务要肩负对自己生命的责任。

这责任的第一要素，Echo，是生的喜悦。喜悦，喜悦再喜悦。走了这一步，再去挑别的责任吧！

我相信，燃烧一个人的灵魂的，正是对生命的爱，那是至死方休。

没有一个人真正知道自己对生命的狂爱的极限，极限不是由我们决定的，都是由生活中不断的试探中提取得来的认识。

如果你不爱生命，不看重自己，那么这一切的生机，也便不来了，Echo，你懂得吗？

相信生活和时间吧！时间如果能够拿走痛苦，那么我们不必有罪恶感，更不必觉得羞耻，就让它拿吧！拿不走的，自然根生心中，不必勉强。

生活是好的，峰回路转，柳暗花明，前面总会另有一番不同的风光。

让我悄悄地告诉你，Echo，世上的人喜欢看悲剧，可是他们也只是看戏而已，如果你的悲剧变成了真的，他们不但看不下去，还要向你丢汽水瓶呢。你聪明的话，将那片幕落下来，不要给人看了，连一根头发都不要给人看，更不要说别的东西。

那你不如在幕后也不必流泪了，因为你也不演给自己看，好吗？

虽然，这许多年来，我对你并不很了解，可是我总认为，你是一个有着深厚潜质的人，这一点，想来你比我更明白。

可是，潜质并不保证你以后一定能走过所有的磨难，更可怕的是，你才走了半生。

在我们过去的感受中，在第一时间发生的事件，你不是都以为，那是自己痛苦的极限，再苦不能了。

然后，又来了第二次，你又以为，这已是人生的尽头，这一次伤得更重。是的，你一次又一次的创伤，其实都仰赖了时间来治疗，虽然你用的时间的确是一次比一次长，可是你好了，活过来了。

医好之后，你成了一个新的人，来时的路，没有法子回头，可是将来的路，却不知不觉走了出去。这一切，都是功课，也都是公平的。

可是，我已不是过去的我了。

你为什么要做过去的你？上一秒钟的你难道还会是这一秒钟的你吗？只问问你不断在身体里死去的细胞吧！

每一次的重生，便是一个新的人。这个新的人，装备比先前那个软壳子更好，忍受痛苦的力量便会更大。

也许我这么说，听起来令人心悸，很难想象难道以后还要经历更大的打击。Echo，你听我这么说，只是一样无声地笑着，你长大了很多，你懂了，也等待了，也预备了，也坦然无惧了，是不是？

这是新的一年，你面对的也是一个全新的环境，这是你熟悉而又陌生的中国，Echo，不要太大意，中国是复杂的。你说，你能应对，你懂化解，你不生气，你不失望。可是，不要忘了，你爱它，这便是你的致命伤，你爱的东西，人，家，国，都是叫你容易受伤的，因为在这个前提之下，你，一点不肯设防。

每一次的回国，你在超额的张力里挣扎，不肯拿出保护自己的手段做真正的你，那个简简单单的你。

你感恩，你念旧，你在国内的柔弱，正因你不能忘记曾经在你身边伸出来过的无尽的同情和关爱的手，你期望自己粉身碎骨去回报这些恩情，到头来，你忘了，你也只是血肉之躯，一个人，在爱的回报上，是有极限的，而你的爱，却不够化作所有的莲花。

Echo，你的中文名字不是给得很好，父亲叫你——平，你不爱这个字，你今日看出，你其实便是这一个字。那么适合的名字，你便安然接受吧！包括无可回报的情在内，就让它交给天地替你去回报，自己，尽力而为，不再强求了，请求你。

我知道你应该是越走越稳，就如其他的人一样，我不敢期望帮上你什么忙，我相信你对生命的需求绝对不是从天而降的奇迹，你要的，只是一份信心的支援，让你在将来也不见得平稳的山路上，走得略微容易一点罢了。

你醒在这儿，沉静地醒着，连眼睛都没有动，在你的身边，是书桌，书桌上，有一架电话——那个你最怕的东西，电话的旁边，是两大袋邮件，是你离国之前存下来未拆的信件。这些东西，在你完全醒来，投入生活的第一日开始，便要成为你的一部分，永远压在你的肩上。

也是这些，使你无法快乐，使你一而再、再而三，因此远走高飞。

孩子，你忘了一句话，起码你回中国来便忘了这句话：坚持自己该做的固然叫作勇气，坚持自己不该做的，同样也是勇气。除了一份真诚的社会感之外，你没有理由为了害怕伤害别人的心灵而付出太多，你其实也小看了别人，因为别人不会因为你的拒绝而受到伤害的，因为他们比你强。Echo，常常，你因为不能满足身边所有爱你的人对你提出的要求而沮丧，却忘了你自己最大的课题是生活。

虽说，你身边的一草一木都在适当的时候影响了你。而你借着这个媒介，也让身边的人从你那儿汲取了他们的想望和需要，可是你又忘了一句话——在你的生活里，你就是自己的主宰，你是主角。

对于别人的生活，我们充其量，只是一份暗示，一份小小的启发，在某种情况下丰富了他人的生活，而不是越权代办别人的生命——即使他人如此要求，也是不能在善意的前提下去帮忙的，那不好，对你不好，对他人也不好的。Echo，说到这儿，妈妈的脚步声近了，你回国定居的第一年的第一天也要开始了，我们时间不多，让我快快地对你讲完。

许多人的一生，所做的其实便是不断修葺自己的生活，假如我们在修补之外，尚且有机会重新缔造自己，生命就更加有趣了，你说是不是？

有时候让自己奢侈一下，集中精神不为别人的要求活几天，先打好自己的基础，再去发现别人，珍惜自己的有用之身，有一天你能做的会比现在多得多。

而且，不是刻意的。

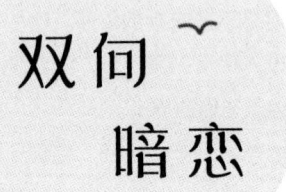

双向暗恋

*陈若鱼

01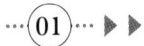

冯月回国时，蒋知远去接机。

虽然冯月并不知道，他是怎么知道她航班信息的，但看到他时还挺意外，当然也有些感慨，毕竟当年她出国时，也只有他来送她。

四年多不见，蒋知远还是老样子，原本就有一张俊秀的脸，现在更是明显用心装扮了一番，看上去竟有些意气风发的帅气。

冯月想假装没看见他，谁知蒋知远跟上来。

"喂，怎么说也是老同学，连个招呼都不打吗？"

虽是这么说，但冯月听得出来，他一点儿也没有生气，还小跑跟上了她的脚步。

"别打车了，我送你回去。"

看着等出租车的长队，冯月又看了一眼蒋知远，他因为个子高，此刻微微弓着腰跟她说话。

冯月点点头，蒋知远一脸欣喜，拉起她的行李箱带她去了停车场。

冯月默默地跟在身后，看蒋知远站在路灯下回头，风吹乱了他的额发，也吹乱了他衬衫的衣角，他仿佛是怕她反悔似的，拼命朝她招手。

冯月快步迎上去，像一只离群的雁，跟上雁群。

02

冯月跟蒋知远是老同学。

初中三年，两人几乎没说过话，只知道班上有这么一个人，高中两人又同班，但仍旧不熟悉，也不愿意去熟悉。

高二，两人还莫名其妙地做了一年的同桌，交集不可避免，但两人谁也没有跟谁交好。

直到冯月，一夜之间成了全校的名人。

那是高三寒假之前了，寒冬腊月，雾霭重重，冯月去学校的路上，救了一个踩冰掉进水里的小孩，把小孩送回家门口，又匆匆回家换了衣服才去学校。

冯月没当回事，谁知小孩的父母大张旗鼓地找她，还查了监控，根据冯月的校服，找到了他们学校，最后冯月不得不认领了这个"救命恩人"的锦旗，被校长当众表扬。

冯月在班里，也成了热门人物，大家都围上来问她当时的情形，蒋知远和其他人一样，玩世不恭地趴在桌子上，嘲讽了一句："你真不怕死啊。"

冯月翻了白眼。

因为这件事，班上追冯月的男孩子忽然多了起来，情书塞满了桌洞。

冯月当然也有作为女孩子的虚荣，只是她没想到，会收到蒋知远的情书。

她出于好奇打开看了一眼，只有四个大字：我喜欢你！

落款：蒋知远。

冯月胡乱地塞回书桌，抬头却刚好碰触到蒋知远的目光，他飞快地垂下头，藏起了期待又炽热的眼神。

冯月在心里冷哼一声，他们不过是因为她救人的短暂的光环而已，哪会真的喜欢她，她不漂亮，自卑又贫穷。

冯月五岁多时，父亲车祸去世，母亲改嫁外地，从此再也没露过面。

冯月是跟着爷爷长大的，她性格懦弱，不爱说话，也没什么朋友，连个要好一点儿的女同学都没有。

况且，她根本不想恋爱，只想好好读书。

那些喜欢冯月的人，渐渐散去了。

唯有蒋知远坚持了下来，隔三岔五给她写一封情书，还是万年不变的配方："我喜欢你"加一个感叹号。起先还落款，后来连落款都省了。

以至于全班都知道蒋知远喜欢冯月了，可冯月无动于衷。

高考后，冯月找了一份奶茶店的兼职，没想到蒋知远也找来了，在她隔壁一家奶茶店当服务生，抬头不见低头见。

有时候，他还端着他们家的新品，来给她尝，以至于冯月的老板，以为他俩是情侣。

冯月每次都不喝，也不搭话，蒋知远却不厌其烦地来，甚至跟她店里的人都混熟了，要不是满员了，老板都想把他挖过来。

也确实，蒋知远不仅能说会道，还长得人畜无害，才来半个月，就有顾客在店里跟他要微信，而他炫耀一般，跑来冯月的店里讲给其他男孩子听，眼神却在冯月身上。

冯月却不吃这一套，反而觉得他轻浮，更没好脸色了。

同事问冯月，为什么这么讨厌蒋知远？

冯月一边切柠檬一边想起了一件往事。

初中时，冯月曾被几个女生霸凌过。她那时候性格懦弱不敢反抗，有一回放学后她被几个女生逼到巷子里，对方用脚踩着她的脸，她根本无力反抗。

就在那时候，她看见了路过的蒋知远，仿佛看到了希望，但他只是看了她们一眼后，就转过头匆匆跑开了。

从此以后，她就讨厌上了蒋知远，每每她故意看向他的时候，他都慌乱地垂下头，不敢直视她的目光。

所以，尽管蒋知远现在疯狂追她，她也无动于衷。

不过，冯月并没有告诉同事这些往事，她早已不再是初中那个被霸凌的小女生了，她已经勇敢得能保护好自己了。

她要好好学习，远离这一切。

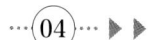

暑假匆匆结束，冯月要去上大学了。

蒋知远则比她早两天辞职，那天，他一改往日的嬉皮笑脸，垂着眼睛来跟冯月告别，抬起脸的时候，冯月才发现他眼眶红红的，还蒙着薄薄的雾。

冯月知道，她已经不恨蒋知远了，或者说，她根本就没资格恨他，毕竟霸凌她的人，又不是他，他只不过是视若无睹而已。

加上这一段时间，蒋知远招摇过市的追求和陪伴，冯月已经能把他当成普通朋友了。

蒋知远支支吾吾地告别后，又鼓起勇气地问："能不能加个微信？"

冯月抿了抿嘴唇，答应了。

然而，加了微信后，冯月就后悔了，蒋知远简直就是个疯子，一天能发几十条微信，有什么笑话或搞笑的表情包，他都发给她。

冯月表面上嫌烦，让他不要发了，但始终也没屏蔽他的消息，大概是因为他是她列表里，最热闹的人吧。

冯月去上大学才知道，蒋知远就在她同一个城市读书，两个学校相距两个小时的车程。

冯月不知道蒋知远是有意，还是无意。

直到冯月下火车后，一眼就看见了出站口外面踮脚眺望搜索的蒋知远。看见她后，他朝她拼命挥手。

"冯月，这里这里。"

人潮拥挤里，他像一道彩虹照亮了她的眼睛，冯月只觉得周遭的一切都变得暗淡，只有蒋知远明朗的脸，她情不自禁地走向他。

他伸出手接过她的行李，说："我可是翘课来接你的。"

要是以前，冯月会说我又没让你这么做，但此刻她却说不出这么刻薄的话来，从蒋知远走后，她不止一次地想，她应该对他好一点儿的，这世上除了他，再没人对她这样热烈的好了。

那天，冯月任由蒋知远带她去打车，去学校报到，又送她去寝室，还带她去吃饭。

冯月才知道，蒋知远早就先帮她摸清了学校的一切。

不感动是不可能的，冯月的心，一点点柔软下来。

大一开学之初都很忙。

但蒋知远总是会抽时间，坐两个小时的公交车来找她，室友都以为他是冯月的男朋友，冯月一开始会解释，后来干脆不解释了，因为解释了也没人信。

其实，冯月知道，她早不恨蒋知远当年的冷眼旁观了，只是觉得当时被人踩着脸的自己，实在太丢脸了。

有时候，她也会思考自己跟蒋知远的关系，寒假他们一起坐火车回家时，她决定跟蒋知远说清楚，但蒋知远说："那我们就当朋友呗。"

可他对她的好，又远远超出了朋友的关系。

大二那年，冯月利用奖学金出国留学，这是她高中时就做好的规划，冯月没告诉蒋知远，直到她要走了才告诉他，蒋知远知道后，只是沉默了片刻，就笑了。

"留学好啊，留学好……恭喜你啊。"

冯月想解释，想说对不起，但最后什么也没说。

出国那天，蒋知远去送她，她说："谢谢你。"

蒋知远仍一副吊儿郎当的样子，却红着眼："说什么呢，是我心甘情愿。"

冯月到国外后，渐渐断了跟蒋知远的联系，她想，既然不能跟他在一起，就不要给他希望，让他把大好时光浪费在她身上。

这次回国，冯月也没告诉蒋知远，不知道他是怎么知道的。

蒋知远送她到酒店，提出请她吃饭，放了行李，

两人在附近的餐厅坐下来，四年未见，两人之间仿佛隔着山海。

蒋知远先说："回来也不说一声，真不够意思啊。"

冯月问："你怎么知道我回来的？"

蒋知远笑而不答。

吃完饭，蒋知远送冯月回酒店，冯月犹豫着是不是要请他上去坐坐，又觉得这样不太对劲，倒是蒋知远到酒店门口就主动要回去了。

"我不想让你觉得我图谋不轨啊。"

冯月扑哧笑出来："要真图谋不轨，何至于等到现在？"

蒋知远望着她："你比以前能开玩笑了，挺好，挺好……"

冯月收起笑，转身进了酒店。

06

冯月一早起床去面试，面试结束后，她要回乡下去看爷爷，回到酒店时，蒋知远已经等在那了。

他说："正好我也要回去看我爸妈，我送你吧。"

回去的路上，蒋知远一直在找话题，冯月也不再像之前那样沉默寡言，大方地谈起国外生活的趣闻。

渐渐地，就变成冯月说，蒋知远听了。

蒋知远插嘴："我还以为你会在国外找个男朋友呢。"

冯月笑了："没遇到合适的。"

两人都沉默下来，冯月看着高速路上快速掠过的风景，眼睛渐渐失焦，脑海里铺天盖地都是和蒋知远的过往。

冯月四年没回来过，打算在家多待几天，蒋知远问她要不要回中学看看，听说不久就要拆了，盖新小学。

冯月不太愿意去，毕竟初中三年都没什么好的回忆，但还是答应了。

两人一起去中学里转了转，往事扑面而来，冯月不知不觉握紧了双手，蒋知远却完全不一样的表情。

他指了指那一棵银杏树，用一种回忆的口吻说："我第一次注意到你就是在这里，初三的体育课快结束的时候，大家都成群结队地玩，只有你一个人坐在这儿，拿着一片银杏叶发呆……我还记得当时你穿白色的毛衣……"

蒋知远是从那个时候，喜欢冯月的，十几岁的喜欢，就是这样毫无理由，说动心就动心。

蒋知远自嘲地笑笑："不知道为什么你一直很抗拒我，但我是真的，喜欢了你很多年，即使你一再拒绝，我还是忍不住假装不在意去靠近你……"

冯月倒很意外，初中三年，除了蒋知远那次冷眼旁观，她对他没什么印象。

冯月不可抑制地想起了那次霸凌，仿佛发生在昨天，她抬头看蒋知远："既然你那时候就喜欢我，为什么冷眼旁观？"

蒋知远皱皱眉："什么冷眼旁观？"

冯月拉着他到校门口的小巷，把那天傍晚发生的一切都讲给他听，蒋知远却始终一脸茫然。

冯月冷冷地说："看来你是真的不记得了啊……"

蒋知远说："我有没有跟你说过，我初中时高度近视……我要说我那天什么都没看到，你信不信我？"

冯月愣在那，一脸的不可思议。

07

蒋知远没有撒谎，他是遗传性近视，初中时就高达七百度，那天他眼镜摔坏了，三米内基本看不清人脸，何况那天还是傍晚，她在巷子里。

上高中之前,他爸妈带他去广州做了近视矫正。

冯月怎么也不敢相信,竟然是这样的原因,让她误会了他这么多年。

蒋知远说:"别说我喜欢你,就算是别人,你觉得我看到会冷眼旁观吗?"

面对蒋知远的质问,冯月默默地摇头。

以这么多年的了解,他绝不是这种人。

几天后,蒋知远跟冯月一起回了市里,两人之间的气氛,忽然就变得微妙起来。

蒋知远主动提出帮冯月找房子,结果找在他同一个小区的同一层楼,搬进去那天,冯月才知道。

"喂,蒋知远,你这意图有点明显啊。"

蒋知远看着她:"那你要是不愿意,我就帮你退……"

冯月连忙说:"不用!"

蒋知远看着冯月,她蓦地红了脸。

住同一层楼,抬头不见低头见,冯月知道蒋知远还爱着她,在这个快餐爱情的时代,多难得啊。

她已经错过了他这么多年,这一次,她不想错过了。

冯月开始主动请蒋知远来家里吃饭,主动蹭他的车上班,如今,她不是从前胆小自卑的自己了,她会勇敢表达自己的喜欢,留住想要留住的人。

把分别四年的疏离一点点消除后,冯月主动跟蒋知远表了白。

这一次她也写了一封,和他当年一模一样的情书给他。

"我喜欢你"四个字加感叹号,以及落款:冯月。

蒋知远眼睛红了,却故作骄傲地说:"我可写了不止一封哦。"

冯月跑回房间,拿出一个木盒子,当年蒋知远写给她的每一封情书,都在里面,她一直妥善收藏着。

蒋知远很意外,但却故意说:"所以,你也早就喜欢我却不敢承认。因为误会我冷眼旁观,也因为你早就做好了出国的打算,等你回来后发现,我居然还在等你,而你也还爱我。怎么样,你现在是不是超级后悔?后悔……没早点跟我在一起,四年而已,我等得起……"

冯月笑了,却潸然泪下。

"对,我后悔了,超级超级后悔……"

蒋知远也不争气地撇过头,擦了一把眼泪,他说,当初上高中发现跟她同一个班时,他真的特别兴奋,但她对他总是冷冷的,像不认识一样,少年的自尊心让他无法轻易去靠近,直到她救人之后,好多人给她写情书,他才趁机写了情书,为了引起她的注意,才只写了"我喜欢你"四个字,而且写了很多很多封。

冯月哭得更厉害了,忽然想起什么似的问他:"那你到底是怎么知道我回国的?"

蒋知远狡黠地笑了笑:"我无意中搜到了你的微博……"

冯月愣住了,脸色一点点尴尬起来,当她意识到自己喜欢蒋知远后,她就在微博上,写满了她对蒋知远的思念,记录了很多他们之间的小事,她以为永远不会有人发现。

这次回国前,她也在微博上晒了飞机票。

原来这么多年,蒋知远都知道她对他的喜欢,冯月尴尬地捧着脸。

蒋知远试探地拉她的手,看着她露出的眼睛里,满是泪光。

"如果不是我看了微博,我也许撑不了这么多年,暗恋一个人度日如年,何况我也不是什么绝世大情种。冯月,这么多年,我一直一直在等你回来,再不回来……"

她问:"再不回来你会怎么样?"

蒋知远说:"再不回来,我就要去找你了……"

冯月听出他哽咽的声音,伸手抱住了他,像抱住了整个世界。

窗外夜色弥漫,两颗心终于靠在了一起。

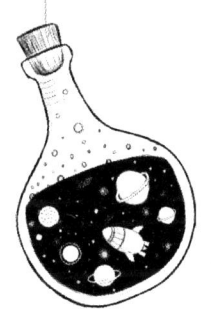

我用爱意
给孤独回信

写给庄奴

✽ 邓丽君

老师：

在这次的来信中，您谈到一些演唱方面的问题，也谈到录音时应注意的事宜。这些微末的细节您都替我操心，由此可见您和一般的老师不同。虽然您和我并不见面，但是我觉得不见面比常在一起还近。您确实是一位如同父辈的长者。

在舞台上，面对的观众越多，越发地激起我勇于向上奔放的情绪。掌声越多，越叫我要全力以赴地唱好每一首歌。但是在录音间里，却仿佛是一座小小的城堡，将自己孤立了起来，没有掌声，没有喝彩的声音，一切都静悄悄的。当音乐响起，才引发出我的歌声。这时候琴声、歌声，与自己的心声共鸣，好像睡梦初醒，催促着我走近大众。

舞台与录音间，都是战场，我要在每次演唱和录音中都去赢得胜利。老师，我这样说，您高兴吗？我很少和旁人谈起演唱的录音的事，而您对我说起这些，使我觉得好像找到了谈心的人。

小的时候，听大人们谈起歌星、舞星。这些星，真的像天上的星，距离我那么远，远得遥不可及。而现在呢，我也被人列入歌星的行列，反而觉得平淡无奇。倒是一种奉献的压力，迫使自己不敢松懈。如何唱好歌，怎样把歌唱好，常常摆在心里。这种心理，只是告诉我自己，要把欢乐带给大众。

小的时候，虽然也有人指导我怎样唱歌，但那时好像还是停留在业余阶段。直到和唱片公司签约，走进录音室，才真正被严格要求把每首歌都唱好，甚而要将每句词、每个字的发音都唱准确，要注意情感的强弱、高低，节拍的快慢。唱流行歌唱得好不容易，作曲家汤尼、古月、刘家昌等老师，在录音时都很严肃，或许这就应了那句话：严师出高徒。

今天给您写得太多了些，若是占用了您太多的时间，请您多多原谅。不过和您在信中聊聊天是种快乐，让我有种满足感，有时也有种进步的收获。

最后还要告诉您，《甜蜜蜜》这首歌，是我录唱最快的，也是我最满意的。我这样讲，不是夸大我自己，吹嘘我自己。我另外的含意，是在表彰您的词填得太好、太完美，显而易见，您写词、填词的功力，已到了极高的境界。

好啦，就此停笔吧。

敬祝您老人家身体健康！

您的学生小丽于灯下

写给弟弟王天乐

*路遥

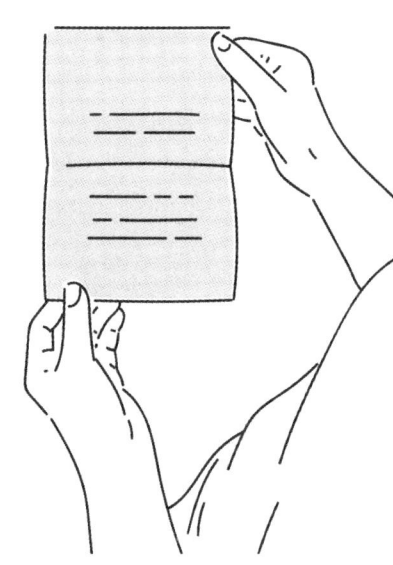

小说《人生》发表之后，我的生活完全乱了套。无数的信件从全国四面八方蜂拥而来，来信的内容五花八门。除过谈论阅读小说后的感想和种种生活问题文学问题，许多人还把我当成了掌握人生奥妙的"导师"，纷纷向我求教"人应该怎样生活"，叫我哭笑不得。

更有一些遭受挫折的失意青年，规定我必须赶几月几日前写信开导他们，否则就要死给我看。与此同时，陌生的登门拜访者接踵而来，要和我讨论或"切磋"各种问题。一些熟人也免不了乱中添忙。刊物约稿，许多剧团电视台电影制片厂要改编作品，电报电话接连不断，常常半夜三更把我从被窝里惊醒。一年后，电影上映，全国舆论愈加沸腾，我感到自己完全被淹没了。

另外，我已经成了"名人"，亲戚朋友纷纷上门，不是要钱，就是让我说情安排他们子女的工作，似乎我不仅腰缠万贯，而且有权有势，无所不能。更有甚者，一些当时分文不带而周游列国的文学浪人，衣衫褴褛，却带着一脸破败的傲气庄严地上门来让我为他们开路费，以资助他们神圣的嗜好，这无异于趁火打劫。

也许当时好多人羡慕我的风光，但说实话，我恨不能地上裂出一条缝赶快钻进去。

我深切地感到，尽管创造的过程无比艰辛而成功的结果无比荣耀，尽管一切艰辛都是为了成功，但是，人生最大的幸福也许在于创造的过程，而不在于那个结果。

我不能这样生活了。

我必须从自己编织的罗网中解脱出来。

当然，我绝非圣人。我几十年在饥寒、失误、挫折和自我折磨的漫长历程中，苦苦追寻一种目标，任何有限度的成功对我都至关重要。我为自己牛马般的劳动得到某种回报而感到人生的温馨。

我不拒绝鲜花和红地毯。但是，真诚地说，我绝不可能在这种过分戏剧化的生活中长期满足。我渴望重新投入一种沉重。只有在无比沉重的劳动中，人才会活得更为充实。这是我的基本人生观点。细细想想，迄今为止，我一生中度过的最美好的日子是写《人生》初稿的二十多天。

在此之前，我二十八岁的中篇处女作已获得了全国第一届优秀中篇小说奖，正是因为不满足，我才投入到《人生》的写作中。为此，我准备了近两年，思想和艺术考虑备受折磨；而终于穿过障碍进入实际表现的时候，精神真正达到了忘乎所以。

记得近一个月里，每天工作十八个小时，分不清白天和夜晚，浑身如同燃起大火。五官溃烂，大小便不畅通，深更半夜在陕北甘泉县招待所转圈圈行走，以致招待所白所长犯了疑心，给县委打电话，说这个青年人可能神经错乱，怕要寻"无常"。县委指示，那人在写书，别惊动他（后来听说的）。

所有这一切难道不比眼前这种浮华的喧嚣更让人向往吗？是的，只要不丧失远大的使命感，或者说还保持着较为清醒的头脑，就决然不能把人生之船长期停泊在某个温暖的港湾，应该重新扬起风帆，驶向生活的惊涛骇浪中，以领略其间的无限风光。

人，不仅要战胜失败，而且还要超越胜利。

那么，我应该怎么办？

一次告别

*唐冲

亲爱的朋友，启信安。

我正坐在来见你的火车上，下了火车，还要转三趟车才能见到你，实话讲，这样的旅途的确有些劳累。这样大费周折，不是因为什么节日啦纪念日啦之类，只是因为突然想见你。这一点是向你学习的，不必做太多无谓的考虑，但行好事便好。多热烈啊，我们能这样去生活的时间有多长呢？何况你一定开心，想到你开心的样子，我就更不累了。

说来奇怪，每一次见你，明明是重逢，我却总有着相遇时的心情，总是满怀热忱与好奇。像是漂泊多年的游子回到故乡。

我庆幸。因为相遇是世上最美好的事了。

你还记得那年冬天吗？你站在雪山上，呼吸着远方的大雾，我坐在逃离城市的大巴上，车窗外掠过枯黄的平原。你在电话里平静而缓慢地叙述着自己，你把你的骄傲、困惑、坚持、热爱、痛苦和脆弱，毫无保留地倾泻给我。一个人愿意在另一个人面前干干净净地展开，无论对谁而言，都是一件幸福的事。我静静地听，然后平原渐渐消失，雪山渐渐融化，像是掉进梦里。我们明明在世界的两端、各自的路上，目光却好像能穿越过山川湖海，远远地吸住对方。

那不是我们的初遇，那之前虽然匆匆见过一面，互换了联系方式，慢慢有了交流，但又疲于生活，始终没机会再见。但我想那是我们第一次真正相遇。那天，你在电话里说，总觉得我们以前就见过好多次了。我一直记得这句话。你说这话时，我的电话里响着雪山的风声，耳边是公路的风声。我们都在自己的路上。那一刻我确信了，在这个纷繁芜杂的世界里，我们是同一类人。

那个瞬间的感受，后来被我写进故事里。

小时候喜欢在筒子楼的天台上玩，白天，天台上晒的布料盛满阳光，掀开一角，从中穿过，像在穿越时空隧道。夜里的天台是观察星空的秘密基地，我双手枕着头，躺在旧沙发上，目光随飞船驶向几万光年外的星系，飞船会在那里停泊，我会做上一个冗长的美梦。

梦里有另一艘飞船，从另一个方向驶来，和我一前一后抵达。那是一颗荒凉的星球，只有漫天飞沙。我离开飞船，一直朝前走，试图寻找新的世界，但走了很久都一无所获。又一次日落后，我决定返回，这时才突然看到降落的另一艘飞船，粉红色的。它正缓缓升起。我目送飞船像星星一样变成一颗光点消失在宇宙中，感到莫名的兴奋。我急忙跑去，在飞船离开的地方发现一只傻乎乎的微笑着的棕色小熊。

小熊说，你好啊。女孩的声音。

我更兴奋了。也说，你好啊。

奇怪的是心在怦怦跳，像做了错事。

然后梦醒了。母亲叫醒我，天台上乘凉的大人们收了桌子，头顶星空闪烁，床单被风吹起。我从旧沙发上爬起来，梦里的兴奋成了遗憾和对未来的幻想。我望向夜晚的城市，无数栋筒子楼，无数个天台，无数扇亮着灯的窗。我想一定有个人也在望着星星，和我做着同一个梦。

世界这么大，人生这么长，我会在哪个城市什么年纪遇到她呢？我揣着这个秘密长大，像守着不能轻易示人的宝藏。

你一定知道这是在讲什么。后来你向我叙述童年，讲你收集的那些毛绒玩具，我们共同长大的城市，你那些古灵精怪的梦。我一直笑。你问我笑什么，我说不告诉你。有时你惊叹于我们的默契，有时你疑惑，为什么我比你自己更了解你。我都说，不告诉你。现在可以告诉你了，因为我们也许去过同一颗星球，因为我也觉得，我们早就见过很多次了。

十四岁，我在工厂加班到深夜，坐在晕进窗户的月光里沉默，头顶的月光映照着另一个城市的窗户，你正坐在窗前，在笔记本上写完少女心事，杵着脑袋望向月亮。十六岁，我得了人生中第一个奖，独自在山顶的风里喝啤酒，风吹动草木，沿着山脉远去，在另一个城市的街道上吹起你干净的裙摆。十八岁，我坐在离乡的火车上，途中停了车，我注视着车站外的陌生城市和站台上那只迷路的青蛙，旁边的铁轨上，你靠着窗，眼里装着对未来的希冀。

浩瀚宇宙中的两颗渺小尘埃，孤独地漂流，不断擦肩而过，这一路的颠沛流离，都是为了某一天的不期而遇。比相遇更美好的，是每一次相遇都像重逢，每一次重逢都像初遇。有时我也疑惑，为什么我们会这么幸运呢？漂流这么久，刚刚好在合适的年纪合适的城市遇到对方，刚刚好都记得这一路的擦肩而过，刚刚好都还保留着一些天真和纯粹，刚刚好接下来的路是同一个方向。这么多的刚刚好，难说不是命运。说真的，我不信上帝，但因为你，我感谢他。

写到这里，火车刚过成都，距离你的城市还有四小时车程。此刻我很安心，因为在路上，也因为这条路是去见你。你记得吗，我以前说，我只有在路上才会觉得安心，一旦选择了某种不变的生活，就会莫名不安，所以我以后注定要漂泊。

这是我十六岁讲的，现在依然这样想，代价是过年回家免不了被开会教育，无非是没钱时他们的声音大一点，有钱时他们的声音小一点。十六岁那年，我对许多人讲过这个想法。同学们羡慕我早早找到了自己和世界相处的方式，但表示不太认同；老师们鼓励我趁年轻就该为自己活一次，反正早晚得服输；朋友们合伙给我做了一块木板当生日礼物，用碳素笔写着：我是某某学校学生，家住某某市，流浪到此地，身无分文，恳求好心人借点路费回家，必将十倍偿还。

那时候好像所有人都以为我在做梦，在逃避现实和责任，所有人都在引导我接受生活的本来面目。

其实道理谁都懂，我自己也知道，没有人能永远在路上。年轻的时候长出翅膀，是为了去看天空的无限，只管翱翔，轻盈得像风，年纪再大些，翅膀早晚都会拖起一些无法逃避的东西，翅膀的作用就成了为其抵御外界的风雨。

但所有人都不知道，我从来不是害怕背负什么，保护爱的人是一件幸福的事。我真正害怕的，其实是无法心安。这才是我想要漂泊的原因。过哪一种生活，根本不重要，真正的自由不是流浪，不是离经叛道，不是放纵欲望，不是挣扎在内心的沼泽里。真正的自由就是心安，是掌握自己的生活，能笃定地知足地用任何一种生活方式老去。

为什么会在安定的生活里感到不安呢？那时候连我自己都不知道。直到遇见了你。我对那么多人讲过这个想法，只有你问我，你是不是很想有个自己的家？

你记得吧，我当时很尴尬，没有回答你。后来仔细想了挺久，好像是的。一个没有归宿的人，无论踏入哪一种生活都是流浪，在路上漂泊，像是一滴水掉进海洋里，无所谓自己将去向何方，至少能不再挣扎。我半夜给你发消息，问，你怎么知道？你说你也是。那一刻我忽然觉得心安。

后来你问我什么时候开始喜欢你，我说不知道。其实我真的不知道。但现在我想，如果喜欢这件事一定有一个确切的节点，大概就是那一刻。

那两年我去了不少地方，做了不少事情，没什么大风大浪，但一直在起伏漂流，算是过上了少年时幻想的生活，可很少有过真正的旅行。以前喜欢骑车，后来骑不了车了，就喜欢坐大巴，随便买张票，到随便一座县城，住随便一家旅馆，一个人逛逛吃吃，从城中走到城郊，听听歌，看太阳下山，然后走回旅馆，盯着天花板上的白炽灯入睡，第二天睡到自然醒，背上包去车站，买下一张票。风景大同小异，除了地形和文化，城市几乎长着同一张脸。一个过客，无法融入任何故事，即便听闻，也触不到灵魂。我像是掉进沼泽里，活得没有意思，也没有意义。

有一天我在一座县城的旅馆里醒来，才猛然发现，我失去了对生活的感知。你能明白，这对我来说比死了还难受。我觉得这是难堪的事情，所以把自己关了起来。有一段时间，我几乎抑郁。幸好有你。我们似乎有心电感应。在感情里，这是个土掉渣的词，但遇见你以后我真的相信了。二〇一九年初，晚冬的那天，我翻来覆去睡不着，凌晨三点多出门去散步，拍了几张星星的照片，给你发了一条消息。同一时刻，你也给我发来消息：星星好多。那天你奶奶去世了。我们通着电话，你不想说话，我陪你沉默。

那段时间，你大概也感应到了我的消沉，请了假，专门跑来陪我。你扭着我带你去旅行，像我自己一个人那样。于是我们去车站，买票，在天光微醒时坐上大巴，穿过清晨的薄雾，朝陌生的城市驶去。你靠在我肩上睡着了，醒来我才知道，你忙着考试，刚熬了通宵，只睡了几个小时就赶来找我，傍晚到的成都，夜里又陪我聊到两三点，愣是没说一句困，我眼神也是够"好"，居然没看出来你的疲惫。

中午抵达目的地，又一个大同小异的城市。我们吃了饭，开了房，大概是上午的大巴实在颠簸，落进房间的阳光实在温暖，你躺在床上几分钟就睡着了。我给你盖了被子，小心翼翼地出了门，像从前一样在街上闲逛。奇怪的是，那天我的感知突然又活了。飞驰而过的出租车，街边眯着眼晒太阳的老人，学校门口结伴打闹的学生，被风吹起的落叶，伸懒腰的猫，无比鲜艳，无比生动。我走着走着，忘了方向，也忘了时间，像是醉在了那样的阳光里。

傍晚去城郊，你给我讲了好多事。你打算去北京，一次不行就考两次，两次不行就三次。你问我，如果有一天我身上没有这股劲了，你还喜欢我吗？我说，喜欢啊。你说，那你为什么会觉得，有一天你不再热爱生活，我就会不喜欢你了呢。我一时无言。

城郊进乡道的地界，有处很好的风景，道路两边是平整的稻田，道边有公交站牌和一把长椅，像日本动漫里的画面。我给你拍了几张照，现在还存在我的空间相册里，夕阳洒落，田野金黄，你挎着帆布包，穿着白色卫衣，脸颊泛红，比起剪刀手，眼睛笑得眯起来，像个洋娃娃。

你说要把照片保存好，如果有天分开了，也能记得对方的样子。你知道吗，你说这句话的时候，我恍惚间相信我们永远都不会分开，因为我也这样想。每个人都有自己的路，我从不相信一个人能陪另一个人走到尽头，只要同行的路上尽了真心和全力就足够了。这一路的无数个瞬间何尝不是永恒呢？

我们在那里看完日落，等待星空，那是我人生中最美好的夜晚之一。星星出来时，我们牵手，沿着公路往回走，耳边只有微弱的风声。我们都没说话，我偷偷看你，心想要是这条路永远都走不完就好了。我脑海里翻涌着那些浪漫的意象：稻田、星河、飞船、瀑布、花海。又觉得这些都配不上你。可我除了此时此刻，一无所有。你突然停下脚步，说，你知道我现在在想什么吗？我说，什么？你说，我想要是这条路永远都走不完就好了。

你能想到吗，所有的梦境，所有的信仰，都在那一刻消散了，我强烈地、无法抑制地想娶你。我知道没有人能陪另一个人走到尽头，但如果是你，也许真的有勇气试一试。

瞬间何尝不是永恒呢。

那时候我们都还是少年，现在火车刚刚穿过一条漫长的隧道，我离你的城市还有两个小时。我们快五年没见了。中间这五年，许多人事已非，没变的好像只有我们两个。

后来我给许多人讲过我们分开那天。在我讲述的版本里，我们有一场体面的告别，像那些狗血电视剧里一样，去了相遇的地方，开开心心地玩了一天，然后郑重地说出再见，就再也没见过。实际上我们哪儿都没去成，也一点都不体面。本来约定好见一面，但那天下着大雨，我临时被叫到公司里赶剧本，夜里赶回出租屋时，你告诉我你已经走了，正在火车上。

你没去成北京，也不知道深圳是个什么样的城市，到底会不会接纳一个小镇女孩，你有些失落，讲着讲着就啜泣起来。见一面是你提的，我想象着电话另一头的场景，你在嘈杂的列车上躲在角落里默默落泪，面对生活，你找不到一个更好的解法，你早已料想到这一刻的到来，却没想到它如此猛烈。我蹉跎着，无能为力。或许我应该学着电视里的样子，买一张票追到深圳，在车站外和你告别，我们会紧紧拥抱，会放声大哭，但之后的事，我依然无能为力。

我们互相祝福，没说分手，也没说再见。那通电话一直通着，挂到第二天早上，醒来以后，我轻轻"喂"了几声,你没回答,然后屏幕显示对方挂断了通话。我们就再也没见过。

表演似的,我和朋友们喝了几顿大酒,一次次装作清醒的样子离开卡座,跑到卫生间狂吐,然后对着镜子漱口洗脸,把整张脸搓得通红,看着睫毛上的水滴缓缓落下,心里空空荡荡,不知身在何处。也被朋友们起哄搭讪其他女孩,加上微信,打个招呼,然后右上角删除。疯到最后,朋友们终于说,你应该跟着去深圳的。我故作潇洒地说,她有她的路。好像就这样过去了。回到家,回到生活轨道上,我表现得不错,正常待人,正常做事,好像真的已经过去了。直到某天夜里,实在难眠,像往常一样出门散步,看到满街枯黄的落叶,感到一阵凉意,我才忽然意识到,原来已经是秋天了。

那天晚上特别特别想给你打个电话。忍住了。

当然也听过关于你的消息。刚到深圳,你也过得不太好,整天为生计奔波,很少更新朋友圈,也很少再联系老朋友。后来工作有了起色,到处出差,终于开朗起来,但性格也沉稳许多。他们都说你成熟了,但我知道你没变。我很为你开心,你终于过上了在路上的生活,终于带着我们共同的梦想越走越远。

这些年我也成长了很多,不再只信仰一腔热血,学会了怎样清醒着去适应规则,身后的翅膀逐渐茁壮,终于能担起一些责任,学会了为爱付出和牺牲,并享受其中的喜悦,学会了与自己和解,也学会了该如何与无常的命运相处。过往的一切都在变化,人事来来往往,我去了更多地方,见到了更宽广的世界,我开始写一点文字,靠着这点文字,我也算过上了我们从前向往的在路上的生活。参加过老友的葬礼,也参加了一些老友的婚礼,白纱和红毯,喜悦和泪水,好像我们忽然之间就成了大人。

我常常想起你。看到朋友的墓碑时,看到朋友的孩子时,得到第一笔稿费时,独自走在新的路上时。我开始想,也许那两艘飞船至今仍然停在那颗荒凉的星球上,男孩和女孩一起牵着那个傻乎乎的小熊,远远地望着我们在各自的故事里渐行渐远。我也常常想,也许有一天,我们会在某个城市的某个街道重逢,会笑着打招呼,会坐在一起热烈地聊着这些年的过往,会挥挥手大声道别,就像初遇时一样。

这个时代的风会把我们吹向更遥远的未来,我们飘啊飘啊,总有一天会在那颗星球上再相遇。

火车还有一小时就要到站。我开始有些紧张了。

去年听说你调回四川,就在成都,四年过去,我们终于有了联系。果然像我想的一样,我们都没变,你还在坚持,我也还在坚持,哪怕我们坚持的也许是没有意义的东西。你告诉我,这些年你一直都知道我的所有消息,就像我也知道你的消息一样。那个瞬间我真的有些恍惚,好像我们从没分开过,好像中间那几年就是为了这一刻。那几天我们应该都挺冲动,迫切地想要见一面。但我们也都冷静了下来。你说,或者等我们再往前走走。

你的意思是,等我们变得再更好一些。我说好。就像以前一样,我也是这样想的。我们在不同的路上,不知还能再见几面,往后的每一面都是一次告别,最重要的一次告别稀里糊涂地结束了,如果还能再见,以后的每一次,都应该用力一点。

新年过去,你离开了成都,我也准备远行,这是最好的机会了。见完面,刚好奔向又一个新的未来。临行前夜,我翻来覆去睡不着,想象着再见的场景,我们会像从前一样,从城市的这头走到那头,会有聊不完的话,会静静望着长江沉默,会一起等待日落,会轻轻拥抱,会祝福彼此,会挥手道别。可上了车,这些幻想渐渐落地,我才忽然发现这些其实都不重要。只要见面就好了,哪怕只是远远地看一眼,所有想说的话就都清晰了。

那些话也许会变成风,陪着我们走上下一段路。

我仍然爱你,但我知道它已经不再是爱情,或许更像马尔克斯讲的超越爱情的爱情。爱情并不自由,我希望我们自由,也希望我们都能遇到一个让自己甘愿放弃自由的人。

火车就快到站了。你看到这封信时,我大概已经离开了。在感情里,我不是一个善于言辞的人,很多话讲不出口,所以只好写出来。这是我能想到的,你或许最想要的礼物。我从来不写爱情故事,因为我不懂爱情。如果一定要写,我想我们早就写出来了。

谢谢你,老朋友。大胆地往前走吧。

我们会相遇,我们会分开,我们会重逢。

没有比这更好的故事了。

过敏

*丸久小圆

> 任何命运，无论如何漫长复杂，实际上只反映于一个瞬间。

应该可以算是好朋友吧？虽然和你产生交集还挺像言情小说情节的。

高二晚自习放学，我戴上耳机打开听歌软件，边往外走边把最近常听的歌放进歌单，却猛地被撑在门口的胳膊拦住，皱着眉顺着线条向上看去，就看到了你的脸。

隔日便产生了级草堵在教室门口等我的谣言。

所以没人关心过你跟我说的第一句话其实是——"为什么密度符号也要扣我分啊？"

只是一次普通的模拟考试，所以物理老师按照惯例要求前后桌交换试卷评判。

"我这次能拿满分！"你信誓旦旦地说着这话把卷子递给我。

"扣就扣了呗，你上次不还扣我卷面分了。"因为你比我高一头我必须仰视你再加上我本就不耐烦，所以你应该是有好好接收到我的白眼的。

你气结："拜托，你上次都在上面打草稿了。"

我毫不示弱："那我还拜托你密度符号写得像钓鱼竿呢！"

过了很久，我提起这回事，打算给你的"满分"一个交代："呐，其实当时是看不惯你那么骄傲的样子。"

"就因为这剥夺了我高中三年的高光时刻！"说着你吃掉了我们面前烤盘里最后一个鱿鱼足片，算是给我的报复。

慢慢地，一不小心忘了这回事，彼时我正在追一个不太出名但长得好看的小偶像，一边看他和队友在地下练习室拍摄一些小打小闹的综艺，一边准备着自己的艺考。

高三上半学期，我集训回来发现座位变动，你被调到了与我相隔一个过道的旁边，课间你和你同桌的女孩子玩那会儿很流行的对视不准笑的游戏，她失败的时候围观的人都在起哄，而我却蓦地攥紧了指间的笔。

说不上是种什么感觉，现在想起来，仍然觉得很奇怪。

从来没经历过那么冷的早春，也不见得是气温低得滴水成冰，更多的原因是夜以继日的疲惫奔波。

前一天晚上坐高铁从校考点回家，第二天早上就来上学，教学楼连廊两边的树才冒的新芽又被冷意劝退，空气里扩散着灰蒙蒙的雾气，只不过随便找个地儿坐会儿而已，没想到能撞见你靠着树干补作业。

其实是懒得打招呼的，但你笑得很朝气，对提不起精神的我来说，像第一束破晓的光照到惺忪的睡眼，所以也被感染得笑了，你的问候有些真诚，我便自然而然地提起了最近的几次考试。有的时候女生的敞开心扉和喋喋不休仅一线之隔，但不得不说你真有点对谈的天赋，总能把认真关心和冒犯隐私区分得很好，以至于突然响起上课铃时我甚至有些恋恋不舍。

大概是很久都没人跟我说过这么多话了吧，一个人背着画板和颜料穿过很多人潮汹涌的站台，排在看不到头的队尾，又热闹又孤单，看来吊桥效应诚不欺我——用这样的理由开脱一些你在我心里的变化，如果之前你是一个谁在学生时代里都会遇到的风云人物般的模糊轮廓，那从此时开始，你的眉眼和神情已变得清晰利落。

时间飞逝，我也才只是借过你几次试卷，便到了六月初。

拍毕业照那天，风是浅蓝色的，几个月前稀落的芽苞已然变成了满树的浓绿，楼里的读书声一阵阵地从半开的窗里传来，你和几个男生勾肩搭背地站到台阶最高处，看向我的瞳孔里映着苍色苔痕和云海潮水。

我拉着闺蜜的手在你前面站定，然后转过身去看镜头。

"一、二、三——"

过了很久很久，我拿到毕业照，皱着眉端详半天，才后知后觉地想起快门按下时似乎被旁边的女生撞了一下，因此会有你伸出手扶住我的肩膀的动作，骨节分明的手藏匿在我精心打理过的发梢里，就这样被定格。

你看，博尔赫斯说过，任何命运，无论如何漫长复杂，实际上只反映于一个瞬间。

一如那天我在初夏热烈斑驳的光影里，确定了青春的瞬间。

上了大学的你忽然中二起来，半夜喝酒或去打耳骨钉，迟到的叛逆多少显得有些幼稚，好在魅力不减，随手给你朋友圈点的赞居然惹得一个女孩子把电话打到我这边，小姑娘礼貌又气势汹汹地开口，叫的竟是让我咬牙切齿的外号！

罢了罢了，我想，除此之外我也没在你的生活中留下其他痕迹了：你不知道我拒绝你一起去看的电影，后来自己去看了一遍；你不知道我前脚刚拒绝你喝酒的提议，后脚就自己开了一罐；就像我不知道被打电话并不是因为点赞，而是因为这些原本是你罗列在备忘录里的事项，可惜最终被带着我的名字一条一条地删掉。

今年春天，我忽然患了有记忆以来最严重的一次过敏。在草长莺飞、春心萌动的兰时，无论是句子中的"草长"抑或是"莺飞"都能轻易地搅动脆弱的免疫系统，动不动就掀起一片风团。

在被你叫住的那一刻，体内免疫因子恰好因为粉尘侵入而浓度达到峰值，它刺激着神经系统调控腺体，最先接到指示的泪腺开始发挥作用，在众目睽睽下我掉了第一颗眼泪，紧接着泪水滚滚而来。

苦思冥想到底是什么原因导致的：是过敏原还是免疫系统？是迎面而来的春风还是熟悉的街？是你还是漫长的分别？

忍不住揉眼。

也不一定什么都要有结果的，就像梦境是虚幻的，许愿未必会实现。

我们还是谈谈天气

✽ 苏更生

诺顿,你好呀。

最近我穿上了外套,秋天来了,温度在夜晚悄悄下降,白天依然是天朗气清的样子,可是在窗口站一会儿,就能发现风吹过来的温度变了。我住的公寓在第十五层,此刻窗外是蓝天白云,天空辽阔而白云似乎触手可及。难得一见的好天气,让人忍不住微笑起来。

好像除了天气,已经没有什么让我微笑了,诺顿先生,最近我时常叹气,在很多对话面前陷入了迟疑和沉默,有些话头我并不想接起来,只能转而说一句,还是谈谈天气吧。有些场合,沉默显得过于冷酷,拒绝又不太礼貌,于是只能谈论天气。还好最近天气好,变化多,足够支撑每个不舒适的谈话空隙。

有时候我想,人真的是好孤独呀,我们聊天,但是并不知道彼此真实的目的,人们总是把目的藏在各种掩饰中,我们交谈、讨好、拒绝、沉默,都带着自己的目的,没有人依靠,也没有人拥抱,诺顿先生,偶尔我会对这样的生活感到疲惫,但是怎么说呢,我也不能拒绝生活。人其实是没有办法自由地选择自己的生活方式的,某种程度上的自由可以,但是彻底的自由并不存在。我们依然是社会的一员,别人的同事,朋友的朋友,家人的家人。我们为了维护社会人的身份,不得不做很多事情,并告诉自己,这些都是应该的。

我们应该如此孤独吗?我想是的。我们的社会化只是抵抗孤独的掩饰,但是有时候,我发现演也很难演下去,假装不孤独,假装身边围绕着诸多人,假装在世界上找到了自己的位置,假装和热点很熟,假装我们关心一切。不,其实并不是这样,我们孤独,迷茫,以及对四周漠不关心,连自己的存在都难以确认。

唯一真实的,似乎是每天都变化的天气。诺顿先生,我现在睡得很早,起得也很早,每天起床我会看一会儿云,它们虽然转瞬即逝,但是让我感觉安心。有时候起床发现是阴雨天,我就更安心了,可以理直气壮地无所事事,让一切都停摆,把责任推给天气,让我有个借口,在这个世界里停下脚步,而且不责备自己。

诺顿先生,我偶尔想,我生活得劳累,是因为我过于负责任,总想把事情做好,守时、守礼和守则,这种渴望做好的念头,时刻让我紧张。如果做好了,我也不会开心,会想着要做得更好。我想这是不对的,人不应该

对自己提出如此多的要求，人也不应该为了向善的心而饱受折磨。可是事实就是如此，如果不负责任，我可能会开心很多。

但是我在逐渐放弃自己没有必要的责任心，比如不再温和礼貌地接下每个话题，不再温驯地回应无理的要求，适时地沉默、拒绝，谈论天气。我不再努力使人开心，这才让我自己开心。诺顿先生，我最近看到一个很好的比喻，有人说，人和自己、和他人的关系，就像自转和公转。最重要的，是处理好和自己的关系，让自转顺畅，然后去公转，让他人愉悦。但是我总是忘记这个道理。当自转一塌糊涂的时候，也要求公转顺畅，这是不合理的，也是不可能的。

人最重要的，当然还是让自己顺利地自转，在个人的世界保持平顺，然后去处理与他人的关系，让自己和他人分清楚，什么可以接受，什么该严厉拒绝，在每次被试探的时候都保持清晰的态度，不要期期艾艾，不要念兹在兹，一切过去的，就是应该过去的，需要强求的，就是不应该得到的，人生不要勉强，偏要勉强也只是为难自己。

想明白这个道理后，诺顿先生，我是真的松了一口气。我已经不再试图做一个好人了，我不能满足所有人对我的期待，我只能满足我对自己的期待。如果我连自己的期待都达不到，就去满足别人，这是妄念，渴望让所有人都喜欢自己的妄念。只有当你喜欢自己的时候，别人才会真的喜欢你，而不是试图从你身上索取。

至于那些讨厌的、向我们索取的人，就沉默、就拖延、就让他们觉得尴尬，就回复一句"还是谈论天气"，毕竟在所有的交集里，只有天气是一样的。诺顿先生，即便我们同处于一片天空下，人和人的区别也几乎大过了整个宇宙。人心难测，唯有保护好自己才是真理，不要为虚名和妄念所累，把自己弄得疲惫不堪。保持冷漠，保持距离，只谈论天气。

这么有用的道理，英国人早就教过我们了，但是我们似乎不信，我们总在天气之后，加上各种内容，可是结果往往让我们失望，人们不都是我们想象的那样。早知如此，我们就应该在谈论完天气后道别，我们谈论天气，只是谈论天气，那就永远不会失望，您说是不是这样？

您东半球官方指定唯一的女朋友
苏更生

请你原谅我对邦媛的感情

✽ 张大飞

振一：

你收到此信时，我已经死了，八年前和我一起考上航校的七个人，都走了。

三天前，最后的好友晚上没有回航，我知道下一个就轮到我了。我祷告，我沉思，内心觉得平静。

感谢你这些年来给我的友谊，感谢妈妈这些年对我的慈爱关怀，使我在上不着天，下不着地全然的漂泊中有一个可以思念的家。也请你原谅我对邦媛的感情，既拿不起也未早日放下。

我请地勤的周先生在我死后，把邦媛这些年写的信妥当地寄回给她。请你们原谅我用这种方式使她悲伤。

自从我找到你们在湖南的地址，这八年来，家书是我唯一可以寄出的信件，她代妈妈回我的信，是我最大的安慰。

我似乎看得见她由瘦小女孩长成少女，那天看到她由南开的操场走来，我竟然在惊讶中脱口而出说出心意，我怎么会终于说我爱她呢？

这些年中，我一直告诉自己，只能是兄妹之情，否则，我死了会害她，我活着也是害她。

这些年来我们走着多么不同的道路，我这些年只会升空作战，全神贯注天上地下的生死存亡；而她每日在诗书之间，正朝我祝福的光明之路走去。以我这必死之身，怎能对她说"我爱你"呢？

去年暑假前，她说要转学到昆明来靠我近些，我才知道事情严重。爸爸妈妈怎会答应？像我这样朝不保夕，移防不定的人怎能照顾她？

我写信力劝她留在四川，好好读书。我现在休假也去喝酒，去跳舞了。我活了二十六岁，这些人生滋味以前全未尝过。从军以来保持身心洁净，一心想在战后去当随军牧师。

秋天驻防桂林时，在礼拜堂认识一位和我同年的中学老师。她到云南来找我，圣诞节和我在驻地结婚。

我死之后，抚恤金一半给我弟弟，请他在胜利后回家乡奉养母亲。

请你委婉劝邦媛忘了我吧，我生前死后只盼望她一生幸福。

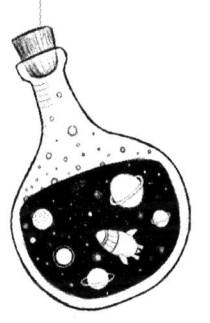

被仰望的
或被遗忘的

雨伞

✻ 川端康成

春雨似雾，虽然不会湿透衣物，却会沾润人的肌肤。跑出门口的少女看见少年的伞，这才察觉：

“呀，下雨呐？”

少年正站在店门前。少年撑开雨伞，与其说是为了挡雨，莫如说是为了掩藏自己走过少女面前时流露出来的羞涩。

但是，少年默默地将雨伞移过去给少女挡雨，只有一侧肩膀在雨伞下。尽管挨淋，少年却难以启齿说出“请过来”，然后让少女靠近过来。少女虽然也曾想过自己用一只手扶着伞把，但总是想从雨伞下溜走。

两个人走进了照相馆。少年的父亲是个官吏，即将调任远方。这是为他拍的临别赠相。

“二位请并排坐在这儿。”摄影师指着长椅子说。

少年无法同少女并肩而坐，就站在少女的背后。为了让两人的身体在某一点上接合起来，他用扶着椅子的手指轻轻地触摸少女的短外褂。这是他初次触及少女的身体。透过手指传导过来的微微的体温，使少年感受到一阵似是紧紧拥抱着赤身少女的温馨。

这一生中每逢看到这张照片，也许就会想起她的体温来吧。

“再照一张好吗？二位肩并肩，把上半身照大些。”

少年只顾点点头。

“头发……”少年对少女小声地说。

少女猛然抬头望了望少年，脸颊倏地绯红，眼睛闪烁着光芒，充满了明朗的喜悦，像孩子般乖乖地碎步走到了化妆室。

方才少女看见少年经过门口，顾不及整理一下头发就飞跑出来，头发蓬乱得像是刚摘下游泳帽似的。少女一直为这乱发耿耿于怀，可是在少年面前连拢拢两鬓的短发修饰一下也觉着害羞。少年也觉得，如果对她说声“拢拢头发吧”都会羞辱少女的。

向化妆室走去的少女那股子快活劲儿，也感染了少年，喜悦之余，两个人理所当然地互相偎依坐在长椅子上。

刚要走出照相馆，少年寻找起雨伞来。忽然看见先走的少女手里已经拿着那把雨伞站在门口。少女发现少年望着自己才意识到自己是拿着少年的雨伞走出来的，她不觉一惊。

这种无意识的举止，难道不正是流露出她已经感觉到“那是他的东西”了吗？

少年难以启齿说出“让我拿雨伞吧”，少女则无法把雨伞交给少年。然而，此时此刻两个人与来照相馆的路上迥异，仿佛突然间变成了大人，带着夫妻般的心情踏上了归途。这仅仅是关于雨伞的一桩韵事……

从前，当她坐下来聆听雨声的时候，曾有过同样的惊悸。她总能听见铁栅栏嘎吱嘎吱响，听见铺着砖的小路上有脚步声，听见门槛外靴子在地面上踢踢踏踏的声音。很多个夜晚，她总盼望着那人会来敲响她的门。可到了后来，当她学会了辨识雨中各色各样的声音后，她想，那个想象中的人永远也不会迈过门槛，于是便习惯了不再等待。这是她在五年前那个狂风暴雨的九月夜晚做出的最终决定，从那时起，她开始思索自己的人生，并对自己说："照这样下去，我最后会变老的。"从那时起，雨声便有了变化。有些时候，铺着砖的小路上的脚步声不见了，代替它们的唯有雨声。

尽管她已决定不再等候，但事实上有几次栅栏又发出了嘎吱声，门槛外那人的靴子又踢踢踏踏作响，和从前一样。可这时雨声已经给了她新的启示。她又一次听见了诺埃尔的声音，十五岁的他正给他的鹦鹉宣讲教义；又听见那台老式留声机放着古老而忧伤的歌曲，那留声机后来在她们家最后一个男人死去之后被卖给了小杂货铺。她早已学会了在雨声中找回家里过去消失了的声音，那些最纯净、最亲切的声音。就在这个风雨交加的夜晚，一件意外的新鲜事儿发生了，那个好几次推开铁栅栏的男人走上了铺着砖的小路，在门口咳嗽了一声，敲了两下门。

一种无法遏制的渴望使她脸色发灰，她轻轻地做了个手势，把目光投向另一个女人待着的地方，说道："他来了。"

另一个女人坐在桌旁，胳膊肘支在没有磨光的粗橡木桌面上。听到敲门声，她朝油灯看过去，仿佛被一股刺人心脾的渴望震动了。

"这个钟点了，会是谁呢？"那女人问道。

这时她又恢复了平静，十分有把握，就像是在说一句多年来一直在酝酿的话。

"这无所谓。不管是谁，他这会儿一定冻僵了。"

在她的目光寸步不离的关注下，另一个女人站起身来。她看着她拿起油灯，消失在走廊里。从昏暗的客厅里，在黑暗中听上去更响的雨声中，她感觉到那女人的脚步声，在门厅散乱的旧砖上一脚轻一脚重地渐行渐远。接着她听见油灯碰在了墙上，再下来就是门闩在生了锈的铁环里抽动的声音。

一时间，她耳朵里听见的只有遥远的过去的声音。她听见很久以前诺埃尔坐在木桶上兴致勃勃地给他那只鹦鹉宣讲上帝的旨意；她听见院子里车轮的嘎吱声，爸爸劳雷尔正打开大门，好让那辆两头牛拉的车能进来；她听见赫诺维瓦总是把家里吵翻了天，因为"这个倒霉的厕所每次都被占着"；然后，听见的又是爸爸劳雷尔的声音，听见他满嘴当兵时的粗话，用猎枪轰着燕子，那杆枪是他在最后那场内战中用过的，他一个人用它打败了整整一个师的政府军。她甚至还想，这次的事仅仅也就是敲了敲门而已，就像从前仅仅是用靴子在门槛上蹭了蹭一样；她还想，另一个女人打开了门，可看见的也不过是雨中一盆一盆的花，还有那凄凄凉凉、空无一人的街道。

然而，紧接着她就清清楚楚地听见黑暗中传来说话的声音，又听见了那熟悉的脚步声，看见了门厅的墙上拉得长长的人影。此刻她明白了，那个一次次推开铁栅栏的男人，在多年的试探之后，在一个个犹豫和悔恨的夜晚之后，终于决定了走进来。

另一个女人拿着灯走了回来，后面紧跟着刚进来的那个男人。她把灯放在桌上，那男人——就在灯光的光影里——被风暴吹得变了形的脸冲着墙，他脱

✱ 马尔克斯

有人
从雨中来

去了雨衣。这时，她第一次看见了他。一开始，她定定地看着他，然后又从头到脚，把他身体的每个部分都细细打量了一番，她目光坚毅，专注而认真，仿佛不是在打量一个男人，而是在端详一只鸟。最后，她把目光收回到油灯那里，开始思索起来："不管怎么说，就是他，虽说在我以前的想象中他要稍微高一些。"

另一个女人把一把椅子拖到桌子旁边。男人坐了下来，跷起一条腿，解开了靴子上的鞋带。另一个女人在他身边坐下，有一搭没一搭地和他说着话，说的什么她在摇椅这边一点儿也听不清楚。可从他们不说话时的表情上，她感觉到自己正从遗弃中被救赎，并且注意到，布满尘土、缺乏生气的空气中又有了从前的气息，仿佛又回到了那个男人们带着一身汗臭味走进卧室的年代。而那时，乌尔苏拉，那个慌慌张张的壮实女孩，每天下午四点五分都会跑到窗口目送火车离去。她看着他的动作和表情，心里很庆幸这个陌生人这样做了；庆幸他明白了，在一次艰难的、需要时时修正的行程之后，自己终于找到了这座迷失在暴风雨中的房子。

男人开始解衬衣的扣子。他已经脱去了靴子，正把身子俯在桌面上，就着灯火的热度烘干自己。这时，另一个女人站起身来，走到橱柜前，回到桌旁的时候，她手里拿着一瓶喝了一半的酒和一只酒杯。男人一把抓住瓶颈，用牙齿咬开软木塞，给自己倒了半杯绿绿稠稠的烈酒，紧接着，带着饥渴与兴奋，一口气喝光了。她坐在摇椅里，看着他，想起了那个晚上，当栅栏第一次发出响声——那是多久以前的事了！——她想过，家里除了这瓶薄荷酒再也没有什么东西可以拿出来招待客人了。她也曾对女伴说过："得把那瓶酒放在橱柜里，说不定什么时候就有人要喝。"女伴问她："谁？""随便谁。"她答道，"下雨天，万一有人来，有准备总是好一点儿。"从那时起好多年过去了。现在，那个预想中的男人就在那里，往杯子里又倒了些酒。

但这次男人没有喝成酒。就在他准备喝的时候，他的目光越过油灯，往暗处扫视了一番，于是她头一次在他的目光中感到一丝暖意。她明白了，直到此刻，男人还没有觉察到这间屋子里还有一个女人存在，于是她摇起了摇椅。

有那么一会儿，男人带着一种冒冒失失的关注仔细地打量着她，这种冒失也许还有些故意的成分。一开始她有点儿不知所措，可紧接着她就察觉到，这目光她也似曾相识，虽说这审视的目光紧盯着她不放，有些肆无忌惮的味道，但是目光里饱含着诺埃尔那种略带调皮的善良，还有一丝他那只鹦鹉慢吞吞的、老实巴交的笨拙。因此她开始边摇摇椅边想："即便他并不是那个总来推开铁栅栏的男人，但不管怎么着吧，就算是他了。"那个男人注视着她，她边摇晃边想："要是爸爸劳雷尔在的话，会邀请他到园子里去打兔子的。"

将近半夜时分，暴雨越下越大。另一个女人把椅子拖到摇椅跟前，两个女人就这样静悄悄的，一动不动，看着男人就着灯火把自己烘干。邻近的一棵巴旦杏树上，一根伸出的树枝好几次敲打着没关紧的窗户；一阵狂风袭来，客厅里的空气变得潮湿。她感觉脸庞被割得生疼，但还是一动没动，直到看见那男人把最后一滴薄荷酒倒进了杯子里。在她看来，这场面有点儿象征意义。她想起了爸爸劳雷尔，想起他一个人掩蔽在畜栏里作战，用一杆打燕子的霰弹枪，把政府军一一打倒。她又想起了奥雷里亚诺·布恩迪亚上校写给爸爸的那封信，还有他授予爸爸的上尉军衔，爸爸劳雷尔拒绝了，他说："告诉奥雷里亚诺，我这么做不是为了什么战争，只是不想让这些野蛮人把我的兔子吃掉。"

在这番回忆里，她就像是把她在这所房子里仅剩的过去也一滴不剩地倒得干干净净。

"橱柜里还有什么吗？"她阴郁地问了一句。

另一个女人也用同一种语气，同一种声调，想着那个男人不会听见，说：

"什么也没有了。你记得吧，星期一我们就把最后一小把菜豆吃光了。"

说完，她们好像担心对话被那男人听到，都向桌子那边看过去，但她们看到的只是一团漆黑，桌子和男人都不见了。可她们知道，男人就在那里，看不见，但就在熄灭了的灯旁边。她们知道，雨不停他是不会离开这所房子的，她们还知道，在黑暗中客厅变得如此之小，要是那男人听见了她们的对话，那也没什么好奇怪的。

人是为明天活着的，因为记忆中有朝阳晓露。假若过去的早晨都似地狱那么黑暗丑恶，盼明天干吗呢？是的，记忆中也有痛苦危险，可是希望会把过去的恐怖裹上一层糖衣，像看着一出悲剧似的，苦中有些甜美。无论怎么说吧，过去的一切都不可移动；实在，所以可靠；明天的渺茫全仗昨天的实在撑持着，新梦是旧事的拆洗缝补。

对了，我记得她的眼睛。她死了好多年了，她的眼睛还活着，在我的心里。这对眼睛替我看守着爱情。当我忙得忘了许多事，甚至于忘了她；这两只眼睛会忽然在一朵云中，或一汪水里，或一瓣花上，或一线光中，轻轻地一闪，像归燕的翅儿，只须一闪，我便感到无限的春光。我立刻就回到那梦境中，哪一件小事都凄凉，甜美，如同独自在春月下踏着落花。

这双眼所引起的一点爱火，只是极纯的一个小火苗，像心中的一点晚霞，晚霞的结晶。它可以烧明了流水远山，照明了春花秋叶，给海浪一些金光，可是它恰好的也能在我心中，照明了我的泪珠。

它们只有两个神情：一个是凝视，极短极快，可是千真万确的是凝视。只微微地一看，就看到我的灵魂，把一切都无声地告诉了我。凝视，一点也不错，我知道她只须极快地一看，看的动作过去了，极快地过去了，可是，她心里看着我呢，不定看多么久呢；我到底得管这叫作凝视，不论它是多么快，多么短，一切的诗文都用不着，这一眼便道尽了"爱"所会说的与所会做的。

我没和她说过一句话，没握过一次手，见面连点头都不点。可是我的一切，她知道；她的一切，我知道。我们用不着看彼此的服装，用不着打听彼此的身世，我们一眼看到一粒珍珠，藏在彼此的心里；这一点点便是我们的一切，那些七零八碎的东西都是配搭，都无须注意。看我一眼，她低着头轻快地走过去，把一点微笑留在她身后的空气中，像太阳落后还留下一些明霞。

我们彼此躲避着，同时彼此愿马上搂抱在一处。我们轻轻哀叹。忽然遇见了，那么凝视一下，登时欢喜起来，身上像减了分量，每一步都走得轻快有力，像要跳起来的样子。

我们极愿意说一句话，可是我们很怕交谈，说

* 老舍

她那么看过我

什么呢？哪一个日常的俗字能道出我的心事呢？让我们不开口吧！我们的对视与微笑都是永生的，是完全的，其余的一切都是破碎微弱，不值得一提的。

我们分离有许多年了，她还是那么秀美，那么多情。在我心里，她将永远不老，永远只向我一个人微笑。在我的梦中，我常常看见她，一个甜美的梦是最真实、最纯洁、最完美的。多少人生中的小困苦小折磨使我丧气，使我轻看生命。可是，那个微笑与眼神忽然从哪儿飞来，我想起唯有"人面桃花相映红"方可比拟的一点心情与境界，我忘了困苦，我不再丧气，我恢复了青春：无疑的，我在她的洁白的梦中，必定还是个美少年啊！

春在燕的翅上，把春光颤得更明了一些，同样，我的青春在她的眼里，永远使我的血温暖，像土中的一颗籽粒，永远想发出一颗小小的绿芽。一粒小豆那么小的一点爱情，眼珠一移，嘴唇一动，日月都没有了作用，到无论什么时候，我们总是一对刚开开的春花。

不要再说什么，不要再说什么！我的烦恼也是香甜的啊，因为她那么看过我。

匿名信

※ 莫拉维亚

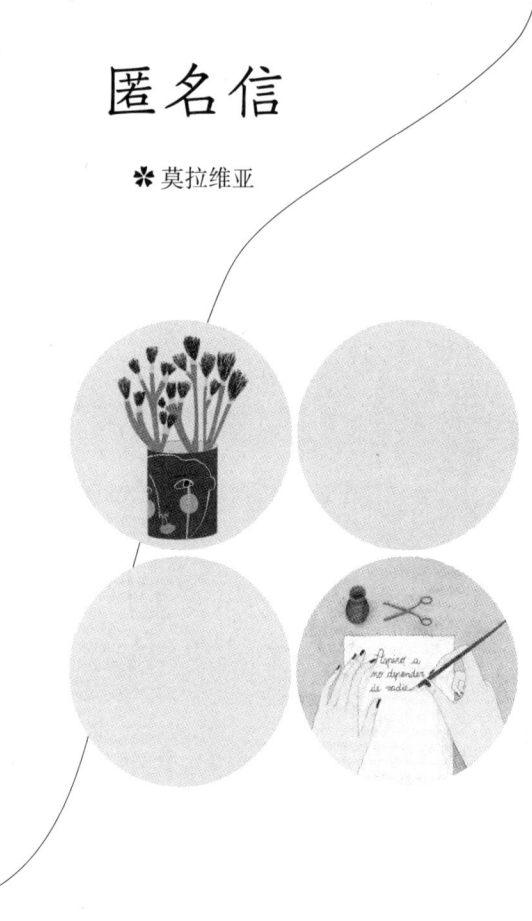

那年冬天,我在B城求学,与一个名叫托里西的人交上朋友,他是市镇所的职员。一家寡妇有几间房子出租,我们两人都住在那儿。寡妇的房子悬跨在街道小巷陡斜的阶梯上,托里西整天就穿梭在他窄小的住所和市镇办公大楼挂有壁画的大房间之间。他是一位面孔白净、头发金黄色的青年;矮胖个子,好激动。他总是不断地把自己如何贫寒、谦逊、无知挂在嘴边,这使他显得过分矜持。由此我了解到他是个十分自负的人,自负到情愿谦卑地贬低自己,而不让别人侮辱自己。说实在的,他这种虚伪的自我谦卑倒也合乎现实:托里西时刻宣称自己是文化不高的平庸的人,殊不知他实际上是那种粗俗而又缺乏教养的人。他的狡黠和机敏使他在那堂堂的外表下隐匿着令人难以捉摸的心灵。我在工作之余,总跟他在一起,我们很快就成了好朋友。

在这样一个省城里,交通往来和人际间的关系,只局限在一条不到百步长的街道之中,在那条街上仅有一两家咖啡馆,要引人注目并非难事。为此当我第一次收到匿名信时,我并不感到十分惊讶。

在一张折成信封状的方形的破纸片上,我被告知不该与托里西先生交朋友。信里说他是个用心险恶、诡计多端、妒忌成性、专门惹是生非的坏家伙,并警告我得留神他,等等。落款处写的是常见的"朋友"两字。我把信扔了,还是与托里西来往。

过了没几天,我又接到两封匿名信,信中继续对托里西的品格恶意中伤,最后警告我说很快我自己会吃他的苦头的。又过了好几天,第四封匿名信说得更明确了,但我发现有拼写的错误,信上说托里西赌钱输了,他将向我借钱,叫我不要借给他,因为他是个众人皆知的大骗子。我等待着事情的发生。那天晚上,有人敲我的门,进来的是托里西,他神情尴尬,说要求我帮个忙。我身不由主地叫喊说:"我打赌,你是来向我借钱的。"

我的话使他感到十分意外,他很快否认,说他不需要钱,而是要向我借一条晚礼服上系的领带,他要去参加一次晚宴。我感到惶恐不安,我想他是害怕了,在最后一刻把要借钱的事突然缩回去了。

但第五封匿名信写得更厉害了,我被告知说托里西想跟我们房东寡妇的十八岁的女儿里维亚私奔,还讲了许多细节。信里又说里维亚糊里糊涂地同意了,她是被托里西的花言巧语诱惑,我应该阻止她,因为托里西处事轻率,其实他并不想与里维亚结婚。信说他们约定了十一月七日晚上私奔,还特别提到托里西有一个同谋,是他的一个朋友,他将用车在那边教堂的角落里等着他和姑娘,然后就把他们送到附近的一个城市里去。这一次我得睁开眼睛看看清楚了,搞清究竟谁是匿名信的作者。我也想阻拦他们。

但说实在的,他们私奔与我不相干。那么多的错字、歪歪扭扭的粗犷笔体,一时使我怀疑上了女用人,但我搞错了,可怜的姑娘是个目不识丁的文盲。

十一月七日的晚上到了,寡妇、女儿、托里西和我四个人都在,坐在已收好碗筷的饭桌旁。你看,在餐室里，大家专心致志地玩起了牌。我尽管在玩牌，眼睛却瞧着里维亚，她褐色的脸庞显得十分平静而又温和，我不禁怀疑起私奔的事情的真实性来。

托里西也很平静，但我觉得他显得过分的平静，简直是有点装腔作势了。真的，他所有的姿态都带着一种矫揉造作，像是个蹩脚的演员。打完了牌，我们相互道别，各自回寝室了。托里西又与我在一起待了一会儿，后来，他也告辞了。我回到自己房里，坐在床上，脸朝着半开着的门。过了两三个小时，客厅里没有任何动静，听到的只是那座大挂钟发出的不倦的响亮的敲击声。我打着哈欠，伸着懒腰，懒洋洋地想躺下睡觉，这时一阵轻轻的脚步声，使我跳将起来。我冲出房门，一头就撞见了托里西，他已穿好了衣服，帽子压在眼睛上，朝门口走去。

他对我说他睡不着觉，想上街散散步，问我是否与他作伴。我同意了。我们来到大街上，那时候街上是黑漆漆的一片，空无一人。天上下着毛毛细雨。托里西似乎心不在焉，我却想着私奔的事。我对他说："您在这座城市里，或许就在您住的家里，有一个敌人吧？"

"难道只有一个？"他带着讥讽的口吻反问道。

"有个势不两立的敌人。"

我回答说。我扼要地向他讲了匿名信的事，尤其是最后一封，那封谈到私奔的信。我们来到广场上。我似乎在雨夜的黑幕之下，隐约看见了教堂角落里停放着的一辆汽车的黑色轮廓。托里西简单地说："那些信都是我写的。"

对他的坦率，我感到吃惊，但我更惊讶的是自己为何事先没有想到过是他呢？尽管他这样做的动机我摸不透。我询问他："为什么？"他耸耸肩说："就是为了取乐。"

汽车熄了车灯从教堂的角落里开了出来，在我们身边缓缓驶过。托里西做了个简单的手势，好像赶一只苍蝇似的，这也许是一个拒绝的手势。他又解释道："您看，我们在省城里都住腻烦了……"

现在，汽车在光亮的柏油马路上缓慢地行驶，在两排阴暗的大厦之间逐渐走远了。我感到托里西几乎是用伤感的眼神看了汽车一眼，我问道："这汽车原来是……"

"我哪来的汽车！"他马上回答说，"我也不知道是谁的，一辆平常的汽车。"

"你揭发的只是你臆造出来的缺点和罪行，但我看不出你这样做有何乐趣？"

"反正为了消磨时间。"

他回答说。

"里维亚呢？"

"别提这个傻姑娘了。"

托里西从口袋里掏出一封我收到过的那种信，把它递给我说："这是最后一封……我正要去投寄呢，我把它交给你，省得我再贴邮票。在这封信里我告知你，里维亚不愿与我一起逃跑，因为她实际上爱上了你。"

"我？"

"是的，爱上了你……当然，这不是真的……只是为了找个理由。"

"是为了寻个开心……但她究竟爱上了谁，难道你知道？"

"她谁也不爱……"他漫不经心地说，"反正她不爱我们两个人，也许她爱上了一个大学生的表兄……或者是另一个人……这与我们不相干。"

我们到了寡妇的家门口。

"那拼写的错误是怎么回事？"我问道。

这回，他真的傻眼了，反问说："哪些错误？"

"'大骗子'一词少了一个'C'，'事件'的冠词后面多了一个鼻音，'姑娘'一词中的'Z'字母写成'C'了，我曾以为是女用人写的信呢……你是故意这样做的吧？"我见他马上沉下了脸，很生气。

"我没有故意这样做……"他说话的声调使我很反感，"……写字是没有错字的……晚安。"

几天后我离开了 B 城，我经常自问，为何托里西要写那些匿名信，我得出的结论是：他是个懦夫，是个思想的巨人，行动的矮子。他没有勇气行动，就只好写信。或许是为了给自己的行动壮胆。但在一年以后，我得知里维亚真的从家里出走了，这是偶然的巧合。但她不是跟托里西走的。

捉 弄

✻ 契诃夫

> 她一声欢呼，笑开了脸，迎着风张开臂膀，那么高兴，幸福，真是美丽极了。

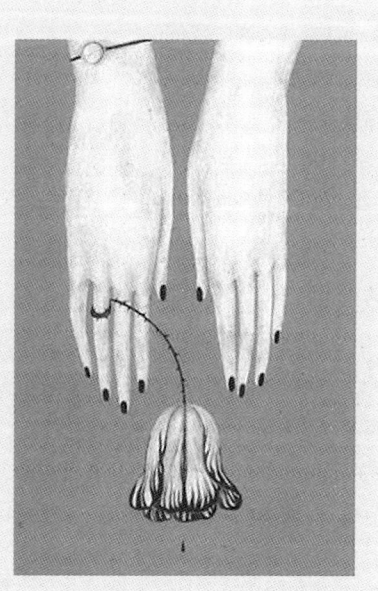

一个晴朗的冬日的中午……天气严寒，冻得树木咔咔作响。娜坚卡（娜坚卡，娜佳，均为娜杰日达的小名）挽着我的胳膊，两鬓的鬈发上，嘴上的茸毛上，已经蒙着薄薄的银霜。我们站在一座高山上。从我们脚下到平地伸展着一溜斜坡，在阳光的照耀下，它像镜子一样闪闪发光。在我们身边的地上，放着一副小小的轻便雪橇，蒙着猩红色的绒布。

"让我们一块儿滑下去，娜杰日达·彼得罗夫娜！"我央求道，"只滑一次！我向您保证：我们将完整无缺，不伤一根毫毛。"

可是娜坚卡害怕。从她那双小小的胶皮套鞋到冰山脚下的这段距离，在她看来就像一个深不可测的可怕地穴。当我刚邀她坐上雪橇时，她往下一看，不禁倒抽一口冷气，连呼吸都停止了。要是她当真冒险飞向深渊，那又会怎么样？她会吓死的，吓疯的。

"求求您！"我又说，"用不着害怕！您要明白，您这是缺少毅力，胆怯！"

娜坚卡最后让步了，不过看她的脸色我知道，她是冒着生命危险作出让步的。我扶她坐到小雪橇上，一手搂着这个脸色苍白、浑身打战的姑娘，跟她一道跌进深渊。

雪橇飞出去，像出膛的子弹。劈开的空气迎面袭来，在耳畔怒吼呼啸，凶狠地撕扯着我们的衣帽，刀割般刺痛我们的脸颊，简直想揪下你肩膀上的脑袋。在风的压力下，我们几乎难以呼吸。像有个魔鬼用铁爪把我们紧紧抓住，咆哮着要把我们拖进地狱里去。周围的景物汇成一条长长的忽闪而过的带子……眼看再过一秒钟，我们就要粉身碎骨了！

"我爱你，娜佳！"我小声说。

雪橇滑得越来越平缓，风的吼声和树木的沙沙声已经不那么可怕，呼吸也不再困难，我们终于滑到了山脚下。娜坚卡已经半死不活。她脸色煞白，奄奄一息……我帮她站起身来。

"下一回说什么也不滑了，"她睁大一双布满恐惧的眼睛望着我说，"一辈子也不滑了！差点没把我吓死！"

过了一会儿，她回过神来，开始露出怀疑的探察我的眼神：那句话是我说的，或者仅仅是在旋风的呼啸声中她的幻听？我呢，站在她身旁，抽着烟，专心致志地检查我的手套。

她挽起我的胳膊，我们在山下又玩了好久。那个谜显然搅得她心绪不宁。那句话是说了吗？说了还是没说？说了还是没说？这可是一个有关她的自尊心、名誉、生命和幸福的问题，非常重要的问题，世界上头等重要的问题。娜坚卡不耐烦地、忧郁地、用那种有穿透力的目光打量我的脸，胡乱地回答我的问话，等着我会不会再说出那句话。啊，在这张可爱的脸上，表情是多么丰富呀，多么丰富！我看得出来，她在竭力控制自己，她想说点什么，提个什么问题，但她找不到词句，她感到别扭，可怕，再者，欢乐妨碍她……

"您知道吗？"她说，眼睛没有看我。

"什么？"我问。

"让我们再……再滑一次雪橇。"

于是我们拾级而上。我再一次扶着脸色苍白、浑身打战的娜坚卡坐上雪橇，我们再一次飞向恐怖的深渊，再一次听到风的呼啸，树木的沙沙声，而且在雪橇飞得最快、风声最大的当儿，我再一次小声说："我爱你，娜佳！"

雪橇终于停住，娜坚卡立即回头观看我们刚刚滑下来的山坡，随后久久地审视着我的脸，倾听着我那无动于衷、毫无热情的声音，于是她整个人，浑身上下，连她的皮手套和围巾、帽子在内，无不流露出极度的困惑。她的脸上分明写着：

"怎么回事？那句话到底是谁说的？是他，还是我听错了？"

这个疑团弄得她心神不定，失去了耐心。可怜的姑娘不回答我的问话，愁眉苦脸，眼看着就要哭出来了。

"我们是不是该回家了？"我问她。

"可是我……我喜欢这样滑雪，"她涨红着脸说，"我们再滑一次好吗？"

虽说她"喜欢"这样滑雪，可是，当她坐上雪橇时，跟前两次一样，她依旧脸色苍白，吓得透不过气来，浑身直打哆嗦。

我们第三次飞身滑下，我看到，她一直盯着我的脸，注视着我的嘴唇。可是我用围巾挡住嘴，咳嗽一声，正当我们滑到半山腰时，我又小声说了一句：

"我爱你，娜佳！"

结果谜依旧是谜。娜坚卡默默不语，想着心事……我从冰场把她送回家，她尽量不出声地走着，放慢脚步，一直期待着我会不会对她再说那句话。我看得出来，她的内心怎样受着煎熬，又怎样竭力克制自己，免得说出：

"这句话不可能是风说的！我也不希望是风说的！"

第二天上午，我收到一张便条："如果您今天还去冰场，请顺便来叫我一声。娜。"从此以后，我和娜坚卡几乎天天都去滑雪。当我们坐着雪橇滑下坡时，每一次我总是小声说出那句话："我爱你，娜佳！"

很快娜坚卡对这句话就听上瘾了，就像人对喝酒、服吗啡能上瘾一样。现在缺了这句话她就没法生活了。当然，从山顶上飞身滑下依旧令人胆战心惊，可是此刻的恐惧和危险，反而给那句表白爱情的话平添一种特殊的魅力，尽管这句话依旧是个谜，依旧折磨着她的心。受到怀疑的依旧是我和风……这二者中究竟谁在向她诉说爱情，她不知道，但后来她显然已经不在乎了——只要喝醉了就成，管它用什么样的杯子喝的呢！

一天中午，我独自一人去了冰场。我混在拥挤的人群中，突然发现娜坚卡正朝山脚下走去，东张西望地在寻找我……后来她畏畏缩缩地顺着阶梯往上走……一个人滑下来是很可怕的，哎呀，可怕极了！她脸色白得像雪，战战兢兢地走着，倒像赴刑场一般，但还是走着，头也不回，坚决地走着。她显然打定主意，最后要试一试，身边没有我的时候，还能不能听到那句美妙而甜蜜的话？我看到她脸色苍白，吓得张着嘴，坐上雪橇，闭上眼睛，像向人世告别似的滑下去……"沙沙沙"……树木发出响声。我不知道娜坚卡是否听到了那句话，我只看到，她从雪橇上站起来时已经摇摇晃晃、有气无力了。看她的脸色可知，连她自己也不知道究竟听到什么没有，她一人滑下时的恐惧夺走了她的听觉，她已经丧失了辨别声音和理解的能力……

眼看着早春三月已经来临……阳光变得暖和起来。我们那座冰山渐渐发黑，失去了原有的光彩，最后冰雪都化了。我们也不再去滑雪。可怜的娜坚卡再也听不到那句话，何况也没人对她说了，因为这时已听不到风声，而我正要动身去彼得堡——要去很久，也许一去不复返了。

有一回，大约在我动身的前两天，薄暮中我坐在小花园里，这花园同娜坚卡居住的那个院子只隔着一道带钉子的高板墙……天气还相当冷，畜粪下面还有积雪，树木萧条，但已经透出春天的气息，一群白嘴鸦大声聒噪，忙着找旧枝宿夜。我走到板墙跟前，从板缝里一直往里张望。我看到娜坚卡走出门来，站在台阶上，抬起悲凉伤感的目光望着天空……春风吹拂着她那苍白忧郁的脸……这风勾起她的回忆：昔日，在半山腰，正是在呼啸的风声中她听到了那句话。于是她的脸色变得越来越忧郁，两行眼泪夺眶而出……可怜的姑娘张开臂膀，似乎在央求春风再一次给她送来那句话。我等着一阵风刮过去，小声说："我爱你，娜佳！"

我的天哪，娜坚卡起了什么样的变化！她一声欢呼，笑开了脸，迎着风张开臂膀，那么高兴、幸福，真是美丽极了。

我走开了，回去收拾行装……

这已是很久以前的事了。如今娜坚卡已经出嫁。究竟是出于父母之命，还是她本人的意愿——这无关紧要，她嫁给了贵族监护会的一名秘书，现在已经有了三个孩子。想当年，我们一块儿滑雪，那风送到她耳畔一句话："我爱你，娜佳！"——这段回忆是永生难忘的。对她来说，这是一生中最幸福、最动人、最美好的回忆……

如今我也上了年纪，已经不明白，为什么当初我说了那句话，为什么要捉弄她……

被仰望的或被遗忘的 113

01 想成为什么样的人
"一个勇敢无畏的人"

我常常收到初中高年级或高中低年级学生寄来的社会调查明信片，其中有这样一个问题："你小时候想要成为什么样的人？"

小时候，每当我想到这个问题时，思考的都是另外意义上的自己"想成为什么样的人"。

战争时我还是个孩子，我和一起玩儿的小伙伴们，无一例外地都想当战斗机飞行员。其实，那只是意识表层的念头，在我内心深处却是否定的，认为自己恐怕成不了那样的人。

因为我觉得自己不具备作为飞行员所必需的灵活的运动能力。加上我头脑迟钝，要在狭窄的操纵席上迅速判断事态，对数据进行运算后与敌机去战斗，这样的事我也做不来。

在我看来，"想成为什么样的人"这个问题并不是指做什么工作，而是指想成为具有什么样心灵和生活态度的人。那个时候，我心里就有一个具体的目标，我想等我长大了，不，从现在起，就要成为他那样的人，成为一个勇敢无畏的人。

我还在一篇题为《你最尊敬的人》的作文中，写过那个人的故事。语文老师在班上读了我的作文，全班同学听了哄堂大笑。高年级女生还专门跑到我们教室外面的楼道里，站在那儿对我指指点点，嘻嘻笑个不停。

所以，作文发下来后，我就把它撕了，而且从那以后再也没有跟别人讲起过那个人的事情。尽管如此，我一直忘不了那个人。直到今天，我还能清晰地回忆起自己被当时发生的事深深打动的情景。

那个人的名字我记不太清楚了，好像是叫河野，那还是我上国民学校（当时的叫法）三年级以前的事情了。

02 梦想当"知识分子"
"和我对立的人也同样是知识分子"

说到"知识分子"，都有哪些人浮现在我脑海里呢？下面我就按照想到的先后顺序，谈谈迄今为止，对自己见过的各种知识分子的印象。

＞＞＞

我想在临死前烧掉所有未完成的手稿

✻ 大江健三郎

＜＜＜

他们各自都有着从事一生的工作。为了做好这个工作，他们从年轻时开始学习，一直没有间断过。他们还各有其独特的积累和钻研知识的方式，同时也体现了他们每个人的品格。

他们是通过自己的专业——即使有些人表面上好像脱离了其专业，其实根本上还是相关联的——思考自己生活的社会和世事的人，是对于社会发展的历史及现状具有自己看法的人。而且，他们还能够理解同样具有自己看法的其他人，无论对别人的看法是赞成还是反对，他们都首先注重去理解别人的看法。

这样的人会把自己从以往的人生中学到的、经历过的，以及现在自己的工作中最为重要的事，用孩子也能听懂的语言，幽默地表达出来。

他们是以自己现在从事的工作为中心，对自己的生活方式负责任的人。他们对自己，对家人，对朋友们以至对社会都能够负起责任，不但自己有所成就，还愿意和周围的人一起努力。

此外，他们还是对于自己现在生存的社会的不太远的将来持有自己观点的人，如果没有了自己的主见，他们会感到悲哀。

如果有人问："你说说具体是什么样的人呢？"若以日本的小说家为例，我想可以举出夏目漱石。

我到底当没当上小时候梦寐以求的"知识分子"呢？现在我能够明确告诉你们的是，在我以往的生活中，在我的朋友里，无论是我国还是外国，无论是过去还是现在，都有这样典型的知识分子，这是无可置疑的。

我活到这么大岁数，性格又不那么温顺，所以虽然认识的人不少，但和其中一些人是绝不来往的。我发觉，那些我能够终生保持朋友关系的人——已经去世的年长的朋友，以及与其说是朋友不如说是老师的人——正是我高中时梦想的知识分子。自己小时候渴求的愿望终于实现了！

但是，和我对立的人也同样是知识分子，而且，这些人中在社会上有地位的人很多，只是他们不是我小时候想象的"知识分子"的形象。想必对方也同样这么看吧。下了这个判断，我感觉解开了心中的结，即明白了自己那时到底是不是做了错事。

在我早期发表的有关书信往来的连载中，最让我难以忘怀的是和巴勒斯坦出生的、在美国大学讲授文学和文化的教授爱德华·萨义德——当时他正处于痛苦的时期——之间的通信。萨义德在其中一封信里说："你具有和其他人的经验产生共鸣的能力，由于经常读书，你和我似乎有着共同的感受方式和思考方式。"

我们俩已经是二十年的朋友了，萨义德先生可称得上是现在世界上最好的知识分子，先生在信里这样写我，使我感到欣喜，也感到了责任……

我想，妈妈要是还活着的话，看到我能成为一名"读书人"，该有多么欣慰啊。

03 获得诺贝尔文学奖
"我的妻子说，没弄错吧？"

我家里对我的评价没有变。我坐在这里读书。光在那儿听音乐。我儿子，他是东京大学生物化学专业的学生，还有我女儿，她是索菲亚大学的学生，他们在饭厅里。他们并不希望我获奖。晚上九点左右来了个电话。光接的电话——这是他的一个嗜好，接电话。他可以用法语、德语、俄语、汉语和韩语准确地说"喂，哪位？"于是他接了电话，然后用英语说，不，接着又说，不。然后光把话筒递给我。

是瑞典学院诺贝尔评委会的号码。他问我说，您是健三郎吗？我问他是不是光代表我拒绝诺贝尔奖了，然后我说，抱歉了——我接受。我把电话放下，回到这张椅子上，坐下来，对我家里宣布我获得了这个奖。我的妻子说，没弄错吧？

而我的两个孩子什么都没说。他们只是悄悄走到他们房间里去。光继续听音乐。我从来没有对他说起过诺贝尔奖的事情。

我走回去读我的书，但我忍不住想要知道，是否绝大多数家庭都是这样反应。然后电话铃开始响起来。五个小时里没有停过。我认识的人，我不认识的人。我的儿女只是想让那些记者回家去。我拉上窗帘，给我们一点隐私。

获这个奖没什么特别负面的东西——但是获这个奖也没什么特别正面的东西。到我获奖那时候，记者在我家门外集合三年了。日本媒体往往是过高估计诺贝尔奖候选人的价值。即便是那些并不欣赏我文学作品的人,或是反对我政治立场的人,听说我有可能获奖时,也都对我感兴趣了。

诺贝尔奖对你的文学作品几乎是没有意义的,但是它提高你的形象,你作为社会人物的地位。你获得某种货币,可以在更加广阔的领域里使用。但是对作家而言,什么都没有变。我对我自己的看法没有变。只有几位作家在获得诺贝尔奖之后继续写出好作品。托马斯·曼是一个。福克纳也是。

04 鲁迅
母亲总是称呼鲁迅为"鲁迅老师"

我第一次听到鲁迅这个大作家的名字,是在我9—10岁的时候,当时,我还在国民学校上小学四年级、五年级。现在想来,那是一本收集翻译了从《呐喊》到《野草》等鲁迅于北京时期创作的中短篇作品的小书(岩波文库)。母亲很爱看这本书,并把它送给了我。于是,我看到了其中的一个短篇小说,叫作《孔乙己》。

母亲好像打算在我从国民学校毕业之后,送我到隔壁镇子的一个商店里去当住店的学徒(我们那儿叫"奉公")。所以,我想她是为了让我了解小孩子如何在大人的社会里做事,才给我看了这本小说。

通过在酒店里做事的少年的视线,观察着到店里来的大人们,其中还包括一个叫"孔乙己"的老人。我看了之后觉得很有意思,自己也想成为那个伙计,想像他那样仔细地观察大人。

然而,在我10岁的时候,日本战败了。自从1937年侵略中国开始,日本发动的太平洋战争,最后以失败而告终。

接下来的两年时间,日本的体制发生了根本性的转变,教育制度也得到了改革。于是,在我生长的地方,在那个叫"四国"的被森林包围着的小小的村子里,有了新制度下的中学。我就不必像《孔乙己》里面那个讲故事的少年一样,去当学徒了。

上中学的时候,我就一直很喜欢看那本母亲送给我的鲁迅的作品。后来,我升学进了位于我们那个地方中心城市的一所高中,就在那时,母亲对我说:

"去看鲁迅老师的小说《故乡》!"——母亲总是称呼鲁迅为"鲁迅老师"。

里面写了很多村里孩子的快乐生活,但是,离开村子去接受高等教育的孩子,就要过和好朋友"闰土"不一样的生活。那是很没意思的。

"高中毕业后看样子你好像打算上大学,等大学毕业了,你就马上给我回村里来,跟你现在那些好朋友一起来做事,来建一个新村子。这一点你可千万不能忘记。"——这就是母亲对我的嘱托。

我也打算按母亲说的去做,于是,就用铅笔在笔记本上抄下了《故乡》结尾那段广为人知的话——

"我想:希望是本无所谓有,无所谓无的。这正如地上的路;其实地上本没有路,走的人多了,也便成了路。"

05 村上春树、爱德华·萨义德
"我希望去传播那些我认为是重要的作家"

村上是用一种清澈、朴实的日本风格写作的。他的作品被译成外语,受到广泛阅读,尤其是在美国、英国和中国。他以三岛由纪夫和我本人做不到的某种方式在国际文坛为他自己创造了一个位置。日本文学中这样的情况确实是第一次发生。

我的作品被人阅读,但是回过头去看,我是否获得了稳定的读者群,我是没有把握的,即便是在日本。这不是竞争,但是我想看到我更多的作品被翻译成英语、法语和德语,在那些国家中获得读者。我并没有想要为大量读者写作,但是我想和人们接触。我想告诉人们那种深深影响了我的文学和思想。

作为毕生阅读文学的那种人,我希望去传播那些我认为是重要的作家。我的第一选择会是爱德华·萨义德,尤其是他那些晚期著作。如果我看起来总像是没有在倾听,那我是在考虑萨义德。他那些思想一直是我创作的重要组成部分。它们帮助我在日语中创造新的表达方式,在日本人中创造新的思想。我也喜欢他这个人。

06 写作与读书
"有光和我妻子在场我能够工作"

我不需要在清静的地方工作。我写小说和读书的时候，不需要把自己和家人隔离开来或是从他们身边走开。通常我在起居室工作时，光在听音乐。有光和我妻子在场我能够工作，因为我要修改很多遍。小说总是完成不了，而我知道我会对它彻底加以修改。写初稿的时候我没有必要独自写作。修改时我已经和文本有了关系，因此没有必要独自一人。

我在二楼有个书房，可我很少在那儿工作。我仅有的要在那儿工作的时候，就是当我结束一部小说并需要全神贯注的时候——这对于别人来说是讨嫌的。

一旦我开始写小说，我每天都写，直到结束为止。通常我早晨七点醒来，工作到大约十一点钟。我不吃早饭。我只喝一杯水。我觉得那样对写作是最好的。

在法语中，工作这个词是 travail。这个词的意思既包含以极大的努力和痛苦做出挣扎，也包含那种努力的结果。对普鲁斯特来说，写《追忆似水年华》的挣扎和那种努力的结果是一回事。我并不觉得写作是一种挣扎。写初稿是一个非常愉悦的过程，但我对初稿彻底加以修改。那样做是艰苦的，但完成作品也是一种愉悦。

我的睡眠一直有麻烦。因为这个，我上大学的时候就开始写小说了。我有两年依赖安眠药，但是每天晚上我服用夜酒，通过这个办法让自己恢复正常。我走进厨房，喝下大约四杯威士忌——有时候增加一倍——以及两到四罐啤酒。我喝完威士忌，喝完啤酒，然后就非常容易地睡着了。问题在于我要完成的阅读量大大增加了。

07 作品与个人
"从这个意义上讲，我是个业余小说家"

我不是用某种预设的想法开始写一部小说的，要让人物带有什么倾向或是如何创造某种人物。对我来说，这全都是那种阐释行为所要做的事情。在修改和阐释的过程中，产生新的人物和情景。这是和实际生活非常不同的一个层面。在这个层面上，那些人物显现出来而故事自行生长。

可我所有的小说都是以某种方式讲述我自己，我作为年轻人、有个残疾儿的中年人和老年人的所思所想。相对于第三人称，我养成了那种第一人称的风格。这是一个问题。真正好的小说家是能够用第三人称写作的，但我用第三人称从来都写不好。从这个意义上讲，我是个业余小说家。虽说过去我用第三人称写过，人物却不知怎的总是像我本人。原因在于，只有通过第一人称我才能够确定我内在的真实情况。

例如，在《空中的怪物阿归》中，我写了一个跟我处境相像的人，光出生时我的那种处境，但那个人做的决定跟我的不同。阿归的父亲不选择帮助他的残疾儿活下去。在《个人的体验》中，我写了另一个主人公——鸟——他选择和那个孩子共同生活。那些大约是在同一时间里写成的。但如此一来，它实际上是倒退。写了阿归的父亲和鸟这两个人的行为之后，我把我的生活导向鸟的行为。我并没有打算那么做，但后来我意识到我就是那么做的。

08 儿子大江光
"写他已经成为我文学表达的支柱之一"

和他（儿子大江光）生活了四十四年了，写他已经成为我文学表达的支柱之一。我写他是为了表明，残疾人是如何意识到他自己的，那样做是有多么困难。在他很小的时候，他就开始通过音乐表达他自己——他的人性。通过音乐他能够在某种程度上表达悲哀这样的概念。他进入一个自我实现的过程。他在那条路上一直走了下来。

那时（光出生时）我二十八岁。是我获得颇有名望的芥川文学奖之后的五年。但是生下一个残疾儿我并不觉得害怕，也不觉得丢脸。我的小说《个人的体验》中的鸟这个人物觉得和残疾儿生活在一起不舒服——对于故事情节来说这是必要的，但我从来没有为此感到焦虑。我想我的命运，就像哈克贝利·芬。

医生告诉我说，他存活的概率是很小的。我觉得他会很快死掉。光出生几周之后，我去广岛旅行。我看到很多原子弹幸存者把某个死去之人的名字写在灯笼上，让它在河里漂流。他们注视着灯笼流向河对岸——死者的灵魂进入黑暗之中。我想要加入。我把光的名字写在灯笼上，心想，因为他是一个很快就要死去的人了。那个时刻，我都不想活了。

稍后我把我做的事情告诉了一个朋友，一个新闻记者，他女儿是在广岛原子弹期间死去的。他说，你不该做那种多愁善感的事情。你得不停地工作。后来，我承认我做的事情是最为糟糕的那种多愁善感。从那以后我改变了态度。

当时的青年学生批评我不写日本年轻人的痛苦，只想着自己的残疾儿。他们说我对自己的孩子过分热心，而对社会的热心不足。他们威胁说要绑架他，但没么么做。那篇小说中的片段在某种意义上是真实的：有一次，光在东京火车站失踪，我找他找了五个小时。

大约十年前，我就不以直截了当的方式写光了，但他一直是露面的。他变成最重要的小角色。正因为光一直是我生活的组成部分，所以我喜欢让残疾人一直出现在我小说中。但小说是一个实验的场所——正如陀思妥耶夫斯基用拉斯科利尼科夫这个人物做实验。小说家穷尽不同的剧情——这个人物在这种情景中会如何反应？我再也不拿光做这种实验了。由于我要和他继续生活在一起，他是作为我生活的支柱——不是作为一种实验起作用的，这一点很重要。我总是在想，他将如何接受和拥抱这个我正在变老的事实。

五六年前，我的抑郁症发作了一回。每隔两三年我都要发作一回——通常是由于担心核武器，或是冲绳，或是我这一代当中有什么人过世了，或是我的小说看来是否不再有必要了。我通过每天听同一张 CD 唱片克服它。去年，我想要努力在小说中描述这种体验。我能够记得的是贝多芬的《协调第23号钢琴奏鸣曲（热情）》，可我记不得是谁演奏的。我们有那么多 CD 唱片。当时我问光，我听的那个演奏家是谁，他记得：弗里德里希·古尔达。我问，一九六七年？而光说道，五八年。

总而言之，大概我人生的三分之一是致力于阅读，三分之一是致力于写小说，而三分之一是致力于和光一起生活。

09 这是我的生活
"我不祈祷，但是有两件事情我每天都要做"

日语中，负担这个词有"重"这个字在里头。我并不认为信仰是一种"重"负，而我觉得有亲缘关系的那些作家和思想家，他们和我分享我那种和信仰有关的思想和情感。我把向他们学习弄成了一种习惯。其他有些作家我觉得不亲近，因为我没有和他们分享与信仰有关的思想和情感。例如，托尔斯泰就不是一个我觉得亲近的作家。

我并没有信仰，我也不觉得将来我会有，但我不是一个无神论者。我的信仰是一个俗世之人的信仰。你可以把它叫作"道义"。一生中我获得了某些智慧，可一向只是通过理性、思考和经验。我是一个理性的人，我只是通过我自己的经验工作。我的生活方式是一个俗世之人的生活方式，而我就是那样来了解人类的。如果有一个区域，通过它我遭遇那种超凡的存在，那就是过去四十四年里我和光的共同生活。通过我和光的那种关系，通过我对他音乐的理解，我瞥见了那种超凡的存在。

我不祈祷，但是有两件事情我每天都要做。一是阅读我信任的思想家和作家——这件事情我每天早晨至少做两小时；二是关心光。每天晚上我把光叫醒到洗澡间去。他回来睡觉的时候，出于某些原因没法把毯子盖在身上，于是我用毯子把他给盖上。把光带到洗澡间去是一种仪式，然后我服下夜酒，上床去睡觉。

我在家里度过我的生活，吃我妻子煮的食物，听音乐，和光在一起。我觉得我是选择了一个好职业——一个有趣的职业。每天早晨，我醒过来意识到，我要读的书根本就读不完。这是我的生活。

我想要在完成一部作品之后死去——这个时候我已经写完了，刚好可以读了。小说家夏目漱石的职业生涯非常短，是从一九〇五年到一九一六年。有关他的著名故事是，就在他临死之前他说，我这会儿死掉的话就成问题了。他根本就不打算死。在日本，如果作家死了，留下未完成的手稿，有人就会将它出版。我想在临死之前烧掉所有未完成的手稿和所有笔记本。我要把我想重印的书以及其他一切我不想重印的书都挑选出来。

爱，时而脆弱

* 罗伯特·M.罗斯

再怎么伤心的人，也不得不吃东西。咒骂了女人、食物及其他人们追之不倦的事物之后十六个小时，丹顿来到街角的一家杂货店，吞了一份凤梨圣代，两份花生酱三明治，一块掺了麦芽糖的双层巧克力，外加一袋饼干。店里有个女孩。女孩坐下时，他瞥了一眼；站起来时，他瞥了一眼；离开时，他瞥了两眼。付过账离开了杂货店，他朝北走去。这可是与他原来打算走的方向一百八十度的不同。他希望那女孩的步伐别迈得那么大，要从一街之遥一下子赶上去，他办不到。

"嗨！你也走这条路？"他说。他以为这个愚蠢的话引子，让他有机会再问"你觉得某某怎么样？"或一些相当有意思的话。这一回这个什么也没说，她只是把头转过来，长长的睫毛对着他眨了眨，然后继续坚定地走下去。

"假如你迷了路，"他又试了一次，"我可以告诉你你在哪里，这个地方我住了好多年了。"

女孩仍然不为所动。他开始觉得困窘，不过还不到足以让他打退堂鼓的地步。

"左边是菲尔德宅子。"他说。

"自从菲尔德先生买下它以后，它就一直叫作菲尔德宅子。他们的女儿是一丝不苟型的，但儿子们却流里流气。现在你正经过一块'荒地'，我们管这种地方叫'荒地'，直到有人在上面盖房子为止。不过还是别期待了。如果我是你，我不会在这种地方停留的。"

女孩是没有停留。她有着清晰的侧轮廓，尖端微翘的俏皮的鼻子。虽然吃了闭门羹，丹顿的耳朵却痒了起来。每当有爱的钟声响起时，他的耳朵一定觉得酥痒。

"我不知道为什么女孩子们都不喜欢我。"

他心中呐喊着。

"我的'五点钟忧郁症'已经痊愈了，我敢打赌——"这完全是一次一厢情愿的打赌。女孩倏地向左转，丹顿的话凝在半空中。眼看着她的身影消失在一幢既长且广的房子里，他叹了口气。不过至少知道她是谁。她八成姓弗烈格，这片老格利斯渥德区是给弗烈格家租去的。这种安慰虽小，毕竟是丹顿需要的。而女孩始终没有回头。那天晚餐的时候，他母亲说："丹顿，我很高兴你自己觉得好点了，但是你看起来不像。人不可能没有吃饭而不将饥饿的神情显示在神色上的。"

"也许他又恋爱了。"

他父亲猜测着。

"你和玛格莉特重修旧好了？"母亲问。

"玛格莉特！"丹顿哼着说。

"那个蠢货！"

"丹顿！"母亲惊呼起来。

"青春易逝啊！"老温特渥斯下了这样一句评语。

"我现在交了一个新的女朋友。"

丹顿鲁莽地宣布。

"真的？"温特渥斯太太问，"这次是谁？"

"弗烈格小姐。"

"还好是位小姐。"温特渥斯先生说。

"她叫什么名字？"

"她自我介绍时说她是弗烈格小姐。"

"哦？那你就称自己是温特渥斯先生？"父亲说。

"你反正不知道她的名字。"母亲说，"是不是？"

丹顿郑重地站了起来。

"当你们在我这个年纪时，大概不会随便跟刚认识的人深交吧！"他不悦地说。次日，丹顿向父亲借了一套白色法兰绒装，从阁楼里挖出一把用旧了的网球拍，然后上街闲逛。他步伐踱得慢极了，慢得前后让五个家伙对着他大鸣喇叭，其中有三个还鸣了两次，因为他们不得不绕道而行。终于，他的耐心有了回报。他猛练反手拍，直到她走近。然后丹顿开口："你好！我相信我们以前见过面。"

那次邂逅，显然并没有给她留下深刻的印象。很快地，她又走了。丹顿一下子坐在消防栓上，一下子坐在街旁镶路石上，一下子又坐到地上。到那女孩回来为止，他一共等了四十分钟。丹顿这回换了个姿态。

"抱歉。"他谦卑地说。

"我真的很呆，但我只是想见一见你。我的名字是丹顿——丹顿·温特渥斯。你姓弗烈格，至于其他的我就不晓得了。"

有那么一刻美妙的时光，丹顿觉得全身浸润在她湛蓝冷漠的眼神里。但很快地，这眼神随着她的后退移开了。丹顿有好几个礼拜没跟韦伯·哈斯汀说话，因为他们为了一个女孩子正闹得不愉快。丹顿收起了自尊，打了电话给韦伯。

"好吗？"他说。

"出来喝杯可乐吧！"扯到正题前，韦伯已经喝掉他三杯可乐。

"你认识住在你家后面的女孩吗？"他问得漫不经心。

"哪一个？"

"搬到格利斯渥德区那个。"

"认识又怎样？"丹顿涨红了脸，双手紧抓着椅子的扶手，黏下一团口香糖。他努力保持平稳的声调。

"假如你认识的话，也许可以帮我引见一下。"

"你要见她？"韦伯挑衅着说。

"你是本镇的大情圣啊？"这个占地理位置便宜的人，竟然如此不可理喻。尚未在糖果盒边正式打一回合架，丹顿就被判出局了。然而丹顿并不太愤怒，因为韦伯也曾受过他这种气。丹顿思索着其他可能帮得上忙的人。他那伙朋友大半都出城度暑假了。于是，他满心不情愿地找上了珍妮·弗瑞斯特——一个有着一口龅牙,动不动就咯咯笑的女孩。

"珍妮。"他说。

"我一直蛮喜欢你的。"

珍妮咯咯地笑了。

"下一次我们开车去兜风时,希望你也来。事实上到时候我们需要有人担任烹调的工作,所以希望能再找一个女孩来。你有没有什么新朋友可以带来?"

珍妮摇了摇头。丹顿毫不在意她给了一个否定的答案。他接着问:"住在格利斯渥德区的那个女孩怎样?"

"梅琳·弗烈格吗?她不会去的。"

"为什么?"

"她不喜欢你。"珍妮又咯咯地笑了起来。

"她觉得你乳臭未干。"

"听好,珍妮!"他一脸严肃地说。

"我才不是乳臭未干。要是在学期期间,我就有办法证明我不是。她会在足球队、篮球队还有学生集会中看到我。然后她会明白我的生活有多么严谨。"

这一次,令他宽心的是,珍妮并没有那样笑。她反而皱起眉头,以充满智慧的口吻说:"人们一旦对他人有了错误的印象,想要改变他们的成见是很难的。梅琳觉得你没有深度,你应该主动有所表示,让她明白你的诚意和目标。"

丹顿生平第一次由衷地欣赏珍妮的智慧。早先,他也会相当佩服她计算二次方根及立方根的本事,虽然他看不出这么做有什么意义。现在他终于明白思考的用处何在。步行回家的途中,他不断忖度着各种表明自己的方法。假如他能够在危急的情况中救出一个婴儿,或是一条狗也好,梅琳一定会因此对他有进一步的认识。只不过,经验告诉他,婴儿与小狗很少处于危险的情况中。想着想着,他来到费兹花店门前。橱窗上贴了一张字条,上面写着:"花是一切爱人的语言。"

这段文字点醒了他。

"爸。"在晚餐桌旁,他说。

"你可不可以先预支一点钱给我,作为整理草地以及其他杂物之用?我算了一下,大概要十八块。"

"等等,儿子,一个月草地只需要整理两次就行了。"

"你拿钱到底做什么?"他母亲问。

"哦,我得买一份礼物。"

"给女孩子?"

"嗯,差不多。"

"我不答应!"他母亲说。

"再说,这个月以来,你已经拿了不止十八块了。"温特渥斯先生抿一抿嘴唇。

"想一想,这个月也许不好过。"

在结束他银行的账户前,丹顿还有十一块钱。有了十八块,还有那十一块,他威武地朝费兹花店前进。一个新面孔的女孩,站在柜台里。她有一双弯弯的眉毛,和甜美温馨的笑容。他心里想着梅琳。

"买二十九块钱兰花!"他喊着。那个女孩不相信地盯着他看。最后,她想:"天哪!"一个充满意义的字眼。丹顿感觉得出她的惊羡。

"把花送给多佛路的梅琳·弗烈格小姐。"

他冷峻地说。

"天哪!"同样的话,不同的含意。这一次像是一个爱怜的抚弄。

"二十九块!"当钱只是一串冰冷、无人性的数目时,并不怎么讨人喜欢;一旦它经由轻柔的嗓音转译出来,听来仿佛是祝祷之声。他将一堆钞票搁在柜台上,望着那个女孩,就像望着北天的星星一般,她变得如梦如幻,清澈闪烁。

"你叫什么名字?"他哑着声音问。

"黛安娜。"她回答。

丹顿搔了搔耳朵,它又开始痒了。

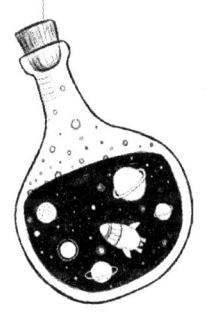

春天，和夜晚的一二事

它胖得像祖母,圆硕的半截身子在墙洞里半隐半现。它是独居的。乡下的冬春墙洞里,多的是这些独居蛰伏的蜜蜂。我用手指长的小细树枝伸进豆大的墙洞去,拨它。它嗡嗡地哼着,仿佛睡觉被吵醒,愤愤地翻动滚圆柔软的身体——就是不起床。可是,我有的是耐心拨它出来。

春日这样长,阳光米浆一样,从灰黑的屋瓦上摊下来,摊到泥墙和砖墙上,摊满门前的院子。母亲和伯母们在院子里的阳光下纳鞋底,织毛衣,奶奶侧卧在玻璃窗内的白棉帐子里静静午睡。我和弟弟、堂姐在屋檐下掏蜜蜂。

我拨动细枝,加快频率,仿佛赛龙舟时的木桨挥动,墙洞里的细尘翻飞在阳光的碎片里,简直像是浪花飞溅。我拨动细枝,细枝尽头毛茸茸的木质纤维上,仿佛蘸满我的叫嚣——这叫嚣落在蜜蜂的背上、腹上、翅膀上。蜜蜂落进四面楚歌的境地了。它被我的细枝包围袭扰,它躺在墙洞里愈加不安,发丝般细黑的腿足缩起来,折叠在腹下的阴影里,只把身体努力团起来,全力抵抗着。

它不知道团成半球状的身体更容易被擒拿,我用细枝末端一勾一撬,它就连滚带爬狼狈滚出墙洞——我掏出来一只肥胖的蜜蜂了!它滚落进我掌心的玻璃瓶里,仰面躺在瓶底,茫然的,仿佛又愤又惧,挥舞着细腿细足。很快,它翻转身子,摸着了方向,跟跄似的振翅,在瓶里嗡嗡,四面八方撞击玻璃瓶壁。它撞一回,失败一回,大约鼻青脸肿了,

吵醒一只蜜蜂

✽ 许冬林

它终于偃旗息鼓,趴在瓶底不动,仿佛在喘息。

它像祖母一样慵懒睡着,硬是被我吵醒,无辜成为我的瓶中物,它一定又恼恨又不甘。它终于放弃挣扎,只身体贴着瓶底,随着瓶子的摇晃颠簸,像躺在甲板上一样滑来滑去,不情不愿地成为我们的玩伴,伴着玻璃瓶之外的我们消磨着长长的春日午后时光。

有时,我会旋开石青色的瓶盖,像是为它打开天窗。它愣了一会,它的翅膀似乎感知到风的流动,感知到阳光的照射,它又振翅了。盘旋着,肥胖的身子攀升到瓶口,就快要逃窜。我啪的一声赶紧盖下盖子,然后摇动玻璃瓶,摇晕它。它又瘫坐在瓶底了。我欢喜不尽,仿佛掌握一个宇宙一般掌握着它的命运,仿佛在对祖母做着恶作剧一般怀着窃喜。

我开瓶子关瓶子,又开瓶子,又关瓶子——它精疲力竭,收拢双翅,贴着底部瓶壁,似乎在与我做着沉默的对视。它定住了,周身的灰黄绒毛在阳光下立着,一根根明亮且历历可数,它像个半老的贵妇。我将菜叶子掐碎,撂几片进去,它侧侧身,踩几脚,似乎嗅到了菜叶的清气。它像被菜叶的气味唤醒,又开始展翅,却飞不高。它拖着展开的双翅,贴着瓶壁且行且停,它像是穿着黄黑条纹衣裤的祖母,腰间围裙展开飘摆,灶上灶下地忙碌。

堂哥不知何时也加入我们掏蜜蜂的游戏,他年长我们几岁,到底比我们有阅历。他说,蜜蜂可以吃的。说着,他捉住一只蜜蜂,撕断它的身体,从蜜蜂的腹腔内拖出比芝麻粒稍大一点的蜜囊。堂哥说蜜囊是甜的,那里装着花蜜。弟弟和堂姐叽叽喳喳的,想吃又不敢吃。

午睡的祖母大约被我们吵醒了,她一边穿袄子,一边推开玻璃窗,嗔道:"丫头小子们这样害,又捉蜂子吃了!"

我看见微微肥胖的祖母自屋内缓缓步出,边走边系她的宽大围裙,我心上陡地惶恐惭愧。我转身小跑,找个墙洞,将精疲力竭的蜜蜂倒出来,胡乱塞进墙洞里。

风微微地吹,地上的树影子和人影子都长了。远处,许家塘对面的田野上,油菜正在起薹,红花草正在吐蕾。惊蛰到了。蜜蜂要忙了。

春天，和夜晚的一二事

✽ 林稚子

厨房的橱柜里存了自制的覆盆子果酱，深夜的时候用小瓷匙挑出几勺，用温热的水冲了，是喜欢的饮料。以前大伯母会用糯米、生姜和蜂蜜酿春酒，琥珀色的一杯，在室内用无烟炭生个小的炉子，趁热喝着，醇厚极了。母亲爱喝姜酒，也许我用杯子一点点舔，是最早喝酒的记忆。等到大伯母去了无锡，春酒也再无人有闲去酿了。

临近清明，南方山野地面上有一种野菜，叫佛耳草，叶子上蜷着细细的白茸，开碎米样子的小黄花。我们家里向来的做法是做佛耳草青团，或者用薄淀粉裹了炸成天妇罗。我摘佛耳草，欢喜地蹲在地上不声不响地埋头摘半天。母亲不一样，像个小女孩，摘到特别好看的、样子鲜嫩的，都会欢欣雀跃。我总羡慕她万事不担心。

沿海没有佛耳草，或许也有，只是我暂时未发现。母亲在四月初的日子用冰袋寄来新鲜的佛耳草青团，并几枚艾草青团，用修剪圆润的树叶托了，整整齐齐地码在食盒里。佛耳草一年只春天有，细密的雨也只春天有。旁的季节的雨不是那样细如发丝，旁的季节不会让人在温柔里有韶光易逝的滋味。

哪有像春天这么好，一切都在萌生。茶叶是新的，雨洗过的世界是新的，连循环往复想起来的旧时事，也有了历久弥新的好。

我们这里是边境，人口繁杂。为了控疫，山头封禁了很久，开放仍然无期。买了小的望远镜，在居处的落地窗每日看看。山下的村落虽有了人气，活动也还是拘束着的，因此山越发热闹起来。有时黎明听见鸟潮，是真正如同潮水一般涌来枕上的啁啾。有一类鸟鸣不好听，有一类尤为婉转，像意大利歌剧一样，起承转合，有模有样。它一开口，那不好听的鸟便不叫了。

它们在我心里倒是无差别的。村上春树写过一种鸟，叫起来像拧发条时的声音。这种鸟鸣我听过一次，在百年古树的一处园子里，是春夏之交的时候，觉得很有意思，在那以后便没有在别处听过了。

旁近的宜家在近日开放，沿着山脚小路骑车去购物，去的时候是下坡，回程踩得十分费力。夜色沉沉，半个钟头没有人影。在寂静无人的林荫道上停下来歇一歇，听见风吹动树枝，鸟抖动羽毛的声音。贪玩，随身带了新买的小望远镜，四处打望，心头忽然一动。在这种时候，发现了一处谜底。

好几年来，山顶靠近悬崖的地方总亮着一处灯火，从前以为是海上灯塔、天文台之类的设施，这次带了小望远镜，才看清崖上是一幢小房子。同本地农人建立的居处无差，房舍前仿佛还有小小的晒台，檐下挂着一盏大灯。在四面无人、绵延的山脉线上，就只有这一盏明炽的夜灯。

那处悬崖我从未去过，路并不好找，崖壁陡直。山脚除了林荫道，再往前一段，是一处高速公路。路灯通明如串珠，车水马龙彻夜不息，那些坐在车里飞速驰过的人，就这样和静默山崖上的小房子擦肩而过。

选择在崖顶居住的人，当他望着山下的世界，心里又是什么感想呢？他守着这样寂寞的万顷林海，遥远的高速公路和城市对他来说，大概就像流去的萤火一样吧。

纵使我这样生长在山林间的人，也害怕山的沉潜。有一年在海边徒步，沿边境线走到夜里八点钟，借着月光翻过层层山头，才找到最近的一处村落。那晚如同千寻踏入神隐之境，每一座渔民的小房子都亮着灯，透过窗户甚至能看见桌上的食物和碗筷，可就是没有一个人。街道、房屋和巷子，不仅无人，连猫狗都无一只。

惶惶走了许久，看见路灯下几个少年在洗车。我问他们能不能带我到最近的小镇，我可以付钱。少年们相视一笑，很爽快地答应了。下山的路上，我打开车窗，沿途没有路灯，海风推搡着树木。那是我头一回见识夜色中山的庄严与可怖，如同古时万物有其灵。

我再没有徒步穿过夜山。

寒冷的日子总是意味着寒冷的"正在过去"

✽ 李 娟

最开始

自从我出了两本书后,我妈便在村里四处吹嘘我是"作家"。可村民们只看到我整天蓬头垢面地满村追鸭子,纷纷表示难以置信。而我妈对他们说着说着,扭头一看,我正趿着拖鞋,沿着水渠大呼小叫地跑,边跑边挥棍子,也实在不像样,便觉得很没面子。

后来,终于有人相信了。乌伦古河下游三十公里处新建了一个牧民定居新村"胡木吉拉",村里有人来找到我妈,请我去该村当"村长助理",每个月给我开两百块钱工资。又表示这个价位是合理的,村长本人才四百块。

我妈备感受辱,傲慢道:"我的女儿可做不了那种事!"

对方很奇怪:"你不是说她是作家吗?"

总之,在阿克哈拉村,我实在是个扑朔迷离的人物。主要有四大疑点:一、不结婚;二、不工作;三、不串门;四、不体面。

然而这个冬天,我终于要像模像样地做一件作家才做的事了——我要跟着迁徙的羊群进入乌伦古河南面广阔的荒野深处,观察并记录牧民最悄寂深暗的冬季生活。于是我妈赶紧四处散播这个消息,并进一步宣扬我的不同凡响。然而如何让牧民们理解我这一行为呢?她只能作如下解释:"她要写。把你们的,这样的,那样的,事嘛,全写出来!"

牧民们便"噢"地恍然大悟状,又低声交头接耳:"那有什么可写的!"

无论如何,"一个汉族姑娘要进冬窝子"的消息还是很快就传遍了喀吾图乡的几个牧业队。我妈开始挑选愿意带我同行的家庭。

才开始,我雄心勃勃,要跟着一户路程在四百公里以上、骑马十几天才能到达驻地的人家出发,想把游牧生活最艰辛之处遍尝一遍。可是,路程超

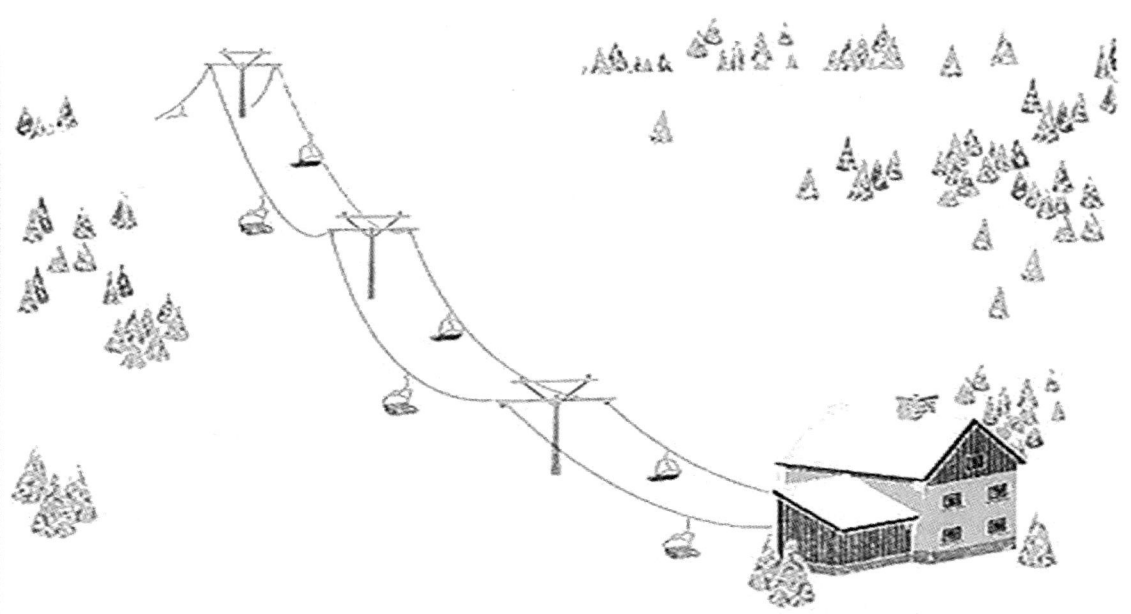

过十天的人家都不肯捎我，怕我添麻烦……更重要的是，我的雄心壮志随着转场日期的一天天来临，也一点点消融——想想看：半个月的时间，夜夜睡雪地，休息不足四个钟头；天天凌晨起身，摸黑出发；顶着寒流赶羊追马，管理驼队，拾掇小牛……我这八十来斤的体格，还是别逞那个强了。于是对路程的要求降低为一个礼拜……终于，在临行前一个星期，又降至四天以下……

在经过我们阿克哈拉村的牧民中，行程三四天的牧民家庭多半是喀吾图乡牧业二队的。亲爱的扎克拜妈妈家就在二队，我曾和他们一家生活过一个夏天。照说，继续跟着他们生活再好不过。可自从那年在扎克拜妈妈家住了几个月后，牧民间四处传言我是她儿子斯马胡力的"汉族对象"，令我很生气。斯马胡力的老婆沙拉特更生气。一段时间里，她一见到我就把脸垮得长长的，一直垮到地上。

还有一个重要原因是，扎克拜妈妈一家都不会说汉语，我们之间的交流困难而蹩脚，误会重重。

而其他会一些汉语的牧人家庭大都以年轻夫妇为主，也极不方便——既然是年轻夫妇，肯定很恩爱了。万一人家晚上要过夫妻生活，岂不……岂不影响我休息？

所谓"冬窝子"，不是指具体的某一个地方，而是游牧民族所有的冬季放牧区。从乌伦古河以南广阔的南戈壁，一直到天山北部的沙漠边缘，冬窝子无处不在。那些地方地势开阔，风大，较之北部地区气候相对暖和稳定，降雪量也小，羊能够用蹄子扒开薄薄的积雪寻食下面的枯草，而适当的降雪量又不会影响牧民们的生活用水和牲畜的饮用水。

冬牧场远比夏牧场干涸、贫瘠，每家每户的牧地因此非常阔大，一家远离一家，交通甚为不便，甚至可算是"与世隔绝"。

进入冬窝子的牧民们，在大地起伏之处寻找最合适的背风处的洼陷地，挖一个一两米深的坑，坑上搭几根木头，铺上干草束，算作顶子。再修一条倾斜的通道通向坑里，装扇简陋的木门，便成了冬天的房子：地窝子。于是，在无数个冬天里，一家人便有了挡风避寒之处。

地窝子都不会很大，顶多十来个平方。一面长长的大床榻加一只炉子、一个小小的厨房角落，便抵得满满当当。人们在其中生活，摩肩促膝，实在没什么私密性可言……

总之，去冬窝子实在不是一件简单的事，可选择的范围小之又小。

就这样，最终选择了居麻一家。

居麻很能说些汉话，他家搬家路程为三天。居麻夫妻俩年近半百，随行的只有一个十九岁的女儿加玛——真是再理想不过啦！

其实，最主要的原因是：这些年居麻欠了我家好多钱，他家又太穷，看情形是还不起了，也不指望了。不如到他家住几个月，把钱全吃回来——这是我妈的主意。

可后来，每当我扛着三十多斤的雪步履蹒跚、气喘如牛地走在茫茫沙漠中，便忍不住喟叹：失策了。

确定了人家后，我便开始做各项准备。

想到骆驼负重时的可怜样儿，我狠着心把行李精了又精，减了又减。结果又失策了，出发时才晓得居麻家雇了汽车拉行李——汽车搬多少东西都不会嫌累的。于是他们家无论什么样的破瓶烂罐碎布头全捎进了沙漠。

于是未来的日子里，我就两身换洗的内衣和一件外套（脏到合影时，我觉得都没人愿意和我站在一起）。

保暖用品只准备了最基本的羽绒衣、驼毛棉裤和围巾手套帽子之类。鞋倒带了两双。后来事实证明，一双就够了。冬窝子里不是雪地就是沙地，一点也不费鞋。

上路时穿的衣物倒是准备得相当充分，有一件羊皮军大衣和一条带羊毛的皮裤。毕竟大冷天的，长时间骑马可不是件舒服事。另外上路时穿的鞋也是个大问题。一般牧民在买鞋时会选择大两个码的，可多穿两双厚袜子。我思前想后，穿了双大八个码的……于是，我的袜子穿得比谁都多。只是矮个儿穿大鞋相当招眼，像踩着两只船一样，划过来，划过去。

　　为了一路上武装得最为合理、舒适，我在家里反复试穿，不时更换方案。系围巾还是戴脖套？使用哪顶帽子？哪双手套更实用？……在临行前的最后两天里，我频频深入阿克哈拉公路南面的荒野中，顶风走很远，把所有行头一一试了一遍，以实际效果敲定了最终方案——

　　下身从里到外依次是：棉毛裤、保暖绒裤、驼毛棉裤、夹棉的不透气的棉罩裤、羊毛皮裤。

　　上身依次是：棉毛衣、薄毛衣、厚毛衣、棉坎肩、羽绒外套、羊皮大衣。

　　再加上皮帽子、脖套、围巾、口罩、手套。这么一来，深感在御寒上完全能做到万无一失！

　　唯一的问题是，如此全副武装压得人气都喘不匀了，胳膊也抬不起，脖子也扭不动，口水都咽不下去……肩、颈部更是血脉不通，又酸又沉。全身披挂地在房间里只转了几圈，就累得大喘气。想到就这样扛着二十多斤的衣物，骑七八个钟头的马，很是忧虑：岂不压死了？然而后来事实证明，一旦进入荒野的寒冷空气中，根本顾不了那么多了。什么脖子扭不动啊，胳膊抬不起啊，酸沉无力啊……根本没那回事。在那样的时候，就算穿一身预制板恐怕也没啥感觉。

　　此行还有一个物件觉得有必要准备，就是温度计。可我找遍了阿勒泰市也没买到专业的便携式温度计。最后只好买了把一尺多长的大家伙，安慰自己：大了不容易丢。拿回家试了几天，倒是蛮准的，只可惜最低只能测到零下三十五度，遇到零下四十多度的高寒天气就只能估算了。

　　还有一项重大准备是理发。预感到未来几个月内可能洗不成头了（其实还是洗了几次的……），我打算剪那种比光头稍长一些的短发。可恨的是，经营村里唯一一家理发店的姑娘玛依拉正在谈恋爱，不好好做生意，整天神出鬼没。她的店一天去十次，有八次是关着的。另外两次要么有人正在理，要么热水没烧好，让我再等一个小时。不用说，一个小时后，又没人影儿。弄得我很恼火，干脆自己胡乱剪了剪就上路了。于是乎，此后的日子里，每当面对客人或出门做客时，头发是最伤我自尊心的东西……

　　同时，我下定决心学习哈萨克语，并且很有野心，不但要学说，还要学写。我特意借了一套哈萨克语自学材料，准备大干一场。然而真学起来谈何容易！虽说阿拉伯字母只比拉丁字母多出来六个，但顿感千军万马，气势汹汹。一根舌头根本不够用。书写起来更是曲里拐弯，千头万绪，一堆扯不清的乱线头似的……

　　总之，准备应该是充分的，出发却极不顺利。居麻家不是今天丢了几只羊，就是明天找不到骆驼了，日子一天天往后拖。加之快十一月底了，雪又迟迟下不下。在沙漠里，雪是唯一的水源，如果没雪，人畜都活不下去。于是那段时间，出发的日子像是遥遥无期似的，弄得人紧张又焦虑。

　　最可恼的是，居麻这个著名的酒鬼一想到此后一个冬天都没有酒喝了，非常伤感，便每天借酒浇愁，在村子里到处惹是生非，给人极不好的预感。

　　终于，出发的日子还是来临了。我提前一天住进了乌伦古河下游距此地八公里处居麻的定居点。由于居麻照常醉得不省人事，没法来接我，我妈只好骑摩托车把我送了过去。

　　启程前做的最后一件事是依据牧人的习惯把表往前调快了两个小时，改为本地时间。之前我一直用北京时间。

冷

　　冬天到了，绵羊和山羊长出了新棉袄。马儿们也穿上了毛茸茸的喇叭裤。骆驼还额外穿上了嫂子做的新毡衣（只有鼻孔穿有木栓的几峰成年骆驼还光着屁股）。似乎只有牛还是那身稀稀拉拉的毛。于是只有牛享受到特别待遇，和人一样也睡地窝子。马、羊、骆驼则全部露天过夜。顶多给羊群四周砌一圈厚厚的羊粪墙——这能阻挡多少寒冷呢，估计也就防防狼吧。

　　冬天，大家一起努力抵抗寒冷。每天我们吃得饱饱的,不停往炉子里填羊粪块(羊粪火力弱,又熄得快)。一大早,等羊群出发后,留守家里的人们就把羊圈地面的潮湿之处翻开、晾晒,再铺上干粪渣。接下来还得清理牛棚,把湿牛粪和被牛尿湿后结冰凝块的粪土从天窗抛出去,也垫上干粪渣。新什别克家则每天不辞辛苦地把骆驼赶回沙窝子里过夜,检查它们的衣服有没有挂坏、脱落。

到了十二月底,一天比一天冷。牧归时,羊背盖满大雪,马浑身披满白霜,嘴角拖着长长的冰凌。牛和骆驼也全都长出了白眉毛和白胡子,一个个显得慈眉善目。至于骑马回来的人,眼睫毛和眉毛也结满粗重的冰霜,围巾和帽檐上白茫茫的。

就在那几天,收音机的哈萨克语台播报了寒流预报,说一月头几天乌河以南的冬季牧场气温会降至零下四十二度,提醒牧民外出放牧不要走太远。于是大家开始做准备。泥土已经不多了,但居麻还是和了些泥巴,把结着厚厚冰霜的墙角和屋顶漏风处糊了一遍。隔壁终于给他家的牛棚蒙了层塑料布,算是加了棚顶——之前一直敞着。对此我意见很大。他家的牛冻得一回家就往我家的牛棚里钻,赶都赶不出去。

我们还冒着大雪在羊圈四周刨了十几麻袋干粪土,给羊圈铺了一层比以往任何时候都厚的"褥子"。

嫂子特地提回一桶干羊粪,给在我们地窝子里"住院"的那只病号羊也铺了床厚"褥子"。

挤牛奶时,嫂子拎了扫把,把每一头牛背上的积雪细细扫去。

过去每天给马儿捧四把玉米作为营养餐,如今给捧五把。

每天早茶时,嫂子会在炉板上放一些从夏牧场上带来的铺地柏的细碎枝条。她说烤出的烟雾和香气会驱逐感冒。

高寒天气终于到来了。每天一早一晚,温度计的水银柱都停在零下三十五度以下(这是这支温度计所能显示的最低刻度)。我很想知道最冷的深夜里又会降到多少度,水银柱会不会一直缩进最下端的小圆球里。但在深夜里,就算醒来了也没勇气离开热被窝跑出去看……蜷在被窝里,想到露天睡觉的狗,很是揪心。

有时上午九点,在太阳的照耀下,温度已经升到了零下二十四度,一个小时后,反而还会降两度。甚至有一天正午时分都是零下三十度。在有太阳的大白天里都这么冷,真是少见。

这时候最倒霉的怕是便秘的人吧……屁股会冻麻的……

小牛也冻得早早回家了。一回家就一头钻进牛棚里不出来,连妈妈的奶都顾不上喝——那可是它们一天之中唯一的一顿正餐啊。

在零下三十五度的清晨里,喝着烫乎乎的放了胡椒的茶,双脚还是冰凉的。离熊熊燃烧的火炉不过一米来远,嘴里还能呵出白气。我又靠近火炉一些,离半米远,还是有呵气。再靠近,一尺远,还是有呵气。再靠近……居麻说:"你要干什么?吃炉子吗?"

在野外拍照时,看到镜头上蒙了点尘土,便习惯性地吹了一口气。结果水汽立刻凝结在镜头上,结结实实地冻成白色的冰霜。接着越擦越模糊。

总算明白了为什么古人会说"酸风射眸子"——果然很酸!果然是"射"!迎风眺望远方,不到几秒钟就泪流满面,眼睛生痛。加上眼泪在冷空气中蒸腾,雾气很快糊满镜片,又很快凝固为冰凌,眼前立刻什么也看不清了。而这风明明又不是什么大风,只比微风大了一点点而已。

还发现一件事:特别冷时,就吹不响口哨了。莫非嘴唇硬了?

房子尽管被认真修补了一遍,还是四处漏风。房间里的一大锅雪(直径八十多公分的敞口锡锅),放一晚上也化不了一滴。

晚饭时无论大家怎么劝茶,我都打死不喝——怕起夜上厕所……

有一天,居麻放羊回到地窝子,一边去除身上寒气沉沉的厚重衣物,用力拔掉大头靴,一边咬牙切齿地说:"好得很!太好了!越冷嘛,我越高兴。零下四十度不行,要零下五十度才好!"我赶紧问怎么了，他说："早点把脚冻掉算了，以后就再也不怕脚冻了！"

我问："为什么不买双毡筒呢？"隔壁家就有一双毡筒，新什别克兄弟俩轮换着穿，胖胖大大，连鞋子带小腿一起包得严严实实，看上去暖和极了。

他闷闷地说："去年有，今年没有。"

去年是罕见的高寒雪灾天气。我问："去年穿坏了吗？"

却答："串门子时落在岳父家了。"

……当时肯定又喝高了。

平时居麻回来得很晚，往往五点了，太阳落山很久了还看不到羊群。快六点时，暗沉的荒野里才有点动静。当羊群终于清晰地出现在视野里时，我就走下沙丘遥遥前去迎接。等我走近了，他撇下羊群打马飞奔回家，留下我独自赶着羊慢慢往回走。

但最冷的那几天，居麻总等不及我的出现，老早就把羊群留在远处往回跑。等他上了东北面的沙丘，离家还有最后百十米时，像是再也走不动了一样，下了马就地躺倒。嫂子走上前，劝他回地窝子再休息。他低声说："等一等。"慢慢坐起来，抬起腿让两只脚碰一碰，可能麻木了。看样子着实冻坏了。

而我呢，赶羊回来的那一路上，脸颊冻得像被连抽了十几耳光一样疼，后脑勺更是疼得像被棍子猛击了一记。每天等羊完全入圈后回到温暖的地窝子里，脱掉厚外套，摘去帽子围巾，如剥去一层冰壳般舒畅。

居麻喝过五碗茶后，才开口说话："明天，骑马去乌鲁木齐！"

"干什么去？"

"买毡筒！"

以前每天早上加玛赖床的时间最久，现在最迟迟不愿起床的是居麻。嫂子强行收走了他的被子，他就抱住她呜咽道："今天一天，明天还有一天！老婆子！明天还有一天！"后天才轮到新什别克家放羊。嫂子无奈，就拍他的背柔声安慰，但被子坚决不还。

每次出发前，居麻光穿他那身行头就得花去老半天时间。尤其是穿靴子。他的靴子虽然大了两号，但还是不够大，不能同时穿羊毛袜和毡袜，否则太紧了，血流不畅会更冷。于是他在羊毛袜和毡袜间犹豫了半天，选择了毡袜。毡袜虽然太硬，但毕竟密实些。穿上毡袜后，再往脚踝上各裹一块厚厚的驼毛块，并想法子使之整齐地塞进靴子。全身披挂妥当后，再艰难地坐下来（穿太厚了，腿打不了弯），连喝三碗热茶再出发。

我叹道："又要出去锻炼身体了！"

他闻之突然正色，笔直站起，用喊口号的架势大喝："锻、炼、身、体！保、卫、祖国！！"

捞起马鞭，推门昂然而去。

隔壁兄弟俩一出门就穿得跟强盗似的，从毡筒到皮裤到围脖帽子，全身上下只露着两只眼睛。而居麻除了一件很旧的皮大衣、两件驼毛毛衣和一件羊皮坎肩，啥也没有。很快，定居点的奶奶托兽医捎来了两块裁好的生羊皮，我花了半天工夫帮他缝了一条羊皮裤（好硬啊，针都抽不动，跟纳鞋底儿似的），从此他的日子好过多了。

但羊皮裤是由两张羊皮缝成的，一条腿是老羊皮，很薄，另一条是羊羔皮，很厚。于是他把羊羔皮穿在常年病痛的右腿上，这样一来，左腿有些吃亏。在我的建议下，他把一条旧棉裤的裤腿剪下来帮衬在左腿里面。

穿上这条刀枪不入的羊皮裤后，他心情大悦，说了隔壁家的许多牢骚话，认为很多事情都不公平，比如找骆驼、比如打扫羊圈。说完，就高高兴兴出去打扫羊圈，然后找骆驼。

在没有羊皮裤的日子里，居麻说他放羊时，每隔一个小时就得扯些梭梭柴在雪地上生一堆火烤脚。有一次眼看再有半个小时就到家了，可还是扛不下去。直到生火暖和过来后，才能继续往家走。

居麻又说地窝子这个好东西是后来才有的，以前的哈萨克牧民冬天也住毡房。他说他年轻的时候，毡房中央堆一个火塘生一堆火，大家围坐烤火，脸是热的,背后却寒气嗖嗖。毡房之外,四面八方,全是冬天。真是不能想象……那时,穷困的哈萨克小孩,身上就裹张羊皮过冬,连衣裤都没有。

我便说:"今天你去哪个方向放羊?我拎个暖瓶,走路去给你送茶!"

他说:"豁切!"

但那天晚上居麻回家第一句话就是:"不是说给我送茶吗?等了一天……"

这次进入冬窝子之前,我最大的顾虑当然也是寒冷。因为当时有一个传言,说这一年的冬天是"千年极寒"。于是准备工作几乎全放在御寒上了,穿得比所有人都厚,招来牧人一致嘲笑。

当时准备衣物时,恨不能一件衣服有三件的功用,这样,就可以少带另外两件。依这个标准,我打包了一些平日里根本穿不出去的……用我妈的话说:"跟孙悟空的衣服似的。"反正我出现在冬牧场上,本来就是个莫名其妙的人,穿莫名其妙的衣服再合理不过。

我拆开一件羊皮马甲,把羊皮缝进一件长棉服里。为了胳膊能轻松活动,又把长棉服的袖子剪掉,这样成了一个羊皮里子的厚厚的长马甲。可惜太瘦了。好友春儿提供了一件她儿子长个儿后淘汰的羽绒衣。小孩衣服往往宽松保暖,行动起来再方便不过。可惜太短了。我还准备了一条无比肥大的驼毛棉裤,一条裤腿可以松松塞进我的两条腿。可惜太长了。穿上后,褶子从脚背一直堆到大腿……好在迈起步子来不会很硬,骑马也方便许多(事实上还是打不了弯,没法自个儿上马,得有人扶)。为配合这条棉裤,又套了我妈的肥裤子。总之里里外外,穿得到处胖乎乎的。我以为穿得胖不会显得矮,事实上更矮了。为了掩饰这一切,我在最外面拢了一件遮天盖地的皮大衣,一路遮到脚脖子。龙袍也不过如此。

我有一顶不错的绒帽。可惜太薄了。便创造性地把另外三顶不怎么样的毛线帽子套一起缝在绒帽里面,使之厚达两公分。戴上还算暖和,绝不透风。可惜太紧了,勒得脑门子疼。于是又把帽子一侧剪开,

帮衬了一块三角形的厚绒布,这下宽松又舒适。可惜,外观又寒碜了。

我还带了睡袋,该睡袋号称能抗寒零下十五度。事实证明,十五度也扛不了。就算穿戴整齐——大衣不脱,帽子不摘,手套不抹,甚至穿着鞋整个钻进去,也扛不了。但无论如何,好歹是个不透风的东西,大不了在上面再捂一床几公斤重的羊毛被。因我坚持钻睡袋睡觉,从不嫌麻烦,居麻便称我为"麻袋姑娘"。他总是说:要是晚上熊来了,怎么跑得掉?

虽然上上下下、里里外外、日日夜夜都那么窝囊,但是,没感冒就是硬道理。我对自己的装备还是比较满意的。大家也都不好意思说我什么。只是一到出门时就替我发愁,嫌我带出去丢人。

无论如何,寒冷的日子总是意味着寒冷的"正在过去"。我们生活在四季的正常运行之中——这寒冷并不是晴天霹雳,不是莫名天灾,不是不知尽头的黑暗。它是这个行星的命运,是万物已然接受的规则。鸟儿远走高飞,虫蛹深眠大地。其他留在大地上的,无不备下厚实的皮毛和脂肪。连我不是也啰里吧嗦围裹了重重衣物吗?寒冷痛苦不堪,寒冷却理所应当,寒冷可以忍受。

居麻说,差不多每年的十二月下旬到一月中旬总会是冬天里最难熬的日子,不可躲避。再往后,随着白昼的变长,气温总会渐渐缓过来。一切总会过去的。是的,一切总会过去。人之所以能够感到"幸福",不是因为生活得舒适,而是因为生活得有希望。

二月初的某天黄昏,我在北面沙梁上背雪时,一抬头,突然发现太阳高悬在沙漠之上。而以往在这个时间点,太阳都已经沉入一半了。而且落日角度也明显偏北了许多。宽广的大风长长地刮过,迎风度量一下,竟然是东风,是东风啊!

到了二月十七日那天,我的日记有了以下内容:晴,很热。我和加玛一起去背雪,没有戴帽子,只穿着短外套。途中休息时,她愉快地说:"夏天一样!就像夏天一样!"——好像完全忘记了几天之前的冬天。

我相信，这世上一定有另一个自己

✱ 小小酥

陷入爱情中的女孩，都会变得娇羞可爱。

对不少高中阶段的女孩来说，叛逆或许是最有吸引力的一项。我读书那会儿，就沉迷于看各种演出，买CD，对关于乐队的一切不能自拔。

尤其，是看了《NANA》之后。

这自然是一部关于乐队的电影，不过它的内核则着力于表现女孩的成长。

《NANA》是日本漫画家矢泽爱的少女漫画作品，讲述两个名字同样读作"NANA"的少女的一系列故事。

不过，漫画的爆红造成了矢泽爱的诸多困扰，2009年，她因为急病停笔，因此这部作品一直休载至今。

2005年的这部真人版《NANA》作为漫改，可以算是还原度较高的高人气之作。因好评如潮，2006年拍摄了第二部，却换掉了主要角色。

没有宫崎葵的《NANA2》俨然失去了它的完整度，因此，《NANA》的第一部才可谓是经典。

故事从一场美妙的Live开始，大崎娜娜是乐队的主唱，她留着一头乌黑的短发，一身朋克的装扮，总是喜欢以烟熏妆示人。她从小家庭破碎，在小镇长大，为了能在更大的舞台上唱歌，在和乐队的吉他手莲分手后，踏上了开往东京的列车。

新干线上，一个长发披肩看起来温柔善良的女孩坐在了她的身边。她叫小松奈奈，梦想成为一名幸福的家庭主妇，为了和男友一起生活，她选择前往东京。

两个女孩年纪相仿，名字的日语读音也都叫"NANA"。

她们一个追求事业，一个追求爱情，无论从打扮还是个性上来说，都不属于同一个世界。然而连她们自己都没想到，对方将会成为此生最深刻的羁绊。

抵达东京后，奈奈为男友章司洗衣做饭打扫屋子，而男友更希望她自食其力。

第二天，她不情愿地去找房子，看中了一间房租七万的707室。再度偶遇了娜娜，因为7在日语里念作"nana"，和她们的名字一样。于是她们决定一起合租下这套房子，分摊房租。

不久，娜娜就发现了奈奈的黏人与不自立，于是给她取了"小八"的绰号，形容她就像小狗，看起来活泼可爱，其实麻烦难缠。

某次在逛音像店的时候，奈奈向娜娜推荐了"trapnest"乐队，告知她自己是贝斯手一之濑巧的迷妹。而乐队海报上的吉他手，正是娜娜的前男友本城莲。

多年前，他们一起在老家组建乐队，两人相依为命。娜娜曾经送给莲一条带有锁头的项链，她需要他，因为她已经受够了孤独。如今，莲已经成了明星，依然戴着那条项链，就如同娜娜手臂上的莲花文身一样不可磨灭。

夜里，队友伸夫拿着做好的小样来找娜娜，她灵感如泉涌，披上外套，站上桌子哼唱起来，奈奈被一秒吸粉。

奈奈有了这么炫酷的室友，第一个就想分享给男友章司，可对方却是心不在焉，奈奈觉得他肯定

是外面有了恋人,并为对方取名为"幸子"。

实际上,在餐厅打工的章司真的有一个同事叫幸子,她是美术学院的学生,长相乖巧可爱,也比奈奈更懂得抓住章司的心。

不知情的奈奈特地带着娜娜去章司打工的餐厅吃饭,察觉章司不理自己的她,吃完饭后决定假装离开,在餐厅门口等他下班。觉得这样做欠妥的娜娜,也只能当她是恋爱中的小女生,陪她一起等待。

一夜的等待,换来了眼见为实的机会。她们目睹了章司和幸子的拥抱,听见了他说出一定会和奈奈分手的承诺。看不过去的娜娜上前质问章司,被当作局外人对待,章司和幸子紧紧地抱着对方,大秀恩爱。

娜娜让奈奈出手,被吓哭的奈奈只是愣愣地杵在原地,什么都做不了。

那一晚,奈奈躲在被子里默默地哭泣,守护在她身边的是娜娜。她抱紧了正在颤抖的她,忽然想起已经好久没离一个人这么近了。

她和莲曾经有着美好的过去,他说如果怀孕了就生下来,目前的存款养一两个小孩没什么问题。她却觉得应该以事业为重,还不是结婚生子的时候,于是莲选择了来东京发展,她多少有些惊讶,但也尊重他的选择。

在自尊与爱情中,她选择了自尊,依然为音乐梦想不断努力着。她不甘于成为他的陪衬,在东京组建自己的乐队。前来应聘的贝斯手冈崎真一年纪很小,技术一流,因为他的偶像正是本城莲。老家的乐队成员也相继来到了东京,只为演奏出美妙的旋律。

奈奈中奖得到了两张"trapnest"乐队的演出门票,邀请娜娜一同前往。娜娜看到了舞台上帅气依旧的莲,他还戴着那条项链。那是她梦想的舞台,如果她没能拥有这样的机会,也应该为曾经的队友感到高兴。

在奈奈的劝说下,娜娜去找了莲想要把打开项链的钥匙还给他,却被抱个满怀。他从来没有停止过对她的想念,他们本应属于彼此。他们和好了,奈奈发现娜娜变成了一个害羞的小女孩,那是一个她从未见过的娜娜。陷入爱情中的女孩,都会变得娇羞可爱。

奈奈想让莲帮忙要偶像一之濑巧的签名,而娜娜则给了她更多。习惯了自己开门的奈奈,意外地见到了偶像亲自开门迎接自己,温柔地对自己说:"你回来了。"

她甚至怀疑自己在做梦,眼前的这一幕对她来说太不真实了,她开心地流下了泪水。走进家门,发现乐队的好友们都齐聚一堂,在家里等着她,人生中最美妙的瞬间可能也莫过于此。

每个人都是生活中孤独的个体,没有人可以完全属于另一个人,即使明白,有时候还是会觉得寂寞。

如果说奈奈是充满治愈能量的可爱小狗,那么娜娜就像一只特立独行的猫,在傲慢中追逐着自由。

娜娜和奈奈,上帝给了她们相同的名字,也给了她们相互扶持的命运,让她们变成更好的自己。

我始终相信,在这个世界上,一定有另一个自己,在做着我不敢做的事,在过着我想过的生活。

关于生活的小确幸
——《海街日记》观后感
* 赵梓沫

从第一次看是枝裕和的《无人知晓》,再到《步履不停》,他的镜头下总是透露出细腻的场景,就像我们一直寻找却忽略的那些生活中微小而确实的幸福,没有煽情,没有刻意,仿佛生活本来的样子。而《海街日记》也是如此,从是枝裕和的镜头下展现出来的四姐妹的故事,仿佛慢慢蔓延开的时光,她们一同走过四季,经过人生百味,因为是亲人,所以不曾断过牵绊。

这部电影改编自吉田秋生的同名漫画。它讲述了从小相依为命的幸、佳乃和千佳三姐妹,在参加父亲的葬礼时遇见了同父异母的妹妹玲。父亲的葬礼过后,三姐妹不忍让玲一人孤独生活,便邀请玲与她们一同生活。

在三姐妹原来的生活中,玲以一个破坏了她们父母婚姻的女人的孩子身份出现,可是事情的发展却没有预想中的狗血,玲的出现不是家庭出现矛盾的导火索,没有争吵,没有阴谋,有的只是平常的生活琐碎。你以为这是一场夹着风暴的巨浪,结果是导演是枝裕和用最平淡温和的方式告诉你,没有时间治愈不了的伤痛,有的只是回归真实的平淡。

《海街日记》展现的是日常生活中的细节之美。四季的变迁,人情的温暖。姐妹初见的夏日,少年们走过的秋日,冬日里光秃的枝干,春日里粉色的樱花隧道,四季流转,情感交融。飞驰过的樱花隧道,片中人物的相遇离开,时间的对比,有过绚烂的风景,就已不枉这一生。

在影片播放的两个小时中,四姐妹横跨了四季,经历的三次葬礼贯穿了她们从相识到磨合的这一年。前两次葬礼都有着微妙的家庭矛盾,女儿与父亲的疏远和回忆,女儿与母亲的争吵与和解。第三次葬礼,面对海猫食堂老板的离去,她的丈夫却显得非常的平静。在是枝裕和的镜头下,死亡变得平和而美好,安静的,如同普通的一生。大多数人很难带着平常心对待死亡,可是枝裕和却用影片表达出死亡本来就是最普通的生活的一部分,生老病死是走完这一生的必经站。

影片用最柔和的方式表达着理解和期待,没有夸张的姐妹复仇,没有爱情的荡气回肠,它只是平淡地、普通地回归现实。所谓亲人,就是流着相同血液的人们在一起分享自己的记忆。是枝裕和构建了一个亲人的乌托邦,时间慢得静止,"没有不可治愈的伤痛,没有不能结束的沉沦,所有失去的,会以另一种方式归来"。这句话是对这部电影最好的理解,一切的伤痛都会随着时间的推移,慢慢消弭于最平常的感动之中。

这部影片除了告诉我们如何包容、感激曾有过的苦恨,更是在告诉我们,生活,就应该有着携手走下去的信念和对未来的憧憬。

一人，一崖，足矣

我与15只猫共同生活的日子

✱ 简 浅

每次搬家时,都会被师傅问,你是卖宠物的吗?

我笑说,不是不是,自己养。师傅总诧异地看着我,眼神仿佛在看哪个地主家的傻儿子。

这种诧异的眼神我习惯了,每逢朋友们坐在一起聊宠物时,我听他们讲养几只猫时,我都微笑默默不语,直到他们看着我衣服上的猫毛,问:你养了多少只?

"15只。"这个数字曾经是8,后来变成10、12,最后变成15。无论是哪个数字,对面都会张大嘴巴,不可思议状地重复我所说的数字。

我点点头,表示承认,再引来一番惊叹。

养猫的快乐很多,但苦恼也不少,比如难以消除的异味,被抓坏的沙发,被砸碎的杯子,被尿过的各种角落——总是有些猫喜欢乱上厕所。

与它们相处的过程中,是在一次次消磨自己耐心,最后发现这竟是一种成长,人会变得温柔。与其说是宠物需要人,倒不如说是人需要宠物吧。

成年后我养的第一只猫是在成都,那时我刚25岁,却也是一家初创企业的老板了,本质上还处在心智未完全成熟的状态下,但我的烦恼和压力却找不到同龄人诉说。

某日下午三点多,我走出公司散心,回程时,在公司楼下看见一家宠物店,我与门口笼子里的一只小蓝猫对视了会儿,我几乎没有犹豫,走入宠物店,直接买下。

我小心翼翼又无比激动,抱着它往公司走,一时竟忘记了无处排解的灰色心情。小猫咪到了公司,女孩们都疯了,我不得不规定:未完成工作不能撸猫。

它喜欢钻沙发底和一切有灰的地方,我开玩笑般给它取名叫"吸尘器"。但这是我第一次独立养猫,我并不了解宠物猫的习性。

几天后,它在地板上拉便便,是稀的。我不太高兴,骂了它几句,恰逢朋友从上海来成都找我,我便带朋友出去玩。夜幕降临,同事给我发微信,说是猫咪趴在猫窝上很久了,一摸,身体僵硬了。

我无比紧张,让宠物店店长来公司送小猫去医院,我也急忙往医院赶去。还未赶到医院,店长就告诉我彻底不行了。

我与朋友来到医院,我看着一动不动的小猫,摸摸它凉掉的身体,一时无比自责。自责自己不仔细,发现稀便便却也没上心,自责临走前还骂了它,自责我为什么没能陪它到最后一刻。

2018年1月的成都夜,我与朋友还有店长,找了适合的地方,将"吸尘器"埋葬。

第二天,我将所有猫咪用具全扔了,避免看到难受。没人知道小猫为什么突然死亡,我查了很多资料,只能猜测是应激,却也不知为什么应激。

店长怕口碑坏掉,说再送我同一窝的另一只小蓝猫。我起初拒绝,但在家空荡荡的两个夜晚,我感到无比寂寞,我同意了。

第二只小蓝猫叫"10万+",寓意很明显,毕竟我是做自媒体的。"10万+"成了陪伴我最久的猫咪,见证我拿融资拿大奖,也见证我被骗和破产负债,陪我从成都到杭州,辗转6个住址。

后来我又去宠物店买了银渐层和美短,再往后,朋友们不养的猫、医院求领养的猫、路边太可怜的小奶猫,都慢慢加入我的大家庭。

"10万+"后来在杭州也得过猫传腹,我忍着眼泪,每天去医院看它,还好,最终住院几周后,活了下来。

我为此只好去租更大的房子,租格局更好的房子,让这十几只猫咪更快乐地生活。

我想了很久,我之所以这么喜欢猫,或许是因为某种童年遗憾。我印象中童年时养过两次猫,都是橘猫,第一只不小心被侄子压死了,第二只放在妈妈的店里,妈妈说被人偷了,但我自始至终都知道,是她不想养了送走了,随便找了个理由搪塞我。

这么多年过去后,我偶尔看见猫,会想起童年时的不愉快和遗憾。所以,我常说,根本不是猫需要人类,是人类需要猫。

所以我也一直想要一只橘猫,在街头常见的橘猫。我在2020年初时的某个深夜,在浙江工商大学附近,将"橘子"带了回家。

那个夜晚,我与它相互迎面走来,"擦肩"而过。

我停下身,转身,看它;它也停下,转身,看我。

我蹲下,伸手,说:"橘子,过来。"

它一点也没迟疑,就走向了我。我将它抱入怀中。

我把"橘子"放在车后面,开车带它回家,它竟从后座慢慢爬、跳,来到了我的腿上。第一次相遇,便如此信任我。 我放慢车速,将它带回了家。

橘子这一生,很是坎坷。 才一周时间,它就染上了猫瘟,我思考了好久,还是决心救,虽然它只来到我身边一周。那时我负债累累,治疗它要花一万多,但我依旧决心救。 所幸,那一次,它活下来了。

橘子很聪明,我住 loft 公寓,楼下粮吃完了,它会跑到楼上,一直喊,喊到我下楼喂粮为止。 橘子也很仗义,它打架虽厉害,但不欺负别的猫,倒是大猫打小猫时,它会去护着小猫。

在橘子"走"的那天,我辞掉了在某企业的总监职位,迎接再次到来的创业生活。交接时,我不断催促所有交接的人,我心里挂念着它。

赶到家时,它已奄奄一息。半小时后,它在我面前断了气。

这并不是第一次猫咪离开我了,是第三次。但这是第一次,我亲眼看着猫咪生命流逝,我陪伴它到最后一秒。

第一次是小学,年龄太小,我已记不清那时的细节。

第二次是三年前,我成年后养的第一只猫"吸尘器",没能见最后一面。

这一次,我陪在橘子身边,替它擦拭身体,抱着它,安慰它。

我没有任何办法,只希望它能走得体面点。

我之所以养宠物,我想是因为……我真的太孤独。无论是创作文字的路,还是创业的路,都无比孤独,我找不到人能与我感同身受,这世上鲜有人同时经历这么孤独的两个身份。

最初养宠物时,是屡屡被人伤得太深,想要有所慰藉,需要宠物的陪伴。

我生活常识很差,我连自己都照顾不太好。有时候也觉得,人真是自私,为了满足自己的孤独,就可以让宠物来陪伴,它们没有选择。我尽可能,给它们好一点的环境,换大一些的房子,让它们尽可能撒欢,让它们也能从我这里得到一些慰藉。

"橘子"离开后,我不再购买和领养新的猫咪。我知道,它们寿命很短,它们会在未来十到十五年,一个个慢慢离开我。我为此感到害怕,那种无力感,很难用文字精准描述。

或许,猫咪真的能教会人成长,教会人要耐心,让人学会照顾生命和敬畏生命。人类总要慢慢明白生活的残酷及美好,总要慢慢懂得担起责任和做好分别的准备。

这是猫咪教会我最好的道理。

阿咪

✽ 黎 戈

如果所有的猫科动物都闭上眼睛，世界会变得多么荒凉。

一、初识

阿咪是一只流浪猫，最常见的三花，黑、白、橘色混杂，外加一片狸花纹。我一直觉得这种猫的毛色有禅意，随着母亲孕产时的即兴发挥，同一窝小猫，有的黑鼻子，有的白尾巴，同样的素材搭配出不同的颜值和风味。阿咪非常幸运地拥有了纯色的肚皮、花色工整的面庞和机灵的大眼睛。

不过，这些都是我和阿咪逐步亲近、喂养它之后，才慢慢观察到的，但细细想来，它什么时候来到我们的眼界里的，还真记不得了。好像是去年秋冬，模糊感到有几窝小猫，老在对面的铁皮屋顶上晒太阳，我和皮皮笑说这真像罗马的大广场，人类闲置的公用空间成为猫们的乐园。

阿咪是否夹杂其中？我不记得了。

再后来，秋天结束，寒冷的冬日到来。无意中，那些猫都散尽了，死了？迁徙了？不清楚。人类每天都被各种大小杂事、无聊的边角信息磨耗着，焦虑地抵挡，或是麻木地虚度一日又一日，没有多余的时间去关注不起眼的小生物。它们艰难地活在人类生活空间的边缘：从垃圾箱里努力地翻拣着厨余垃圾，喝雨水，钻进夜间的车棚里，找个破纸箱子过夜。

阿咪好像就是那时候出现的。余光中，老有只猫进出我们的楼道，天气那么冷，雪也落下来了，皮皮让外婆放个纸箱子在角落，说让那只猫睡进来过夜。但是，第二天我们去看，纸箱没有入住痕迹，阿咪倒是找了个更好的住所——我们隔壁邻居是个心善的女孩，常常喂流浪猫，阿咪就栖在她的摩托

车踏板上，她的车上有个厚棉布挡风帘，正好挡住观者的视线，又透气，便于观察周围，及时逃离。她爱动物，阿咪大概是凭借某种本能接收到了这种善意信息——动物行为学家劳伦兹好像说过，动物的某个功能与人类相差不大，就是它们能识别情绪、情感。

不管怎么说，我们松了口气。阿咪已经完成了身份识别，自认为是我们的楼猫了，大摇大摆地出入我们的单元，直奔二楼，去讨猫粮，就是我们那个好心的女邻居。后者干脆给阿咪在过道角落放了一个小碗，每天倒一把猫粮进去。

阿咪很乖甜，心态很好，每次看到我们都会喵喵叫。大概是来来回回打照面打多了，我和皮皮也渐渐感觉到它微弱但结实的存在，有时几天不见，竟隐隐觉得少了什么，有隐忧，生怕它被人诱捕了去……我们都觉得它偶尔的回眸、不戒备的亲近，对我们是一种付出。白白得了人家的好感，似乎该有所回报。有天我对皮皮说，我们也买东西给它吃吧，邻居买猫粮，我们就买冻干、鸡胸肉和小鱼干吧。

阿咪第一次吃到零食的欣喜让我很难忘，它几乎跃上我们的大腿，但还是小心翼翼地保持分寸。虽然它天天舔毛，努力维持基本的体面和洁净，但是下雨天只能窝在车下水洼里的它，常常去翻拣厨余垃圾的它，又怎么能像家猫一样干净呢？它并不触碰我们，却毫不吝啬的高兴表情。我突然很难过，它连一口干净的水都很难喝到吧？

到了黄昏，阿咪就会蹲在我家和邻居家交界处，安静地看着我们的门。它大概觉得在善待它的人中间很安心吧。得到它的信任，我很高兴。难怪那么多人喜欢养动物，比起解读能力颇为复杂、兀自生出很多歧义的人类，它们内心简单透明。

阿咪有时很甜，肚子饿了，它翻起肚皮，用猫的语言对我们示好，娇嗲地叫两声，并不卑屈。有其他的猫想入侵它的地盘，它奋起保护自己的鱼干和领地；有宠物狗逼近，它灵巧地蹿上树；即使是在小憩，它也只是眯眼假寐，从不失去警觉。一只流浪猫的生存能力，真是可观。

阿咪神出鬼没，它最爱的栖息地是一辆轿车的车底，那辆车是主人闲置的，几乎不用。我想，对一只猫来说，那是再理想不过的了。矮小的空间，却吻合猫的身高，几乎如同公寓般，既能蔽日挡雨，又能挡住大型入侵动物，并且，还能保持观察优势，从暗处偷窥人类。有个诗人摆摊卖书，说是天天看到面前如流的脚，阿咪的猫生自然也是如此。我试图拟出阿咪的视界，那是一双又一双走近又远去的脚：趿拉着拖鞋的，是倒垃圾的大叔；站下来几双脚不动的，是拉呱八卦的老奶奶们，她们讨论的事，无非是孙子入学、儿媳琐碎、广场舞，这些听不明白的人间是非，伴随着阿咪的每一天。偶尔，它看到一双熟悉的脚，嗅到亲切的善意味道，它立刻起身，悄悄爬出来——每次我回家进出楼道，明明没有看见阿咪，但总是在家门口或是小区入口，一转身，便发现不知何处跟来的它，已经默默地立在我身后，目送我远去。

我和阿咪，还有那个爱猫的邻居，形成了无形的默契。她放了猫粮，我就补充鸡鸭冻干和小鱼干，阿咪不知何时来过，先吃光了零食，又走了。今天天晴，估计它要远足（也就是去我家附近的公园转转），待会儿它会回来，继续吃完猫粮做夜宵。看到猫食碗里食物少了一点，我很欣慰，就算今天没亲见阿咪，也知道它好好地活着，身体健康，胃口不错，没有遇到车祸、恶狗或是毒杀它的人，这一抹流痕，就是它发给我的"平安短信"。

我和邻居，还有阿咪，人和人之间，人和猫之间，没有任何交流。同样，我对一些憎恶它的同类也小心翼翼。我从不敢把食物投喂到靠近人类的居处，窗下或门前，我怕那些人嫌弃阿咪搞脏了环境，会驱赶甚至毒杀它。而这些日渐升起的怜惜和恐惧，都是没有语言外壳的。

一切皆是默默。

我对皮皮说，要不要收养阿咪，皮皮说不用，它现在有吃有喝，还有自由呢。也许有一天它对远方好奇了，也可以去旅行，皮皮说，当然，玩累了还能回来。我可惜语言不通，不然可以为它准备点干粮，听它说说旅行奇遇。我们幻想着，阿咪像童话里那些历险记主角一样，有丰富开阔的猫生。

我喜欢的很多作家，好像都热爱动物。奋勇庇护弱小生物的人，身上都会散发出一种很强很迷人的能量场。无论性格多么温和,他们实质上都是斗士。他们必须和窘迫的资金、日益恶化的生态环境、疾病、死亡不懈战斗。最近看一本兽医日记,这个医生并不富裕,却收养了很多残疾动物。其中有一只是出了车祸,失去听觉、嗅觉、视觉的小狐狸,在它短短个把月的狐生中,兽医夫妻拼了全力,使出浑身解数想救护它:他们开车载它去旷野,找狐狸喜欢的向阳草丛,给它喂食牛奶和碎肉片,小狐狸一次又一次地把食物吐出来,拒绝进食,妻子难过地落了泪:"这样它会死的啊!"

然后,他们灵机一动,找了只大狐狸来。话说这只大狐狸当然也是一只残障动物,它在年幼时曾经被母狐伤害过,落下了心理疾病,数次自残,咬断了自己的后肢和尾巴,做过截肢手术,只剩下前肢爬行,兽医把它收在身边,天天和它说话,终于它不再自残。不知是否物伤其类,大狐狸对小狐狸迸发出怜惜,它陪伴它,给它做养母,可是这些都不能让小狐狸释怀,大狐狸急得饭都吃不下。在小狐狸短暂的狐生里,唯一一晃而过的快乐,是被兽医妻子抱在怀里,它恍惚以为回到了妈妈身边,放松地睡去了。这样残破不堪,简直是直奔痛苦和死亡而去的生命,它的意义在哪里?

书里让我感动的是人类和那只拼命想让小狐狸开心的大狐狸养母,一个生命拼尽全部心力,只是为了让另外一个不关己也没有血缘关系的生命得到须臾的欢乐,这善意,就是生命的价值和尊严。

兽医夫妻与受伤的小动物没有利益关系,倒是麻烦不断:这些动物到处大小便、啃咬物件,把家里搞得一团糟。抚养这些残疾动物,他们并不会获得一分钱医药费,甚至听不到一句"谢谢"。倒是有次,伤愈掉头就走的鹿,抬腿就狠狠踢兽医一脚,扬长而去。他们夫妻做这些护生善事,是因为内心已与外物相连,为它们的苦而苦、乐而乐。

在我和皮皮去过的动物园里,除了健硕的壮年猛兽,还有三条腿的豹子、眼花缺齿的老熊、断喙的鸟,饲养员们把食物切碎,努力去迁就它们的牙口,给它们装义齿(喙),这是动物园最美的风景之一。那是对"生"至高的尊重,即使是不完美的生命,也有乐活的权利。看那只三条腿的豹子自信满满地跃上高岗,觉得这是善意增加后的光芒四射。

有种利己思路,是觉得我把什么都给自己,不对他者付出,就会攒足幸福。其实,爱的增值,是在给付和流通的过程中,就像钱必须得花出去,不然就是一堆无用的数字。撇开道德,即使从功利角度来说,大多数自私自恋的人都活得郁郁寡欢、怨气重重,倒是喜欢付出的无私之人往往快快乐乐——人如果是个孤岛,就算是身处金子打造的皇宫,也是冰冷的孤绝。而你与他者相连后,就像内河与公海相连,才会拥有更多的暖意资源。一个融于天地的人,会获取真正的宇宙力量支持。在他们那无畏坦然的笑容之后,闪着天地神灵之光。

二、不潦草的生命

关于流浪猫阿咪,一篇是写不完的。话说阿咪渐渐地渗透进了我们的生活,日记里时而看到这样的句子:"今天外婆生日,大家叫了外卖比萨,买了小蛋糕,草草庆祝一番,给阿咪也加了猫条,让它也高兴高兴。"

"台风天,外面落雨如注,阿咪无处可去,一直趴在我们家门外。阿咪一见我们开门,就起身走过来,高兴地喵一声,不多叫。它特别想进我们家看看,但外婆不许野猫进门。今天它无意中挤进来了,高兴地四处走了走,看了野眼,往空中闻了闻,似乎要在气味维度上记住我们,然后转身就出去了。整个过程,非常像到朋友家串门。皮皮夸它:'阿咪真是只很有教养也不话痨的好猫。'"

"今天在公园散步,发现池塘玉簪池边有几丛高高的野草,比狗尾巴草粗壮很多。我说,这是狼尾

巴草？皮皮说，这是'阿咪尾巴草'。风吹草动，'阿咪尾巴草'开始摇曳，我顿时看见阿咪低着头，摇着尾巴，喉咙里发出呼噜呼噜的快活声音，低头吃猫罐头的样子……眼前人是心中人，眼前草也变成了心中猫。"

"今天看见阿咪迎上来，张着嘴，却没有声音，我突然明白它嗓子哑了，心里发急，在网上乱查了一番，说是没有咳嗽、喘息、胸音就还好。我仔细观察，阿咪除了发不出声，能正常进食饮水，精神也尚佳，可能是上火了吧！朋友说猫生病应该吃鸡胸，外婆赶紧奔去菜场，买来给它煮了，它呼呼吃光后，我才放下心。想着要给它再煮点绿豆汤、金银花水去去暑气。"

又过了好几天。"今天，听到一声模糊的猫叫，我欣喜地冲出去，发现是阿咪身后的另外一只猫，皮皮说，难怪声音都没阿咪那么好听。阿咪的声音像台妹的软语，是软萌圆润的。而且它发声频率不高，只是宣告一下存在，打个招呼就安静自处了，不扰人。即使阿咪不出声，我们也不会改变对它的感情，但还是希望它保有那曼妙又无比配它气质的声音。"又过了几天。"今儿听到'喵'的一声，声音软软的，不敢相信，再逗它，这次真的是阿咪！果然它嗓子好了。我们真高兴啊，奔走相告'阿咪嗓子好了，阿咪好了！'（其实也就是告诉外婆啦）。"

阿咪嗓子好了，但是又出了新的剧情转折——楼梯间来了一只黑瘦三花，黑面孔夹着黄眼珠，表情阴森，叫声像长泣，非常悲苦，听得让人有点发毛。本来我们想，每只猫吃自己那份就好了，结果发现那只黑瘦猫老是偷吃阿咪的东西，还打它的脸，又挡着它的路，不许它来分食，自己却在楼梯肚里安了窝（阿咪一般吃完稍歇就走，不破坏楼道环境，也不会激惹邻居）。皮皮愤怒地说："它怎么敢！阿咪比它大一倍都不止呢。"然后，皮皮对着阿咪身教一番，现场做武术指导："下次它再欺负你，你就揍它！实在不行，就一屁股坐在它身上。你屁股这么大，长得这么胖！"我说："你记不记得你小时候，个头比你矮一个头的小朋友都能把你推倒，抢你的玩具。这个打架嘛，不完全是靠体格和力气，更重要的是天生好斗，粗野泼皮……"皮皮想了下，叹了口气，不说话了——哎，我有点明白为什么阿咪会对我们恋恋不舍了，大概是骨子里的气场契合，阿咪就像我们家人，孤僻、话少、斯文、腼腆，不喜欢和人吵闹抢夺，尽量压低声音，削弱存在感，只想安于一隅，静静度日。

阿咪认得我们家，到了饭点，它就三两步跳上楼，有时会轻轻地用头爪触门，我们赶紧开门，给它端上猫粮、猫冻干，挤好猫条，拌上猫罐头，再备好一碗洁净的水。对流浪猫来说，洁净的水源是生命的源泉。它们中相当一部分猫一辈子都没喝过干净的水，只能喝空调滴的水、下水口排出的水等污水，这些水让它们中的很多死于肾衰竭。所以我总是鼓励阿咪喝水。

阿咪吃饱喝足，就会找个能看到我们家门的角落歇一会儿，每次位置不固定。如果是转角，它就把头扭过来看着我们，长久长久地深情凝视着我们。五分钟，十分钟，我们开门，端丽坐姿变成慵懒横卧，仍是那玉色般温润的眼神，无声胜有声地投向我们，简直是千言万语（我突然理解了我爱的女作家写的猫科动物的眼睛，她说："如果所有的猫科动物都闭上眼睛，世界会变得多么荒凉。"那就该是剧场熄灯那样的黯然吧。）。

我还想到一首诗《看》：
只能盯着看
不，只想盯着看
手与手指不动，轻轻地，想用目光拥抱你
只想用眼睛爱你
它比语言更加正确且有深度
永远盯着看下去
想和你一起去遨游心的宇宙
每次，我都觉得不可思议——猫和人类相反，

人类精于语言的辩驳、解析，能把末梢语言单位分解成更小的质素，放大出无限隐于暗处的深意，然后缔结联盟或展开厮杀。猫不一样，它不明白精确甚至粗略的语意，可是它准确地理解了人类对它的善意或恶意，对情感色彩的判断完全正确，然后它精准地感激或躲避，以"比语言更加正确且有深度的"的眼神。

我们邻居也喂它。现在阿咪在我们家已经吃得很饱足，肚子完全不饿，但是见到我们邻居，阿咪还会上前打招呼，就是一声"喵"，并不多言。它记得这是喂过它的好人，它是一只懂得恩义的猫。我有个女友，也喂她家附近的猫，后来发现那只猫蹲踞在窗外的树上看着她洗碗……我能想象那只猫的眼神。所以，人类繁复的语言，真是沟通的捷径？抑或是制造误解的樊篱？我常常不能确认。

喂了一阵子之后，我发现阿咪的右耳上有个小小的三角形耳缺，阿咪可能是做过绝育之后，被剪耳放归的。皮皮说阿咪一定是只曾经被人类温柔以待的猫，它对人类没有惧意，总是落落大方地行走在人类的地盘，不似大多数流浪猫的惊惶胆怯。它最喜欢盘踞在一辆旧电动车上，一边用破旧脚垫磨爪子，一边饶有兴趣地关注着人类世界的动静，要么就是跃上高墙，俯瞰人间百态——我们这个破败老小区来去的多是挎篮买菜的留守老人，日复一日的柴米家常，在阿咪碧玉般的眼睛里也被转译成了万般兴味。阿咪既有电动车接地气，也有墙头望远，真是一只既有"昼夜与厨房"，又有"诗和远方"的流浪猫啊！快递小哥上门，它也想凑上来看看他送的是什么，小哥也给它逗乐了，从口袋摸出零食喂它。

之前皮皮去上暑期课，阿咪会在楼下等她。看见皮皮回家，阿咪就雀跃地跳上前，前前后后地围着满面疲色的皮皮，嗅她的书包（为什么你老是拖着这个沉沉的家伙，里面装的都是好吃的猫粮吗？）。

阿咪仔细地闻着皮皮的书包，很快失去了兴趣，它跳上窗台，歪着小脑袋，目送皮皮回家。皮皮开学后，阿咪扑空了几次。后来，它慢慢摸清了皮皮上学放学的规律，到时就等着接送皮皮。皮皮每天早晨都会看见一个毛茸茸的脑袋从楼梯栏杆里伸出来，浅绿色的眼睛目不转睛地看着她，充满了信任和依恋，皮皮说阿咪的眼神有灵魂感。有时夕阳西下，阿咪立在墙头目送我去驿站取快递，披挂一身七彩霞光。猫科动物那端丽昂然的站姿，让我想起了在陕博和洛博见过的那些英气逼人的胡装骑马女俑，又想起了埃及神庙的那些猫，生如蚁而美如神是每个生灵的天赋权利，上天造任何一个生命都不潦草啊。

它比语言更加正确且有深度。

阿咪生于天地，在人类生存的边角空间游走，利用人类的剩余物资为生，获取小小的猫生快乐——人类的残羹，是它的美食（而那些高盐重油的食物，最终让很多流浪猫死于肾病）；人类空调滴出的水，是它的一部分维生水源；人类扔掉的废纸盒，是它短时的家；一棵长歪的老树，就是它的猫爬架；树皮还兼做它的磨爪器；掉下来一个野果子，它能抱着玩半天。白天在人群喧嚷之处很少见到流浪猫的踪影，入夜，我回家，却能看见它们自在地漫步，人类撤出以后的夜的世界，是它们的游戏场。

皮皮自小爱鸟，她养的鸟曾经被野猫扑杀过。皮皮难过地大哭，她一直不亲近猫，但阿咪以一己之力给皮皮上了一堂生命课，就是万物如何共享地球资源，并尊重其他生物的存在。绝育为先，控制数量，以收养代替购买，这是目前的基本思路。前阵子看江北一个小区有几十个爱猫的居民自发筹款，把小区的流浪猫送去绝育，然后定点喂养，以求达到环境和生命的平衡。这算是一个理性善意的解决之道吧。

三、我与狸奴不出门

冬天渐渐逼近，日落越来越早，回家路上的紫楝、乌桕、喜树陆续结出果实，青奥的乌桕树、灵谷寺的银杏、栖霞的红枫、午朝门的杉树、樱花路的枫香树，也要依序变色。我趁有太阳的日子，一个个去探访，路走得太多，脚都裂开了，每晚都要涂护脚霜。连练硬笔书法时，写的字也变成"呵冻研墨，笔端生春"了。

随着天气变冷，阿咪在我们家滞留的时间也越来越长。吃饱了，喝完水，它会找个离我最近的角落，蜷起来打盹，但是，如果长时间地关住它，它就会不停地对着门张望。阿咪乖巧懂事，不会大声乱叫，但我能看出它眼神中的焦灼。它是流浪猫，惯于到处走动。我们家氛围比较散漫，人人都讨厌纪律生活，一向予以每个成员安全范围内最大值的自由。长幼辈之间平等交流，没有压迫感，大家都管控好自己的领域，也不会侵入别人的领域——我是自由职业者，全凭喜好读书写作，我手写我心，自在放飞心意，定时交稿即可；皮皮按计划完成她的学习任务；外婆以每日时间表处理家务和后勤杂事，闲时开着小蓝牙音箱听音乐、看我推荐给她的小说。大家各司其职，互不干预。同样，我们也不愿意管束阿咪。

但是，这样灵活地切换于居家和游荡之间的阿咪给我增加了大量的麻烦。它做过绝育，没有生养一窝小猫的后顾之忧，可流浪猫大多是携带病菌的，我得负责维护家人的健康。我给阿咪划定了活动区域（不能进卧室），给它定时做内外驱虫、洗耳朵（去耳螨），不时用伍德灯检查是否感染猫癣，给它吃营养猫粮以增加抵抗力、服用维生素预防疾病，家里还常备几种动物可舔舐的安全消毒水（去跳蚤、蜱虫、虱子的，去真菌的，等等），轮流喷洒擦洗墙面地面，时刻关注家居环境，看家人有没有虫类叮咬痕迹。但是，阿咪到底是散养，重复感染是必然的。我看着它来去自如的悠然，心里其实是拎着的。就像养孩子一样，在自由和安全的平衡木上，我走得很辛苦。看着它信任的眼神，让我把它赶出去或是关起来，我都做不到。

阿咪与我们的关系像朋友，平等而松弛。外婆买菜回家路上，偶遇正在树篱边玩耍的阿咪，外婆就招呼它："阿咪，回家去吃饭吧。"阿咪玩得起兴，不理睬外婆，外婆就径直回去了，知道它饿了自然就来了。

又有次，我和皮皮出门，突然，皮皮指着屋顶说："阿咪！"我近视，只模糊看见一把很像拂尘的白鸡毛掸落在小车棚顶上，靠近一瞅，还真是阿咪在酣睡。和平时的睡姿不同，因为无人类打扰（确实，两足兽爬不上那个高度），也无其他猫的骚扰（猫的领地感很强，其他骁勇的野猫都占领了面积更大、视野也更好的屋顶），在这个狭小的独家屋顶，阿咪把自己摊得笔直，手脚全撑开了，它很放松，连脚爪都伸到棚子外面去了。我走近车棚，在下方的树荫中，碧绿的枝叶间，赫然两个毛茸茸的小爪子。我看得发笑，悄悄踩着石块，想去挠它的脚心，它一下惊醒了，立刻顺着树跳下来和我们嬉闹了。

无论我多晚出门，阿咪都会从它藏身的屋檐下、墙角里跑出来送我。我下楼，四处张望，当然啥也看不见，以我人类的眼睛。然后，一回头，一个白色的小身影，已然悄无声息地浮现在大块的夜色中，默默地跟着我走到小区门口了。不管刮风还是下雨，它都会出现。隔壁单元穿睡衣下楼倒垃圾的小姐姐用诧异的眼神看着我，她不明白为什么这人老和黑洞洞的空气挥手告别："回去吧，天冷，快回去，别送了！"

朋友之间当然也有误会。为了给阿咪驱耳螨，我买了进口的滴耳剂，听说是植物成分的，没有耐药性，也不怕被误舔中毒（猫常常用舔湿的爪子挠耳朵，我怕万一顺带舔到）。那个药品视频里的药模猫配合度非常高，使我低估了上药的实操难度，结果那个药物气味一出来，阿咪就开始警觉。我想把药滴进阿咪耳朵，它立刻把耳朵关紧——猫耳朵上有肌肉，开合控制自如，这个我也忘记了。然后，满屋子上演人猫追逃大战，阿咪逃到门口，我把它放走了。

后来，它也来吃东西，但总是保持警戒距离，不像之前会主动拉我的手，又翻出肚皮让我撸。流浪猫长期处于险恶环境中，警觉性都比较高，如果给一只初识的流浪猫喂食，得先把食物放下，退到远处，待你走远，它才会把食物叼走，拖到隐蔽处吃掉。我和阿咪语言不通，无法解释，失去阿咪的信任，我有点低落。

随着时间过去，阿咪开始重新接近我，对我伸出小爪爪。我裤子上重现的灰黑小爪印和白色猫毛，是人猫之间重修的友好协议。虽然作为猫它不理解我的行为，但是它相信我不是想伤害它。它始终把我放在朋友的范畴，而不是敌对关系中（对朋友，即使不理解，我们也是悬置或尊重那个空白地带，不会以超底线的伤害性行为去还击），在我们的沟通盲区里，阿咪没有填塞以恶意揣测。这点，我甚至心怀感激。

天冷了，我们为阿咪准备了厚棉垫子。冷空气过境、大降温的日子里，阿咪跑来顶我家的门，喵喵叫，我们赶紧把它迎进来。阿咪在垫子上躺下，睁着圆眼睛，竖起耳朵听着外面的狂风大作，被风吹起的广告牌呼呼作响，和往年的凛冬一样吓人。可是，阿咪今年有家可归了，它有门可以挡住风的扑杀，身边还有堆得满满的猫粮碗，也有关爱它的人。阿咪把自己蜷成一团，睡了，还打起小呼噜。我在它旁边看书、喝咖啡，彼此安静地互相陪伴着，第一次体会到这种风雨来袭、垫软屋暖、"我与狸奴不出门"的幸福感（注：狸奴即猫的别名）。

自此它常在晚间来访，放学回家的皮皮、外婆和我围桌吃一锅小砂锅。我家饭食简单，炖一大锅牛肉，加粉丝一顿，加胡萝卜一顿，加土豆又是一顿。我们吃着简朴的饭菜，听皮皮说学校里好玩的事，大家说着说着就笑了。小小的厨房里，文火还在炖着汤，汤材翻滚着，发出咕嘟咕嘟的声音。阿咪嘎巴嘎巴地咬着它的冻干，或是呼噜呼噜地吃着香喷喷的鱼罐头。屋外有大风，屋内有小温。皮皮转头看看阿咪，说："我们家真温馨啊！"虽然没有豪舍华屋、珍馐罗列，但是"家人闲坐，灯火可亲"中的笑语相依让人备感温暖。

阿咪紧紧地闭着眼睛，把爪子收起来，抱着自己的腿，用尾巴垫了，香香地睡着。有时它醒过来，看看我，换个姿势，又睡了。我久久地看着它，阿咪没有房子、存款、月薪，没有父母、兄弟姐妹、朋友，没有衣物、家具，它所有的财产，只有它自己的一身皮毛、四肢、尾巴和一条命。它抱着它所有的财产，进入了梦乡。梦境里，它看见什么了呢？是早已不见的妈妈，还是欺凌它的坏猫？我想着一阵心酸，再一想，不对，阿咪有我们啊。

某个周末，我一边看书，一边构思着新文章。又想着"双十一"要来了，皮皮今年还在长个子，必须买新羽绒服，孩子坐在教室的时间长，但也得上体育课，得选件绒好轻盈、贴身保暖的。羽绒服能从初冬穿到春来，使用频率最高，值得投资一件好的，有空得翻查一下去年的尺寸表，衣长腰臀至少得长两寸。外婆下蹲时老是很吃力，记得要给她买氨糖护关节，前阵子我查看她的体检报告，有些小问题，都要对症选择一些营养品。还有，阿咪睡觉时怎么老吧唧嘴巴？难道是肚子里还有虫？再囤点内驱药吧。另外，高档罐头多买点吧，体质好，免疫力提升，对付病菌的抵抗力也能增强吧……呃，我发现，我已经把阿咪当成家庭成员来考虑了。

有天我出门了，外婆说阿咪今天溜进卧室，跳到床上去了，它在那里兴奋地翻滚，怎么都不肯下来。我赶紧换床单，给外婆衣服喷杀毒剂。我想，阿咪大概第一次躺到这么松软舒服的地方吧，它平时能找到一块干爽的水泥地面就很幸运了。皮皮说我们赶紧去给阿咪买个猫床吧，我们开始上网选起来。

过了几天，皮皮给阿咪选的小猫床到了驿站。正好那天太阳好，我把猫床拆开，放在阳台上晒了。去去味道，杀杀菌。然后，阿咪中午来了。趁它吃饭，我摊开猫床铺好。我拍了拍床，示意阿咪可以躺下。阿咪试探着走上去，没有我预想中的欣喜，倒更像是害怕。它一爪子下去，猫床的软垫子就陷下去一块，阿咪对这种异于它平日活动场所的质地很陌生，它的爪子在发抖，又不停舔自己的毛，还抱着我的手舔，这都是宣示紧张的身体语言。我摸摸它的头，给它梳毛，它换了好几个睡姿，慢慢地放松。过会儿再看，它已经睡着了，和平时因为冷的蜷姿不同，现在它是伸直身子睡的，看上去很舒服的样子。我和皮皮真高兴啊。

猫与母亲

✽ 角田光代

我家来了一只猫，一月时它才在朋友家出生，是只出生不到半年的小猫。

我从来没养过猫，小时候只养过鸟，包括鹦鹉和文鸟。换句话说，我从来没养过比鸟大的动物。因此，我对猫一无所知，但先生家中一直在养猫，这点让我放心了些，不过我依旧感到不安。

我怀疑自己是否能好好照顾它。如果它不习惯这里、不喜欢我的话，该怎么办？如果它想回以前的家又该怎么办？

先生则是一副安详的样子，每当我向他表示不安，他总是说没问题啦。但就算他说了一百次，也还是无法安抚我的情绪。就这样，到了迎接小猫入家门的那一天。

没想到结果出乎我的意料。我发现原来猫这种动物既安静又优雅，可以不着痕迹地自然融入我们的生活。我帮它取名为Toto，它在家里东嗅西闻逛了一圈之后，就把头靠在我的手上、窝在我的膝盖上睡着了。晚上它会跳到我的床上，躺在我的枕头上睡觉。天一亮，它就会用前脚猛搔我的手臂或肚子，催我帮它准备猫粮。什么？就这么简单？！我还诚惶诚恐的时候，它就这么自然地成为我们家的一员。

于是，我就这样一脚踏入了猫的世界（简称"猫界"）。

与其他各种世界一样，猫界也有物质上的必备用品，譬如不可或缺的猫砂、猫粮、零食、外出背袋。另外，还有一些东西虽然称不上是必备品，但是如果有的话会更好，包括玩具、衣服饰品等等。而非物质上的，则有应该怎么做，不该怎么做，这样比较好，那样不太好等大量的信息。

如果生活中没有猫的话，不知道这些也是理所当然，以前我就属于这种对猫一无所知的人。但这下子管它是物质性的东西还是非物质性的信息，总之一切排山倒海而来，让我几乎难以招架，我只好一一询问熟知猫界的丈夫。

市面上有77日元一罐的猫罐头，也有120日元的，甚至340日元的。如果买店里最便宜的77日元的罐头，好像有点对不起我家的猫，但也不可能每天给它吃340日元的昂贵罐头。

不管是猫界或狗界，甚至是和服的世界或面包机的世界，只要一脚踏入那个世界，首先得面对的，就是差价很大的各种商品。

面对五花八门的价钱种类，在惊讶之余，我总算买完了基本必备品，但又难免怀疑是否还有更好的选择。譬如我想要找更轻、更便于搬运的猫砂；或者今天猫不太吃这种罐头，就会想找它更喜欢的罐头。

我都是通过观察猫的行为推断它的喜好，考虑商品的价格，来添购所谓不可或缺的必备品。但老实说，其中有一些并不是那么必要的东西。

譬如玩具。当然玩具不能一个也没有，可是一只猫咪根本不需要那么多玩具。而且主人挑的玩具，猫也不见得喜欢。我其实很怀疑，猫真的喜欢那些做成老鼠或蝴蝶形状的玩具吗？初入猫界的我，在猫咪玩具商品架前，总是感到百般迷惘。

不过最终我还是挑了几个玩具，一个是绳子前吊着老鼠形状的玩具，一个是铃铛球，还有一根做成猫掌状的软棒子。只要把这些玩具丢向远处，我家的猫就会去追，缠斗把玩一阵之后，再叼回来放在我的脚边。什么？这个行为又吓到我了，我还以为只有狗爱玩这种游戏。

于是我再把脚边的玩具丢向远处，它又去追，缠斗把玩一阵之后，又再叼回来放到我脚边。我家的小猫对这个游戏似乎百玩不腻，可以重复十几二十次。原来不管是小孩或小猫，都喜欢反复的行为。

有趣的是，这种玩具一定会不见，而且不久后就会不见。虽然这些玩具偶尔也会突然冒出来，但多半就是不见了。至于那些不会不见的，就是它玩腻的玩具。

此外令人玩味的是，那些我随便凑合出来、不是花钱买的玩具就不会不见，而且它还很爱玩，怎么都玩不腻。

譬如我随便揉了一个纸团，再粘上一条绳子的也算，这种玩具尚且看得出主人的一点用心。有时候我只是把塑料袋揉成一团，或是圆珠笔的笔盖、吸管，这些都能吸引它，让它玩上好一阵子。于是我就不再买玩具了。

不过看在我眼里，又觉得"对不起它"。觉得它就好像没有任天堂游戏机或足球的小孩，不得已只能捡木片在地上画画，不然就是把塑料袋吹成一个球丢着玩。

前不久，一位和我差不多同时期开始养猫的博主，在博客上说他刚买了一个猫塔。猫塔？又是一个我没听过的新名词。猫的确喜欢爬高，那种爬高的欲望和喜悦似乎不容小觑，我家的猫就非常喜欢跳上桌子和厨房流理台。

那要买猫塔吗？

我考虑了一阵子，也跟熟知猫界的先生商量，最后决定买一个。于是我上网查询，没想到选择多得很，种类五花八门，看得我眼花缭乱。至于价钱，又是天差地别，有一千日元的，也有五万日元的。我怕太便宜的用不了多久，又怕花五万日元买回来，结果家里的猫却不喜欢……

所以最后我选了一个不到两万日元的猫塔，设计简洁，也不太占空间。

网购后没几天，猫塔就送来我家了。我是一个不擅长组装的人，装不了多久就会发火，把东西丢在一旁，所以我不买任何需要组装的东西。可是我居然为了我们家的猫，等不及先生出差回来，就一个人打开纸箱，把那些又重又不好拿的零件拿出来一一研究，最后终于顺利组装好了我家的猫塔。

然而，我家的猫对猫塔却正眼都不瞧一下，继续玩它的圆珠笔笔盖和咬到坏掉的吸管。"喂，家里有一个这么棒的玩具（比圆珠笔笔盖高级多了），你多少也表示一点兴趣吧。"没想到我居然出声跟它说话。当然，它并没有回说"是哦"。

当晚我在厨房做菜、眼睛瞄向客厅时，发现我家猫正在爬猫塔。可是它还不习惯，前脚攀在上一层，爬得不顺利，想往上跳，屁股却掉了下来。于是我趋前把它的屁股往上托，还高呼："哇，好棒好棒！"它又继续把前脚往上攀，我再把它的屁股往上托，像个傻子般不断称赞它"好棒好棒"。

猫塔的最上层有一个圆形吊床，它常窝在那里。第二天它就可以自己爬上去，蜷着身子躺在吊床里。

太好了、太好了，你喜欢就好，这个钱没白花，太好了、太好了。

几天后，它已经完全一副这是我的地盘的表情，利落地跳上跳下，跟一开始完全不一样，身段熟练得很，让人赞叹动物的学习能力真快。

我找不到它时，它多半都是躺在吊床里看着我。当我整理家务、洗衣时，头一抬就能看到它从吊床里伸出脖子，露出一副"嗯，很好，在做家务啊"的表情。

母亲在世时，每当我跟她起冲突，她总是说："等你当妈妈就知道了。"其实我已经不记得都是为了什么和母亲发生冲突，也想不起她指的是"知道什么事"，但自从我养了猫，就觉得"嗯，我知道了"。比如以前母亲总是说"反正你没多久就会腻了"，所以不肯买占空间的娃娃屋给我，让我从小一直觉得母亲很严格，但现在的我并不这么想。特别是当我身处商品琳琅满目的猫咪玩具卖场，内心不免嘀咕"才刚买了猫塔"，所以什么都没买的时候，我的确能理解母亲当年不买玩具给我的心情。

话虽如此，但我猜不喜欢猫的母亲可能会说："什么？猫怎么能跟小孩比？！我看你根本还是什么都不懂。"

1 ——○

沈可可捡到了一只猫,一只黑底白色杂毛的猫。

沈可可看见它的时候,它躺在街边的角落闭上了眼睛,偶尔喵喵叫一声,上气不接下气,俨然是一副活不下去的模样。

按理说她不应该收养这只猫的,她家里并没有条件让她收养,况且家里没有人喜欢猫。可她自己也不知道为什么这一次停驻在原地舍不得离开。

她想着,只要有人路过看见它救救它,她就离开。

等了很久很久,直到太阳落了山,街上的霓虹灯全部亮了起来,照在她的身上,也没有人走过去将猫捡起来。来来往往的行人那么多,大家都冷漠着一张脸从它的身边绕过去。

这不是一只漂亮的猫,黑底杂毛,躺在那里看起来像是睡着了。

天开始下雨了,她缓缓撑起伞打算离开,走了几步,咬住下唇,又折回来。

那只猫

✤ Jelly

2 ——○

沈可可有了一只属于自己的猫。

她从存钱罐里拿出积攒的压岁钱,然后小心地抱着猫去了宠物医院。

这一看就是一只野猫。

医生好心提醒沈可可:"野猫很难驯服。"

她摇摇头,眼神清澈:"我不要驯服它。"

"它会走的。"医生拿起注射器小心地往猫的身上打。

沈可可揪心地看着:"没关系。"

她只希望这只猫能够好好的。能否留在身边,并不重要。

3 ——○

顾知打电话给沈可可的时候已经是深夜。

沈可可躺在床上正在看书,反应了好半晌才意识到是谁打过来的电话。

"可可,我刚下课呢,你在干什么?"

她握着手机说不出话,隔着十个小时的时差,实在是不知道该怎么徐徐道来这十个小时的作息。

然后她开口:"我打算睡觉了。"

一开口,她便有些懊恼。这实在不是应该拿出来说的话,即便这是实话。

对方一愣,好像才反应过来:"哦,对,我们有十个小时的时差,你该睡觉了。"

电话挂得匆匆,她其实并无睡意,只是单纯不知道该怎么和对方聊下去。她从来不擅长主动,永远是被动地接受。一旦对方切断需求,她便毫无办法。

其实她有很多想说的话,比如,她最近养了一只叫煤球的猫,而这只猫并不属于她。

沈可可给猫取了一个名字,叫煤球。

煤球,她在每一个睡不着的晚上呼喊着这个名字。煤球还很虚弱,睡在飘窗上的枕头里,尾巴一甩,没有回应。

但仅仅是这样,沈可可便觉得很幸福了。

"它还在"这件事就足够让人欣慰。

4 ——○

猫咪身体好了很多,能跑会跳,食量也大了很多。

要买猫粮,沈可可小心攥着变得薄薄的压岁钱的一角小声问医生:"其他人买猫粮都是买最好的吗?"

医生看着她轻轻地笑了:"不是,他们都是买最适合的。"

"什么是最适合的?"

"量力而为就是最适合的。"

所以她量力而为地买了便宜的猫粮。

"我给不了你最好的,我只能给你最适合的。"

煤球埋头吃着猫粮,丝毫不理会。

顾知和沈可可认识十年有余,从小学开始一起上学、长大。

说来也巧,两个人小学的时候同班,初中的时候又很幸运地做了同桌,甚至高中,也不过是相邻的隔壁班。这样的缘分让沈可可很长一段时间都认为,这是天定的。

沈可可不善交际,从小时候开始便是这样。面对人群沉默寡言,人越多越羞涩,扭捏地往顾知的背后躲。

顾知却不一样,从小到大,她都是人群中最受欢迎的那一个。人越多越得心应手,处理事情井井有条。

顾知曾经劝导过沈可可,要学着和人去相处。沈可可说,我有你啊。顾知说,如果有一天我离开了呢?

那个时候她还觉得"离开"这个词很遥远,却不知道,原来转瞬便是分别。

煤球不见了。

沈可可找了很久很久都没有找到,她在房间的每个角落呼喊煤球的名字,但是没有任何回应。

二楼的窗户是开着的,只有窗帘在微风中飘荡着。

沈可可空着手去宠物医院,医生看着她空手而来却没有半点惊讶。

"得不到的就是得不到的,你对它再好也没有用。"医生说的时候轻轻拍了拍她的肩膀。

她问:"它会死吗?"

医生说:"不会,已经治好了。"

"那就好。"这是她唯一的欣慰。

医生说:"如果你喜欢,可以常来我们这里看猫。"

她看了周围的各种漂亮温顺的猫咪,会蹭着她的裤脚撒娇,会冲着她喵喵叫,眼睛大而圆,干净又漂亮,却还是摇了摇头。这些都是很好看的,但这不是她的猫。

她总是会很担心,担心一些很荒唐的事情,担心原本并不属于自己的东西离开。即便做足了心理准备,但真正到了那一天的时候,还是会慌张无措。心理暗示根本没有用。人心是这样的贪婪,习惯了便理所当然地认为自己拥有了,又怎么会去思考那些所得的缘由。

她拥有了第一只猫,从拥有的那一刻起就开始患得患失。于她而言,这是属于她的猫,可于猫而言,它不属于她。离开从一开始就是注定的。

"你为什么要养一只从一开始就不属于你的猫?"

"它属于过我,至少曾经属于过。当然,也许这是我的自以为是。"

医生从一开始就说错了,被驯服的不是猫,是她。

两个人之间,谁离不开谁,谁便是被驯服的那一个。

小王子驯服了狐狸,玫瑰花驯服了小王子。

她开始好奇,《小王子》里那只想要被驯服的狐狸,它最后是怀着怎样的心情离开小王子的?

她越来越少和顾知联系了,因为她开始不知道说些什么。

彼此的交集渐渐变得稀薄,能够畅聊的话题越来越少。她原本就不是话多的人,一直被动地在原地等待着。

她突然想到,高一刚开学的时候她和顾知吵了一架。

那个时候她们不同班,即便班级相邻,总归还是隔着一段距离,更何况两个人的课程不一样,相约的时间自然而然变少了。

沈可可常常需要花很多时间去融入一个新的环境,包括现在。

在顾知的身边,她总是需要静静等待顾知走到她的身边,拉起她的手,带着她进入不同的圈子。

不熟悉也没关系,她有顾知就够了。

但是现在却不可能,两个人所处的是彻彻底底不一样的环境。

她不明白自己为什么会变得如此患得患失。从前毫不在意的东西,现在却时时刻刻在她脑海中想起,让她去证实。好像非要抓住点什么东西,心才能安定下来。

是不是年少的友谊就是这样的,非要把每一个人都安排得明明白白,分一二三四五六,知道自己在对方心里的排序,心才能安定下来。

只是却没有给环境和人性留下任何余地,好像单单是那么一次排名,就决定了自己的生死。

沈可可是在很久之后才明白,这个排名没有任何意义。

尽管当时她所需要的不过是一个当下的心安。

她后来想起为什么和顾知吵架,想了很久,想到头痛才想起来,那时她看见顾知和另外一个女生手挽着手共喝一瓶水。

她早早便知道顾知笑起来的时候是好看的,那天或许是阳光太大,让她觉得顾知的微笑看起来格外刺眼。

8 ——。

她后来又见过一次煤球,在她第一次见到煤球的地方。她看见煤球懒洋洋地躺在屋檐上晒太阳,尾巴垂下来。

她不知道自己是不是看错了,快步走过去,一抬头发现煤球不见了。

她发现,在这家的门口放了一个陶瓷碗,里面装着猫粮。

门口一个老奶奶戴着眼镜在绣花,笑着对她说:"上面是不是有只黑猫,那只猫野着呢,没事来我这串门,非得叼点东西走不可。"

她问:"您是它的主人?"

"不是,没有谁是它的主人。"

那只猫是没有主人的,猫粮也好,猫砂也好,放置在一旁的水也好,都是好心人为它偶尔的路过提供的些许帮助。没有人想当它的主人,它也不需要主人。即便不在她的身边,这只猫也能够过得很好。

很多时候她也会想,是不是真的所有的事都和自己所想的一样无法挽留。她的微信头像依然是煤球,床头柜上她和顾知的合影依旧放着。即便,她认为两个人或许再也没有和好的可能。但是,过往的那些时刻,她们是确确实实开心过的。

后来她看韩剧《孤单又灿烂的神:鬼怪》,里面的女二即便被催眠说忘记那些不开心的事情,也依然什么都记得。因为没有不开心的事情,和对方在一起即便是悲伤的事也都是开心的。

曾经和你在一起的每一个瞬间都是美好的,没有不开心,即便最后你选择离开,于我而言那些和你在一起的时光也足够让我回味很久。

9 ——。

她没有想到会在家里看见顾知,所以开门的一瞬间愣住了。

顾知还是和往常一样,日子一热就穿着白色T恤、踩着一双人字拖坐在沙发上啃冰块,听见开门声就喜笑颜开地迎过来,把碗里的蜂蜜冰块舀了一块往她嘴里塞。顾知眉眼弯弯,笑眯眯地说"辛苦了",然后一把抱住她:"可想死我了!"

她身体有些僵硬,想到当时的分别,想到自己一个人,想到彼此的无话可说,想到顾知面对其他人的笑逐颜开,想到她刚刚的释然。一切的一切,好像只有她在想。

顾知抓住她的手,看见她脸上晒得红红的便往空调处拉,像是两个人从未分别一样。顾知挽着她的手,笑眯眯,眼神很亮很亮:"你知道吗,我有很多很多话想要告诉你,我留学的这段时间遇见了什么,听到了什么,我都想当着你的面亲口告诉你。"

她咽了咽口水,视线落在飘窗处,那个枕头原本是煤球躺下睡觉的地方,现在空荡荡的。

她轻轻开口,像是无数个黑夜里想要说出口的那样:"这样啊,我也有很多话想要对你说。"

关于我的小忐忑,关于我的小心思,关于曾经属于我的那只猫。

我也想通通告诉你。

鸟

✽ 布鲁诺·舒尔茨

黄色的冬日来了，充满厌烦。雪像一条磨得露出织纹的旧桌布，尽是窟窿，铺在铁锈色的大地上。桌布不够大，有些屋顶没有盖住，这些屋顶就这样屹立在那里，黑色和棕色，木瓦顶和茅草顶，它们像一艘艘方舟，控制着像汪洋大海似的被煤烟熏黑的顶楼——漆黑的大教堂，布满肋骨似的椽子、屋梁和桁梁——黑黢黢的冬天的阵风的肺。每天的黎明揭示在黑暗中涌现出来的被夜晚的风充了气的一排排新烟囱和烟囱管帽：魔鬼的管风琴的黑色的管子。扫烟囱的没法摆脱那些乌鸦，它们在黄昏密密匝匝地待在教堂附近、长着黑色的没有枯萎的树叶的树枝上，接着扑簌簌地飞到空中，又回到树上去，每一只鸟紧贴在它自己那条树枝的自己的位置上，要等到黎明才一大群、一大群地飞走，像一阵阵煤烟、一片片尘土，起伏不定，奇形怪状，呱呱地叫个不停，叫得一道道霉黄色的亮光发黑。白天寒冷而叫人腻烦，硬邦邦的，像去年的面包。人开始用钝刀切这种面包，毫无食欲，带着懒洋洋的冷漠神情。

父亲不出去了。他封起一个个炉子，研究永远无从捉摸的火的实质，感受着冬天火焰的盐味和金属味，还有烟气味，感受着那些舐着烟囱出口的闪亮的煤烟火蛇的阴凉的抚摸。在那时候，他在一个个房间的高处专心致志地干一切小修小理的工作。在白天所有的时间里，可以看到他蹲在一架扶梯顶上，在捣鼓天花板下面、长窗上面的檐板旁、吊灯的平衡锤和链子旁的一样东西。他模仿室内油漆工的习惯，用的那架扶梯像两个巨大的高跷；他感到处在靠近漆着天空、树叶和鸟的天花板且可以鸟瞰的位置开心极了。他越来越同实际的事务隔得远了。我母亲对他的情况感到担心和不快，试图引他谈谈事情，谈谈月底该付的账单。这时候，他心不在焉地听着她讲话，迷惘的神情中流露出苦恼。有时候，他为了跑到房间的一个角落里，把耳朵贴到地板的一条裂缝上去，就做出警告的手势，阻止她讲下去，还举起双手的食指，强调调查的重要性，接着一心一意开始听起来。那时候，我们并不知道这些古怪的举动让人悲伤的根源，可悲的情结正在他的心里成长。

母亲对他没有一点影响，但是他却恭敬地注意着阿德拉。对他来说，他的房间的打扫是一个伟大而重要的仪式；他一直做好安排，好亲眼看到这个仪式，带着既恐惧又喜悦的兴奋感注视着阿德拉的全部动作。他认为她的一切动作有更深的象征意义。那个姑娘用年轻而坚决的姿势把一把长柄刷在地板上推动的时候，父亲简直受不了。眼泪从他的眼睛里淌下来，无声的笑扭歪了他的脸，一阵阵的喜悦使他的身子直打哆嗦。他被激动得浑身发痒，达到疯狂的程度。阿德拉只要向他摇摇手指头，装出挠痒痒的样子，就能把他吓得惊慌失措，穿过所有的房间，砰砰地关上一扇扇房门，最后直挺挺地倒在最远的房间的床上，在一阵阵痉挛性的大笑中打滚，想象着那种他没法顶住的挠痒。因为这个，阿德拉摆布父亲的力量几乎是没有限度的。

那时候，我们第一次注意到父亲对动物的强烈的兴趣。一开头，这是一种猎人和艺术家浑然一体的爱好。这也许也是一种生物对亲属，然而是不一样的亲属，对种种生物的更深的、生物学上的同情，在一个未曾勘测过的生存领域里做试验。只是在较后的阶段，情况才发生离奇、复杂、完全邪恶和反自然的变化，这种变化还是不公开的好。

不过，一切都是从孵鸟蛋开始的。

父亲花了许多精力和钱财，从汉堡，或者荷兰，或者非洲的动物研究所进口种种鸟蛋；他用比利时进口母鸡孵这些蛋。这件事情也把我迷住了——这件蛋里孵出小鸟的事情,这些是色彩和形状真正稀奇古怪的玩意儿。那些怪模怪样的玩意儿长着巨大的、奇形怪状的嘴,一生下来,嘴马上张得很大,贪婪地发出嘶嘶声,露出喉咙口;那些像蜥蜴似的小动物长着脆弱的、赤裸裸的驼背的身子——从这些玩意儿上,很难看出将来的孔雀、野鸡、松鸡、或者秃鹰。这一窝蜥蜴似的小动物放在盛着棉花的篮子里,伸出细细的脖子,抬着脑袋,眼睛上长着角膜白斑,什么也看不见,它们发不出声音的喉咙无声地叫着。我父亲会沿着架子走动,围着一条绿色粗呢围裙,好像一个园丁在摆仙人掌的暖房里;他从一无所有中变出那些瞎眼的、跳动着生命的小不点儿,那些虚弱的肚子只是以接受食物的形式去接受身外的世界,那些眼睛被蒙住的、处在生活表层的生物向亮光爬去。几个礼拜后,那些瞎眼的小东西一下子长大了,一个个房间里充满新住户的欢快的叽叽喳喳的声音和生机勃勃的啾啾声。那些鸟歇在窗帘框上,衣橱顶上;它们在一盏盏吊灯的错综复杂的镀锡枝条和金属旋涡状装饰中间做窝。

父亲在钻研巨大的禽学课本和仔细看彩色插图的时候,那些长着羽毛的幻象似乎从书页上脱身而出,使房间里充满颜色,一点点血红色,一条条宝石蓝色、铜绿色和银白色。在喂食的时候,它们在地板上形成一张五光十色、高低不平的床,一张有生命的地毯。一有陌生人闯进来,地毯就会四分五裂,变成碎片,扑簌簌地飞到空中,最后高高地待在天花板下面。我尤其记得有一只秃鹰,一只巨大的鸟,脖子上没有羽毛,脸上尽是皱纹和疙瘩。它像一个憔悴的苦行者,一个喇嘛,一举一动充满沉着的庄严,这是受它的伟大的种类的刻板礼仪所指引的。它坐在我父亲对面的时候,一动也不动,姿势像永恒的埃及偶像的纪念碑,眼睛上盖着泛白的薄膜。

白内障斜盖在眼珠子上,完全遮住眼睛,在庄严的孤独中沉思——从石头似的侧面像看,它活像我父亲的一个哥哥:它的身子和肌肉似乎是用同样的材料做成的。它有同样粗硬的、皱巴巴的皮肤,同样脱水的、瘦骨嶙峋的脸,同样角质的、深深的眼袋;甚至拿手来说吧,我父亲的长长、厚厚的有圆滚滚的指甲的手,关节强健,同秃鹰的爪子也非常相似。

我望着那似睡非睡的秃鹰的时候,总是禁不住产生这样的印象:我同一个木乃伊在一起——我父亲的脱掉了水分的、干缩的木乃伊。我相信甚至我母亲也注意到这种奇怪的相像,尽管我们始终没有讨论过这件事情。有意思的是,秃鹰使用我父亲的便壶。

我父亲不满足于孵出越来越多的新品种,在顶楼安排起鸟的婚配来;他派出媒人,他把热切的、有吸引力的鸟拴在屋顶上的窟窿和裂口里;不久后,我们家的屋顶,一个巨大的双脊木板瓦屋顶,变成真正的鸟的宿舍——一艘收留各种各样从遥远的地方飞来的扁毛生物的诺亚方舟。在这个鸟的天堂被消灭好久以后,这个习惯仍然在鸟的世界中保留着;在春天迁徙的季节,我们的屋顶被一整批、一整批的鹤啊、鹈鹕啊、孔雀啊、和各种其他的鸟包围。然而,经过一个短短的辉煌的时期,整个事业却发生了令人遗憾的转变。

不久以后,我们就不得不把父亲搬到顶屋那两间做过储藏室的房间里去了。黎明时刻,我们能听到那里传来各种鸟叫混合成一片吵闹声。有几个礼拜,见不到父亲的踪影。他只是难得下楼,走进起居室;不过,他下楼的时候,我们注意到他似乎干瘪了,已经变得比较瘦小。他偶尔走神,会从桌旁的椅子上站起身来,摆动两条胳膊,好像胳膊是翅膀似的,接着发出一声很长的鸟叫,那时候,他的两只眼睛上像蒙上一层薄翳似的。接下来,他显得相当困窘,会跟我们一起哈哈大笑,把事情应付过去,试图把整个事情变成开玩笑。

有一天,春季大扫除,阿德拉突然出现在父亲的鸟的王国中。她闻到房间里充满着恶臭,就站在门口,扭着双手。地板上,桌子上和椅子上,滴满了一堆堆鸟屎。

她毫不犹豫,猛地推开一扇窗,靠着一柄长扫把的帮助,把所有的鸟都搅得活动起来。一个由羽毛和翅膀形成的吓人的云团升起来了,发出一阵阵尖叫。阿德拉却像酒神巴克斯的怒气冲天的女祭司那样,在酒神那根手杖卷起的旋风的保护下,跳着毁灭的舞蹈。我父亲惊慌失措地摆动两条胳膊,试图同他的那一群扁毛动物一起飞到空中去。那个翅膀形成的云团缓慢地稀疏,直到最后,只有阿德拉同我父亲留在战场上。阿德拉精疲力竭,气喘吁吁;我父亲呢,这会儿显出羞愧的表情,准备接受彻头彻尾的失败。

过了一会儿,我父亲下楼来——一个绝望的人,一个失去了王位和王国的流亡的国王。

一只狗的天才演员之路

✽ 韩千言

01

小瓶是一只狗。

四年前,我参加了一部动物电影的拍摄,和一个演技精湛的演员成了朋友,而它,是一只狗。

一般来说,一部电影一两个月的时间就可以拍摄完成,但这部电影因为讲述的是一个小女孩和狗之间的故事,狗演员戏份较多,需要足够的时间进行训练,所以拍摄难度非常高,极其耗时。最后计划的电影的拍摄时长定为八个多月,要跨越三季。

我在进组之前,是个不仅说不上喜欢狗,甚至因为害怕狗而非常讨厌它们的人。尤其是在街上看到不拴狗的狗主人,都要面露不满,然后故意绕着路走。每每见到那些把狗亲切地称为"儿子""闺女"的人,更是觉得不可理喻。但我也不得不承认,狗通常是很聪明的动物,它们甚至聪明到能够闻出你对它们的不喜、恐惧和厌恶。

我住在北大附近,曾经见过北大南门周边的一个流浪狗群,其中的狗首领,总是威风地带着几只流浪狗,肆无忌惮地在南门的一条路上出没。它眼神凶恶,目露精光,让人望而生畏。我甚至因为这个狗群,不敢走那条路,宁可绕很远的路回家。

我从未想过会和狗打交道,直到进入这个动物电影项目组。

02

在电影筹备期间,最重要的一项工作就是挑选狗演员。

当然,电影拍摄肯定不能只用一只狗,其间,万一这只狗出了意外、生了病,那全组都得停工。所以,我们找了一窝长相几乎一样的拉布拉多,它们因为是亲兄弟,从外形上很难区分。我们从七八只狗中挑选了四只颜值最高又比较活泼的。它们在长到两个月大时,就开始进行动作表演的训练。我因为工作需要,有时也会随项目组去看它们。

剧本里的狗名字叫小瓶,所以这四只小拉布拉多都叫小瓶。

小瓶们的训练场在北京郊区的一个院子里,这里面积很大,空气新鲜,非常适合训练。

第一次去看它们时,我的内心非常恐惧,一直很担心会被咬。从市区到训练场大约一个小时的车程,到门口时,车子还未停稳,就听到里面"汪汪"的叫声,我的心都开始发抖了。

回想起进组前,导演问我怕不怕狗时,我是拍着胸脯撒的谎:我不怕,我特喜欢狗,狗狗多可爱啊,又是人类最好的朋友……

我知道,撒谎不对。但是如果我不这么说,导演能用一个怕狗的人吗?

车门打开,大家陆续下车。我深吸几口气,随

> "我曾经以为小瓶的表演完全是靠驯狗师的训练技巧，以及导演和摄影师的抓拍技巧。但是从那次拍摄中，我好像感觉到，小瓶是真的懂这场戏。"

后也跟着跳下车，当时我都能听到自己心脏咚咚咚的狂跳声。

我小心地迈进大门，一眼就看到四只雪白的拉布拉多小狗在院子里自在地晒着太阳，有三只是懒洋洋的，而另一只明显很活泼。活泼的那只一下子扑到我的脚边，冲我叫着。那一刻，我整颗心都在惨叫，只能努力故作镇静，轻轻伸出颤抖的手，假装友好地拍了拍它的头。它叫的声音反而更大了。我猜，我当时的脸色应该是绿了，又黄了。

驯狗师似乎看出我的恐惧，冲着它喊了一声，小狗转身跑了，我这一身的冷汗才算慢慢消退。

这段时间的主要工作，就是驯狗师按照剧本的要求对小瓶们进行训练：叼球，撕书，前进，后退，等等。

它们那时还非常小，而且毛色几乎是一致的。脸盲的我经常连人的脸都会混淆，更别说是让我能区分出四只狗的不同了。但是驯狗师总是能一下子就认出来，这点让人实在佩服。

狗演员其实和其他演员一样，也有 A 角和 B 角之分。表现好的狗就是未来的主演，而另外三只则是相当于替身了。当主演出了某些状况，或者拍摄时间过长，不再配合时，替身就派上用场了。

驯狗师说，刚才跑过来冲我叫的那只，就是这里面最聪明的一只。学东西很快，性子也很欢脱，可以作为训练的主力，在以后的拍摄中，一些有难度的动作将由它来完成。大家都称呼它为"1号小瓶"。

我仔细打量着这只很幸运的狗主演，果然不大一样，很机灵的样子，只是无论再怎么聪明可爱，也还是离我远一点比较好。

这是我和 1 号小瓶的第一次相遇，电影开机前，我又随着主创们去过几次。我每次都努力地告诉自己，小瓶它多可爱，毛茸茸的。但是欺骗别人容易，骗不了自己。

无论我怎么给自己打气，我还是害怕狗，害怕小瓶。

11月，电影顺利开机了。

第一场戏拍摄的是小瓶寻找主人的过程，它会在铁路边行走，在民房前找吃的。这场戏拍得并不是特别顺利，拍戏的阵仗让小瓶紧张而躁动起来。尤其是工作人员太多，让小瓶感受到了危险，一直不是特别配合，NG 了很多次才勉强有几个镜头可以用。随着天色渐暗，光不够了，剧组只能收工。

收工回去的路上，每个人的脸上看起来都有些泄气和忧虑。这场戏并不难，但狗的表演都没有到位，要是到了后面有难度的表演该怎么拍呢？

毕竟，狗演员真的是很难控制，你没办法给它讲戏，只能是日复一日，一个动作一个动作地反复训练。

就在大家都有些绝望的时候，事情渐渐有了起色。当拍摄进行一个月后，1 号小瓶凭借聪慧与较高的领悟和学习能力，进步神速，很快就完成了从一只狗到一个狗演员的质变。后来大部分需要飙演技的戏，几乎都是靠 1 号小瓶来完成表演。所以，它成功地把大家对它"1号小瓶"的称呼改成了剧中的主角——小瓶。

小瓶的演技能精妙到什么地步呢?剧本中需要拍摄一些它和小女孩一起度过的温馨时刻,比如给刷牙的女孩捣乱,与小女孩进行情感互动,用眼神表达委屈、伤心、开心等,小瓶的表演全部都真实自然。

还有一个让人觉得很神奇的地方,就是之前导演喊"开机"这个词时,需要驯狗师给出一个指示,小瓶才可以开始表演。而拍摄了一段时间后,导演这边一喊"开机",小瓶就自动开始表演——它确切地知道什么是"开机",什么是"咔"。

很多时候,小瓶演戏时的眼神在我看来已经超越了一只狗的表达极限。当一天的拍摄工作结束后,我甚至能从它的眼底看到一丝疲惫和沧桑。但是,只要它的戏份开始,导演喊"开机"时,它马上就会打起精神,给人超出预期的表演。

所有的工作人员都很惊讶,私下里都开始叫它影帝了。

剧本中,有一场小瓶和流浪狗王离别的戏。需要一场雪,需要小瓶的演技爆发。这是非常重要的一场戏。

下午的时候,天公作美,飘起了雪花。空旷的铁道上,流浪狗王得知小瓶要离开狗群继续寻找主人,两只狗对视了一会儿,一切尽在不言中。随后,小瓶掉头离开,流浪狗王叫了几声,似乎在挽留。小瓶回过头,深情地看了好兄弟一眼,随即坚定转身离开,奔向寻找主人的旅途。

这场戏预计要拍摄一天,因为这种狗演员的情感戏完全靠运气,要抓拍出人类能读懂的感情。但是那场戏仅仅用了两个多小时,就顺利拍完。

大家都惊呼小瓶的表演已经不仅仅是一只狗的表演,当我们看回放时,所有人的眼睛里都有了一些雾气。

我曾经以为小瓶的表演完全是靠驯狗师的训练技巧,以及导演和摄影师的抓拍技巧。但是从那次拍摄中,我好像感觉到,小瓶是真的懂这场戏。

它不仅是一只有天赋的狗,也是一个有天赋的演员。唯一的区别就是,它看不懂剧本。

没有小瓶的戏时,它就会安静地在一边休息。

或许是它长大了,性格也不再像小时候那么活泼跳脱了。而我和它相处久了,也不那么怕它了。当它趴在我身边的时候,我会主动摸摸它身上白色柔软的毛,很温暖,还能感受到它扑通扑通的心跳声。

再后来,我逐渐大胆到能给它喂吃的了。我把吃的放在手中时,它只是轻轻地把食物咬住,吃下,然后很开心地看着我。

工作不忙的时候,我很喜欢坐在小瓶身边,它会把身体蜷缩起来闭上眼睛听人说话。一开始,我以为我是一厢情愿地倾诉,可有时候当我停下诉说时,它会把眼睛轻轻地睁开,看我一眼,似乎在问:你怎么不说了?

电影拍摄周期长,我离家太久。因为想家,我在和妈妈通过电话后哭了。原本趴在不远处休息的小瓶见状,迅速跑到我面前,轻轻用嘴叼住我的裙角,然后在地上打了一个滚,看得出,它希望我开心,而我的心情也的确慢慢变好了。

小瓶在我的心里,逐渐从一只狗,变成了一个天赋演员,后来又成了一个朋友。它能听懂我的话,我是这么感觉的。

我不再怕狗了。在一次拍摄中,我遇到另一个来试戏的狗演员——一只藏獒。我不仅没害怕,还和这只硕大的狗狗亲切合影留念。而这一切的改变,都是因为小瓶,它让我确定了,人和狗是朋友。

当拍摄进行到后期的时候,我们转场到海边,在那里拍摄小瓶和主人的欢乐时光。

也许是天热,也许是转场途中时间太长。小瓶病了,它开始吐,后来排泄物里有了血。刚拍到一半,主演病了,其他几只替身只能做一些简单的表演,复杂的感情戏是必须要小瓶来完成的。

大家都非常着急。

越是焦急,等来的结果越不是好消息。

 04

小瓶的病很重,我和剧组里一个女孩在宠物医院轮流陪着它。医生说这种情况非常凶险,只能尽力治疗,目前治疗效果并不是很理想,要有心理准备。一开始实在没想到它病得这么严重,剧组里的所有

人都焦虑起来。

看着小瓶无精打采地趴在笼子里，几乎不吃不喝，只能输液。我在心里默默祈祷。

晚上，房间外传来一阵哭声，是一个女孩的狗治疗无效，死了。看她伤心的样子，我也跟着难过。

我轻轻地叫着小瓶的名字，它的身体因喘息而轻微起伏，却没有像过去一样睁开眼睛看我一眼。我觉得，它可能是真的要走了。

夜里，另一个女孩过来接班。我心情沉重地回酒店，什么都不想做，倒在床上昏沉沉地睡着了。

我做了一个梦，梦见小瓶和我在山上走，它和我说话了，而我的心里一点都不惊讶，似乎小瓶就是会说话一样，似乎我们平时也是这样对话的。

它问我："你为什么总想妈妈？"

我答："因为妈妈最爱我啊，她总是给我做很多很多好吃的。"

它又问："那你见过我的妈妈吗？它长什么样？"

我答："和你长得一模一样。"

小瓶听了我的话，开心地在我前面跑来跑去，它对我说："我就知道，我也是有妈妈的，我去找它了，再见。"

小瓶舔了舔我的手，转身就跑不见了。我到处找它，呼喊它。我在梦里简直急坏了。

醒来后，我心里觉得很不好受。这个梦，真像是小瓶临走时在和我道别。

这个时候，手机铃声响了，我急切地接通电话，那边传来了喜悦而急促的声音："小瓶可以吃东西了，医生说应该是能好的。"

梦中的焦急情绪还没有完全恢复，这个喜讯让我有些猝不及防。我发了一会儿呆，难以置信，这可真是这几天最好的消息了。

小瓶病好之后，演技更加精进了，甚至拍摄出的素材经常好得都让人难以抉择。

闲暇时，我就坐在小瓶身边，与其说陪着它，不如说是它陪着我。我实在觉得，这狗长得可真快，不到一年的时间，一只小奶狗竟然长到了这么大了。我开始幻想电影上映时小瓶走红毯的样子，一定会帅翻所有的观众吧。

我问小瓶：如果拍摄结束了，你还会记得我吗？

小瓶睁开一只眼，轻轻叫了一声。它说的是什么呢？也许就是会吧。

聚是一团火，散作满天星。剧组就是这样，不同的人天南地北相聚在一起，大家克服困难、解决困难，共同完成一件事、一个作品。几个月后工作结束，大家四散离去，各自开始新的拍摄工作。

我以前很少进组，对这种分离有些不舍，舍不得那些一起工作的朋友，更舍不得小瓶。

关机饭吃得很落寞，一些人已经提早走了，转到别的剧组开始新的拍摄了。坐在安静而空旷的大厅里，回想起曾经的热闹、喧嚣，此刻寥寥的寂静，让人更加难过。

我走出酒店，想最后一次去看小瓶，它默默地趴在地上。我看着它，心想：此后，天涯海角，不可能再见了。

05

一年后，电影上映了。我在网上看到一些宣传视频。小瓶也去参加了一些活动。

再后来，我也不知道它去了哪里，过得怎么样，再也没了消息。

偶尔走在路上，有拉布拉多出现的时候，我会停下看很久很久。真像小瓶啊，它们怎么都长得这么像呢？

可是仔细看看，看到它们的眼神，我知道这都不是小瓶。小瓶的眼里住着一个深刻的灵魂。

三年过去了，慢慢地，我很少会想起小瓶了。

一天，我去公园跑步。

一阵汪汪的叫声传来，我跑了几步，又很快停下。

这不可能，可我又有些激动，一边觉得这可能是个错觉，一边一种神奇的感觉从心底涌上全身。

我慢慢回过头，一只超级大的拉布拉多冲我跑过来，它的毛色已经有些发黄了。它跑到我的脚边，欢快地叫着。我不敢相信，但我看到了它眼神里的灵魂，它在跟我说："我认识你。"

它的脖子上套着一个项圈，上面写着"小瓶"。